中华民俗文化新读丛书

丛书主编：白庚胜　刘晔原　万建中

生态民俗

沈洁霞　主编

中国石化出版社

·北京·

图书在版编目（CIP）数据

生态民俗 / 沈洁霞主编 . -- 北京 : 中国石化出版社 , 2025. 5. -- (中华民俗文化新读丛书). -- ISBN 978-7-5114-7413-1

Ⅰ. K892

中国国家版本馆 CIP 数据核字第 2025Q81R50 号

中国石化出版社出版发行

地址：北京市东城区安定门外大街58号

邮编：100011　电话：(010)57512500

发行部电话：(010)57512575

http：// www. sinopec-press. com

E-mail：press@sinopec. com

宝蕾元仁浩（天津）印刷有限公司印刷

全国各地新华书店经销

*

710毫米×1000毫米 16开本 18.5印张 280千字

2025年5月第1版　2025年5月第1次印刷

定价：66.00元

祈雨

徽派建筑

新都宝光寺的匾

千佛寺的对联

串亲戚

淮扬菜

吴桥杂技表演

汤阴岳飞庙对联

总序

老树新花香犹浓

——“中华民俗文化新读丛书”

白庚胜

由我与刘晔原、万建中两位先生主编的十一卷本“中华民俗文化新读丛书”将于近日正式出版。这得益于各卷作者的长期学术积累、探讨及优秀民俗文化传承贡献，也得益于中国石化出版社及其领导的高瞻远瞩、文化责任、社会担当。

民俗是民众约定俗成的文化惯习，与官俗一道构成一族或一国的文化传统，具有基因性、基本性、基础性、基层性等特点，对继承与坚守民族根脉、唤醒文化自觉与坚定文化自信、增强文化借鉴与消化外来文化能力、建设与创新当代先进文化、强化文化认同与文化自尊自豪、弘扬民族精神，具有极重要的意义。

对于这份丰富的遗产，中华民族素有自觉或不自觉的传承历史……或创造不止，或承继无衰，或享受绵绵，或设官采风问俗，或立府资治润政以知民生、观厚薄、移风易俗，同时遗留下卷帙浩繁的宝典。对于它们，历代文人墨客中，亦多有集腋成裘者，刻意点评者，把玩赏玩者，奉为圭臬者，鄙视轻蔑者，改革移易者，弃如敝屣者，鼓吹踏上千脚者……形成了中国民俗及其认识史的洋洋大观，并影响到周边汉字文化圈内各国各地各民族。

毛泽东同志曾经说过："我们这个民族有数千年的历史，有它的特点，有它的许多珍贵品。"中国民俗文化正是这样的珍贵遗产。它的体量过于庞大，它的结构过于复杂，它的关系过于纷繁，它的功用过于多样，它所历经的时间过于漫长，它所覆盖的空间过于辽阔，它的渗透无所不在。面对它的宏富、博大，我们引以为豪、享受无比，也空前痛感自己的渺小、肤浅，一如汪洋大海里的滴水，泰山脚下的微尘。

作为中国民俗"小学生"的我们，应该采取的态度，当然是怀着谦卑之心识读它、理解它，并将学习的心得与读者共享，以普及民俗知识、引发民俗意识、激发民俗感情、品味民俗精髓、体会民俗经验，感受人民文化的温度与力度，从而知其不可为而为之，挽救泰山于将倾，然后产生保护、传承、转型、利用它的冲动与责任、创意与技术，提炼出认识它的理论与方法，把有关行为上升到静态和动态结合、思想与行动并举的文化自觉。由于中国民俗文化因风吹雨打良久而日渐式微，又由于处在巨大的社会转型时期而面临生死关头，我们唯有从识读迈开文化自识的步履，才能达成文化自救、自存、守正、创新的目的。

这套丛书正是在这一社会文化背景下出于这样的目的启动编纂的。我们知道，在口头与非物质文化遗产保护工作狂飙突进之后，许多新成果、新发现给我们提供了对旧俗作新读的可能；在新时代使优秀传统文化备受尊崇之后，人们的思想观念需要有新的引领；在旅游加文化之风席卷祖国大地之际，人们需要处理好文化与产业发展的辩证关系；在国家已确立包括民俗学、民间文学、非遗学在内的文化遗产学学科地位的条件下，教育界与学术界都在期盼着分享当代民俗学的最新认识成果；在中国社会进一步扩大改革开放、推进人类命运共同体建设之当下，人们必须更加清醒地认识主体与客体、传统与现代、中国与世界的认知维度。

作为一种开始，我们仅从浩如烟海的中国民俗中找出十一大类作为新读的尝试。主编这套丛书的初衷是：组织京内外高校、研究机构民俗学新生力量，以新的视角、新的思维、新的方法，对古老民俗文化的形态、内涵作审视，并观察其在新时代的适应性、功用性、流变性，深刻解读它们对于重建当代人文精神的价值所在，以及它们在市场经济、高科技环境下追求人与自然和谐、人与人和谐、社会协调、心灵安定与精神家园常青方面所能发生的效力。

从目前的情况看，我们的收获满满。由于所有作者的共同努力，这套丛书充溢新的气象、新的风格、新的文思、新的可能，为我们继续与时俱进地组织推进这一事业增强了信心。当然，由于是“新读”而非“精读”，各卷本质量尚有参差，各位作者的立意与实力不同，丛书整体也不尽完美。可贵的是，我们走出第一步，让人们确信古俗是可以也应该“新读”的。唯新读才得新义，作新解，为新用，是为“古为今用”“推陈出新”，传承我中华文化薪火。

前言

当天地之分，人类在属于自我的范畴，伴随昼夜交替，清醒命运所向，衣食稼穑，载歌载舞，逐渐形成了不废日月、身心有所皈依的生存习惯、生存形式和生存法则。其间暗合的是自然规律，依循的是人间伦理，揄扬的是人文道德，它必然有助于善护心灵、培植元气、提升价值，让人们的生活精彩而丰富，让光阴的流速有序而多姿。

其曰生态民俗。生态、民俗，看似不同的两个概念，融汇了具有价值意义的社会含义，引导人们能够放大社会效应和未来效应，指导我们对于相关文化价值的思索和探求，去除我们的生存恐惧。二者的有机结合，突出了生态和民俗的大境界、大气象。正是在这样强大的文化背景之中，展开了广大的生产生活局面，彰显了各种社会功能的深入和开掘，一如汇聚民间物质和心灵活动的文化河流，汤汤流淌、永无止息，进而持久积存，形成了巨大的精神形态。

它必然架构了平衡、和谐、安静的社会关系，催生了机趣、多彩、生动的生活机制，孕育了博大、厚重、沉实的精神产品。一种关乎内心的观照、道德的遵守、历史的演化、未来的期盼，以某种可见的表现形式生成或者再现。

总是在历历可期的美好氛围之中，指点人生，规划心想事成的诸事种种，或者规劝错乱的思维，重新回归人间正途和仰望星空的高度。曙色照人回，善美丛生，或愁绪楚痛；德心何处有，岁月如镜，可照前身后生。是的，应该在我们的所有美好设计中，真正定位生态民俗的价值判断，真正运用它无限的价值观念，作用于我们的一言一行，作用于日常所有，作用于一切道德标准和亘古规律，光大它的内涵和外延，以促使正在失去常态和遭到破坏的人类环境和灵魂处境，一天天地回归自然、回归原初的善好祈愿，自然的、原始的美，净化的、精华的心，同时做到了美美与共、善善燮和，这份心愿，并非多余，也并非多此一举，而是时代的呼唤，生存的需要，人类命运共同体一致性的承担和作为，我们同在一个地球，同呼吸一种空气，同样瞻望一个太阳，世界大同，天下大同，正是生态民俗的精神寄托，我们有理由更有信心，让它发挥应有的特殊功能，共同守护这份天然的，也是心灵呵护的资源，为我们所用，更为我们所遵守，让中华民族的大家园愈加美好、愈加幸福、愈加祥和无虞，承载了我们精神家园的无量财富，和乐煦煦，暖意融融，那样的明天，是我们所期许和应该拥有的。

既然说生态民俗是指民众在长期的生产和生活中形成的，旨在保护和优化生存环境的习俗和活动，这些习俗通常与特定的地理、气候和文化背景密切相关，体现了人与自然和谐共生的理念，那么我们如何才能做到保护和优化生存环境？如何才能尽到历史赋予我们的职责？

生态民俗不仅反映了不同地区的气候、地理和文化特色，还在实际生产生活中发挥了重要作用。这些值得我们进一步考量在判断事物走向以及作出社会决策时，是否遵循了道德规律、历史规律、人文规律、科学规律、自然规律。

人们的每一日心念和言行，是否出于保护自然的目的，是否没有惊扰和破坏自然的生态？是否能够给明天的子孙赐福、给当代的人类种福、给万物众生创造一片祥和宁静、道法自然的崭新天地？

静心思索，前路确实漫长而艰巨，远方传来的召唤坚定而清晰。我们既不能回避，也不该畏缩，必须勇往直前，奋力前行，创造深远的物质与文化价值，彰显其在当代社会的重要性和前瞻意义。

本书所有的立论和阐述，无一不是出于本心和责任心，来极力打造一个具有生态意义的精神文化元素。每一粒文字里都饱含着用心用情的血汗，之所以不厌其烦，其心可见。

更为重要的是，不能仅仅局限于文字所述，它所自然生发的意义之外的提醒和警醒。如果能够起到一点点“刻骨铭心”的作用，便功莫大焉。作为执笔者，当不再为拙劣的文字而深感不安，若能够传递更多的祝愿和概念，也算略微实现了当初的美好目的。

不禁深入品味着“生态民俗”四个字的深刻含义，也期望生态民俗的自然概念，能够引发读者对这份值得倡导的初心的共鸣，共同维护这一宏阔的主题，为实现伟大的中国梦，手挽手、心连心，迎着太阳往前行……

目录

绪论

生态民俗的提出

21 世纪人类社会已进入一个“后现代”的生态学时代。人类逐步放弃病态追求物质技术进步的纯实利主义的文明发展目标，而转向与大自然和谐相处、与人类生存环境协调发展的道路。国际社会对生态问题的关注与反思肇始于 20 世纪 70 年代。“生态学”一词的提出者是德国著名生物学家恩斯特·海克尔，1866 年，他在其专著《生物体普通形态学》中首先使用该词。生态学是研究生物体与其周围环境（包括非生物环境和生物环境）相互关系的科学，属于生物学的一个分支。目前已经发展为研究生物与环境之间相互关系的科学，它们有自己的研究对象、任务和方法。

任何生物的生存都不是孤立的，不论是植物、动物还是微生物，即使同种个体之间也有互助和竞争，生物之间存在着相生相克关系。人类为满足自身的需要不断地改造环境，反过来环境也在影响着人类。随着人类活动范围不断扩大、人类生活越来越多样化，人类向环境索取的物质内容越来越多，人类与环境的关系问题也越来越突出。“生态学”概念虽然早在1866年就已提出，但生态学呈现出明显的人文转向是在20世纪60年代。因此，近代生态学研究的范围已经扩大到包括人类社会在内的多种类型生态系统的复合系统。换言之，人类面临的人口、资源、环境等诸多问题都是生态学的研究对象和内容。而民俗作为人类文化的一种，同样隶属于生态学研究的范畴。

我国是一个多民族聚居、有着56个民族的大家庭，中华民族是现今中国境内由华夏民族演化而来的汉族及55个少数民族的总称，是中国文化的创造主体。中国文化是具有极强生命力的文化体系，它历经沧桑、饱受磨难，于起伏跌宕中传承不息，在数千年的发展中，各代均有斐然成就。中国文化是在特定的环境中产生、形成和发展起来的。伴随着统一的多民族国家的形成，国家政权虽有更迭，或间有盛衰，但民族间的融合从未中断。在民族的迁徙、聚合和战争冲突中，出现了一次又一次的文化融合和文化交流的高潮，形成了独具特色的语言文字、浩如烟海的文化典籍、嘉惠世界的科技工艺、精彩纷呈的文学艺术、充满卓绝智慧的哲学宗教、完备深刻的道德伦理，它们共同构成了博大精深的中华文化，并绵延不断地向前发展。

任何一个民族都有自己独特的民族文化生存理论，独特的生存空间和自然地理特性构成了民族特有的生态环境。生态环境影响着民族文化的类型和民族的思想性格，同时，民族文化也反作用于民族地区所处的生态环境，形成了民族文化与生态环境之间的相互作用关系。文化的存在与发展总是与生态环境的发展变化紧密相关，文化多元性是人们在生态多样性环境下的适应性反应，而在生产力低下或外来文化影响等趋同因素作用下，多元的民族文化在某种程度上又呈现出同一性特征。传统文化模式的重构有助于推动民族文化与生态环境之间的良性互动发展。

民俗文化作为民族文化中的瑰宝，一直通过其特有的方式展示着中华文化的独有魅力，民俗文化的发展也不同程度地折射着人口与地域环境等生态变化。在我国，以汉族为主，民族大杂居、小聚居的居住特点，孕育了丰富多彩的中华民族民俗文化。这些民俗文化与自然生态环境一直处于互动之中，形成了复杂的矛盾关系。生态环境是人类社会及民族和社会存在和发展永恒的、必不可少的物质前提，虽然它不是文化形成的根本原因，但在文化现象的形成过程中起着决定性作用。

比如，衣服为什么里朝内面朝外穿？过年为什么要吃饺子？为什么绝大部分人都以右手执筷？为什么中国人打招呼时喜欢问："您吃了吗？"为什么劳动时要高唱劳动号子？……这些都是生活之中自然而然的状态，如果深入探究，就会发现其中蕴含许多学问，这便是民俗。它在无形中指导规范着我们的衣食住行、礼仪礼貌和待人接物……那么，究竟什么是民俗呢？从字面上可以简单地理解为民间的风尚和习俗。民俗又称为民间文化，是指一个民族或社会群体在长期的生产实践和社会生活中逐渐形成并世代相传、较为稳定的文化事项。以民族的群体为载体，以群体的心理结构为基础，在广泛而富有情趣的社会生产与生活领域中表现为一种程式化的行为模式和生活惯例，是一种集体性的文化积淀，构成了人类物质文化与精神文化的基本组成部分。

民俗之所以被称为"民俗"，是因为它与上层社会的文化不同，但相对应地同样是一种社会文化现象。《汉书》中写道："上之所化为风，下之所化为俗。"上之所化，指上层社会由上而下的教化，有一种推动的力量，所以叫风；下之所化，指下层民众用以自我教化的东西，它在民间被人们所习，因此称为俗。《说文解字》把"俗"释为"习也"，强调的就是下民的自我教化与众人所传习。通过这些我们可以发现，民俗与社会的政治、经济、生活直接相关，反映着一个时代民众最基本的理想、情趣与生活习惯，对社会的影响极大。

民俗是民间文化中带有集体性、传承性、模式性的现象，它主要以口耳相传、行为示范和心理影响的方式传播和传承。民俗是一种民间传承文化，它的主体部分形成于过去，属于民族的传统文化。但它的根脉一直延伸到当今社会生活的各个领域，伴随着一个国家或民族的生活继续向前发展和变化，成为各个国家文化的重要组成部分。因此，民俗也就形成了民俗文化，丰富和发展了本民族文化的内容。

民俗起源于人类社会群体生活的需要，在各个民族、时代和地域中不断形成、扩大和演变，为人民的日常生活服务。民俗就是这样一种来自人民，传承于人民，规范人民，又深藏在人民的行为、语言和心理中的基本力量。民俗的根本属性是模式化、类型性，并由此派生出一系列其他属性。模式化的必定不是个别的，自然是一定范围内共同的，这就是民俗的集体性：民俗是群体共同创造或接受并共同遵循的。

中国具有悠久的民俗历史传统，在中国境内土生土长的各民族中，有广大人民群众创造的各类民俗文化，代代传承。这些民俗不仅丰富了人们的生活，还增强了民族凝聚力。

民俗文化是民间民众的生活文化，是民众的生活策略、民间智慧及知识的结晶。生态民俗的提出是从生态学的角度对民俗文化进行审视，来认识人与自然的关系，关注人与其产生的文化及支撑文化的生态环境之间的关系，是将生态学作为一种科学的思维方式、世界观和方法论，转向人文科学与生态学交叉研究的学术背景下的产物。从生态的视角看民俗，民俗里处处能体现生态。

现列举几个例子：比如，蒙古族人的生态意识在他们祭天、祭山、祭“敖包”的习俗中能够得到明显的体现。历代蒙古族人都有祭天的习俗，这种祭天的习俗后来逐渐发展为祭高山、祭大石。在古代蒙古族人眼中，山高大险峻、雄伟神秘，是通往天堂之路，是他们幻想中神灵居住的地方，也是氏族和部落的保护神。对神山必须顶礼膜拜，但也有很多禁忌。比如，他们在山里狩猎时不能砍伐山上的树木，不能挖掘山脚下的土壤，禁止在山脚下点火烧树。据《出使蒙古记》记载：“现今皇帝的父亲窝阔台遗留下一片小树林，让它生长，为他的灵魂祝福，他命令说，任何人不得在那里砍伐树木。我们亲眼看到，任何人，只要在那里砍下一根小树枝，就被鞭打。”古代蒙古族人认为树神往往和灵魂紧密联系，这种神山、神树观念具有一定的保护环境的作用（图 1-1）。

从明末到清朝中叶，藏传佛教在蒙古社会普及，成为全民信仰的宗教。佛教对待自然环境具有很强的亲和力，其呈现出来的因果法则、整体观念及和谐原则等均蕴含着深刻的生态观念，对维持蒙古族赖以生存的草原生态平衡起到了积极作用，延续和加强了蒙古族的生态意识，使蒙古族的自然保护文化得以传承下去。

再如，贵州省锦屏县文斗苗寨的护林历史文化，距今已有 600 多年的历史，文

图 1-1　蒙古族祭天风俗

斗苗寨几乎所有老百姓家中都珍藏有清代林业契约，约有 3 万件，是我国乃至世界现今保存最完整、最系统、最集中的林契文书，成为我国继故宫博物院的清代文献和安徽“徽州艾书”之后的第三大珍贵历史文献。文斗苗寨有一个“六禁碑”，建于乾隆三十八年（1773 年），上面写着：“禁不俱（拘）远近杉木，吾等所靠，不许大人小儿砍削，如违罚银十两。”“禁四至油山，不许乱伐乱捡。如违，罚银五两。”……这种约定俗成让这个身居大山深处的苗寨在两百多年前就有了强烈的环保意识，这块碑也被誉为“民族环保第一碑”。文斗苗寨有许多与树有关的习俗。例如儿女出生时，家人就会种一棵常绿树，让树与孩子一起成长，希望孩子像树一样健康长青。有的父母还会让儿女认树为“干爹”“干妈”，祈求免灾平安。村中大树的根部，贴满了褪色的红纸，树脚下还有残留的香纸。每逢年节，文斗人都会带上香纸和祭品，祭拜古树。文斗人把树视为神，祈求身体和精神上的保护。现在的文斗人不仅延续了这一传统，更将其发挥到极致。他们不仅爱树护树，还建立了绿化基金，即使只有拇指粗细的树，村民也会自觉打上草标，警示人们保护它。据统计，文斗苗寨巨大苍翠的古树有600多株，树种有30多棵，小树更是数不胜数，散落在九冲十一岭。有古树便有人家，有人家必有古树。文斗无山不青，无水不绿，无处不流淌着绿色环保史话。它以其独特的古代民族生态环保文化而享誉于世，被法国《欧洲时报》、国内《中国民族报》《中国绿色时报》等媒体誉为"中国苗族环保第一村"（图1-2）。

图1-2　春社

早期人类学家博丹、孟德斯鸠、拉采尔、亨廷顿等人都认为一个地方的地理环境对人们的外貌和生活具有极大影响。"环境决定一切"曾是这些学者的主要观点。环境决定论过分强调自然环境在人类文化中的作用，其实，影响民俗文化形成的因素，除了气候、水资源、土壤结构等自然地理因素，还有社会因素、文化因素和时代因素。由此可见，民俗与生态紧密相连，将生态型概念引入民俗学，提出生态民俗的说法，把生态型的民俗现象作为研究对象，有利于人与自然的和谐，也必将对构建生态良好的社会起到积极的引领作用。

生态学与生态民俗

生态学

生态学是研究有机体与环境之间相互关系及其作用机理的科学。面对人口快速增长和人类活动对环境与资源造成的极大压力，人类迫切需要掌握生态学理论来调整人与自然、资源以及环境的关系，协调社会经济发展和生态环境的关系，促进可持续发展。

生态学的发展大致可分为萌芽期、形成期和发展期三个阶段。

萌芽期：古人在长期的农牧渔猎生产中积累了朴素的生态学知识，诸如作物生长与季节气候及土壤水分的关系、常见动物的物候习性等。公元前 4 世纪，希腊学者亚里士多德曾粗略描述过动物不同类型的栖居地，还按动物活动的环境类型将其分为陆栖和水栖两类，按其食性分为肉食、草食、杂食和特殊食性等类。亚里士多德的学生、公元前 3 世纪的雅典学派首领赛奥夫拉斯图斯在其植物地理学著作中也提出类似如今植物群落的概念。公元前后出现的介绍农牧渔猎知识的专著，如古罗马公元 1 世纪普林尼所著的《自然史》、6 世纪中国农学家贾思勰的《齐民要术》等，这些著作均论述了朴素的生态学观点。

形成期：大约从 15 世纪到 20 世纪 40 年代。15 世纪以后，许多科学家通过科学考察积累了不少宏观生态学资料。18 世纪初，现代生态学的轮廓开始出现。如雷奥米尔的 6 卷本《昆虫史记》中就有许多昆虫生态学方面的记述。瑞典博物学家林耐首先将物候学、生态学和地理学观点结合起来，综合描述外界环境条件对动物和植物的影响；法国博物学家布丰强调生物变异基于环境的影响；德国自然科学家洪堡创造性地结合气候与地理因子的影响来描述物种的分布规律。19 世纪，生态学进一步发展，一方面是由于农牧业的发展促使人们开展了环境因子对作物和家畜生理影响的实验研究。例如，在这一时期确定了 5℃为一般植物的发育起点温度，绘制了动物的温度发育曲线，提出了用光照时间与平均温度的乘积作为比较光化作用的“光时度”指标，以及植物营养的最低量律和光谱结构对于动植物发育的效应等。另一方面，马尔萨斯于1798年发表的《人口论》一书影响广泛。费尔许尔斯特于1833年以其著名的逻辑斯蒂曲线描述人口增长速度与人口密度的关系，把数学分析方法引入生态学领域。19世纪后期开展的对植物群落的定量描述也已经以统计学原理为基础。1851年，达尔文在《物种起源》一书中提出自然选择学说，强调生物进化是生物与环境交互作用的产物，引起了人们对生物与环境相互关系的重视，更促进了生态学的发展。19世纪中叶到20世纪初叶，人类所关心的农业、渔猎和直接与人类健康有关的环境卫生等问题，推动了农业生态学、野生动物种群生态学和媒介昆虫传播行为的研究。由于当时组织的远洋考察中都重视对生物资源的调查，从而也丰富了水生生物学和水域生态学的内容。到20世纪30年代，已有不少生态学著作和教科书阐述了一些生态学的基本概念和论点，如食物链、生态位、生物量、生态系统等。至此，生态学已基本成为具有特定研究对象、研究方法和理论体系的独立学科。

发展期：20世纪50年代以来，生态学吸收了数学、物理、化学工程技术科学的研究成果，向精确定量方向前进并形成了自己的理论体系：数理化方法、精密灵敏的仪器和电子计算机的应用，使生态学工作者有可能更广泛、深入地探索生物与环境之间相互作用的物质基础，对复杂的生态现象进行定量分析；整体概念的发展，产生出系统生态学等若干新分支，初步建立了生态学理论体系。由于世界上的生态系统大都受人类活动的影响，社会经济生产系统与生态系统相互交织，实际形成了庞大的复合系统。随着社会经济和现代工业化的快速发展，自然资源、人口、粮食和环境等一系列影响社会生产和生活的问题日益突出。为了寻找解决这些问题的科学依据和有效措施，国际生物科学联合会制定了“国际生物计划”，对陆地和水域生物群系进行生态学研究。1972年，联合国教科文组织等继IBP之后，设立了人与生物圈（MAB）国际组织，制定“人与生物圈”规划，组织各参加国开展森林、草原、海洋、湖泊等生态系统与人类活动关系以及农业、城市、污染等有关的科学研究。许多国家都设立了生态学和环境科学的研究机构。

从发展趋势上来说，和许多自然科学一样，生态学的发展趋势是：由定性研究趋向定量研究，由静态描述趋向动态分析；逐渐向多层次的综合研究发展；与其他某些学科的交叉研究日益显著。从人类活动对环境的影响来看，生态学是自然科学与社会科学的交汇点；在方法学方面，研究环境因素的作用机制离不开生理学方法，离不开物理学和化学技术，而且群体调查和系统分析更离不开数学的方法和技术；在理论方面，生态系统的代谢和自稳态等概念基本引自生理学，而从物质流、能量流和信息流的角度来研究生物与环境的相互作用则可说是由物理学、化学、生理学、生态学和社会经济学等共同发展出的研究体系。

按所研究的生物类别可分为：微生物生态学、植物生态学、动物生态学、人类生态学等。按生物系统的结构层次可分为：个体生态学、种群生态学、群落生态学、生态系统生态学等。按生物栖居的环境类别可分为：陆地生态学和水域生态学；前者又可分为森林生态学、草原生态学、荒漠生态学、土壤生态学等，后者可分为海洋生态学、湖沼生态学、流域生态学等。还有更细的划分，如植物根际生态学、肠道生态学等。

生态这个词，每天被人们使用上万次。21 世纪是生态世纪，生态一词更是成了人们无法回避的词语。将民俗与生态联系在一起，是从人类和历史发展的角度而言的。如果从学术渊源上来说，生态民俗一方面属于生态学范畴，另一方面则属于文化生态学领域。生态学的发展与广泛关注，严格来说是与地球环境的恶化同步的。18 世纪 60 年代的工业革命开辟了人类发展的一个新时代——“机器时代”。它完成了从工场手工业到机器大工业阶段的过渡，至今已有两三百年的历史。人类凭借科技的发展，依靠科技的力量创造了前所未有的繁荣。然而，我们也应该看到，在人类频繁活动、一味向大自然索取的同时，一个千疮百孔的地球也展现在人类面前：城市气候变化和环境污染、人口数量剧增、土地荒漠化等问题日益严重。

随着近年来城市化的发展，城市人口的增加导致了大量的社会问题，如城市噪声和固体废弃物污染、交通拥挤和绿地减少、教育与卫生资源同人的需求不匹配等。人们的活动已经超过了地球可以承载的极限，超过了自然界的自我调节能力，不堪重负的地球再次向人类发出警告，生态危机已经成为人们生活中挥之不去的阴影，环境问题已经成为现实中最为严峻的问题之一。重视生态与重视生态学的发展已经成为当前的重要课题，保护生态环境关乎人与自然的和谐，势在必行，迫在眉睫！

当前，我们正在努力构建民主法治、公平正义、诚信友爱、充满活力、安定有序、人与自然和谐相处的和谐社会，其中，人与自然的关系成为构建和谐社会的重要考量指标。要实现国家经济和社会的可持续发展，仅仅依靠科学或法律的手段远远不够。从民俗中汲取智慧，运用民俗重新构建我们脆弱的生态价值观，对于发展经济和创建和谐社会是非常必要的。

生态民俗

民俗是一门关于人的学问，从弗洛伊德、荣格等大师的观点来看，民俗文化中的某些元素是通过“集体无意识”继承下来的。每个人的意识深处都存在这种集体无意识，它是不自觉地从上一代那里继承下来的，虽然平时人们可能意识不到它的存在，但一旦被生活里的某个场景“触发”，这种集体无意识就会被唤醒。这也是为什么人们会知道自己并未学习过的一些事情……不管你主动还是被动参与民俗，哪怕一种民俗活动完全消失了，跟它有关的信息还是会存留在人类意识中……

民俗与民众的生活紧密相联，换句话说，民俗就蕴含在生活中，是一种生活状态的呈现。民俗包含甚广，吃穿住行，从生到死，大到节日，小到生日等，都与民俗息息相关。一切民俗形式，都与生活紧密相连，具有生活的属性。凡是民众生活中听到、看到、感觉到的，或是想象、接触到的，不论是言语的还是非言语的，都可以构成民俗的组成部分。比如，过生日要吃长寿面和鸡蛋，春节逛庙会（如浚县庙会、淮阳古会）；部分民族的“女儿节”；民间工艺如四大刺绣和三大名锦；部分民族的原生态民间歌谣等。这些文化表现形式会根据时代的变迁进行自我革新。以刺绣和锦缎为例，刺绣不仅可以绣花好月圆，也能绣蒙娜丽莎；锦缎也与国际接轨，登上了米兰时装周和 APEC 会议等国际舞台……应该看到，民俗的“俗”与“精”是相对的，俗文化指的是大众文化、普通文化、市民文化和百姓文化，而不是俗气、落后和守旧。

民俗既是社会意识形态之一，也是一种历史悠久的文化遗产。它是民族文化特色和历史记忆的体现，具有独特的地域乡土特色。在波澜壮阔的历史长河中，中华民俗文化不仅见证了中华民族几千年的文化史，而且沉淀了历史的精华，是祖先留给我们的宝贵财富。我国现阶段开发的文化产业，大多集中在自然与历史文化遗产、传媒文化、时尚文化等领域，而对于以乡土社会为主要阵地的民俗文化，尚未给予足够重视。老艺人人衰艺绝、老作坊被拆毁、老工艺失传或掺假等现状层出不穷，即便是幸存下来的年画、皮影、剪纸、剧种等经典民间民俗文化艺术，亦在日渐衰落。如今，社会发展突飞猛进，我们必须重新追寻那些逐渐远离我们的民俗文化，领略古人的智慧，挖掘历史沉淀的底蕴，丰富乡村原生态的文化内涵。

中国民俗文化是一种博大精深、内容丰富多样的中国文化现象。习近平总书记在“一带一路”国际合作高峰论坛上发表主旨演讲时曾提到：古丝绸之路绵延万里，延续千年，积淀了以和平合作、开放包容、互学互鉴、互利共赢为核心的丝路精神。这是人类文明的宝贵遗产。作为一名中国人，我们肩负着传承和发扬中国民俗文化的责任与义务。面对现阶段我国民俗文化产业布局混乱、创意力量薄弱分散的现状，民俗文化产业化发展与可持续发展面临巨大的挑战，每个人都有责任为之贡献一份力量，让民族文化产业在全国乃至世界各地兴起，展现民俗文化的艺术魅力，凸显规模化发展与自觉性追求，让后代能够以强烈的民族自豪感和自信心更加热爱自己的祖国、关爱自己的家乡、热爱自己的文化！

生态民俗是指从民俗的角度进行考察，每一个论断的背后都有十分生动的民俗文化作为依据，因此，凡是涉及食物链的民俗文化，都可以统称为生态民俗。生态民俗学以生态学的角度和观念来认识民俗、分析民俗，借助于生态学的理论来探讨民俗中隐含的人与自然的关系。

不同的民俗代表不同地域的生态特征，早在《汉书·王吉传》中就有“百里不同风，千里不同俗”的记载。我国古代诗歌总集《诗经》中的《国风》，收录了古代各民族之间流传的民歌，这些民歌反映了古代人民的风俗习惯，包含着大量的古代民俗事象。再如《水浒传》中的江湖文化、侠义文化都属于民俗文化意识范畴。“民间文化”“民族文化”均属于民俗文化，又被世人称为“非物质文化遗产”。

民俗的形成和演变受环境因素的影响，民俗和环境两者之间有着天然的关系。对此，民俗学家以其学术的敏锐性和创造力洞察到了其中的深层次联系，他们对人们口口相传的传说和故事进行辩证解读，从人与自然环境的关系以及有关生态方面民俗研究的角度出发，站在民俗生态的视野，阐明了百姓阶层的自然观和环境观。因为生态民俗也可以从植物、动物等生物链中的任何一种得到体现并去考察分析，由此衍生出植物生态民俗、动物生态民俗、自然周期的生态民俗等。人在食物链中居于统治地位。中国作为一个有着五千年深厚文化历史的泱泱大国，民族众多，地域广阔，不同的民族风情，迥异的地理风貌，从民俗的角度看，或者说，从民俗现象里寻找一切与生态相关的事项，中华民俗同样是一座取之不尽用之不竭的宝藏。因此站在生态的视角看民俗，中国的生态民俗具有重要的研究价值及现实意义。

民俗与生态之间存在着密切联系，将生态学应用到民俗学上非常有必要。人们通常所说的环境是指人类生存发展的外部世界的总和。若按照构成要素的属性来说，一般分为自然环境和社会环境。对于民俗生态研究而言，研究的背景和基础同样是环境。这里的环境是指自然环境和生态环境。自然环境是指地球表层的大气圈、岩石圈、水圈和生物圈相互渗透、作用的物质体系，具体包括大气、水、土壤、矿物、动植物、地貌及地理位置。生态环境的概念由“环境”和“生态系统”推演而来，生态系统是生物群落及地理、化学环境相互作用的自然系统，气候、土壤、生物、地理等条件只是系统的基本参数，人类作为生命系统的一员包含其中。生态环境更体现了自然环境内部组成部分相互依存、相互制约的关系。随着现代自然科学和社会科学不断交叉、融合的趋势增强，生态环境的内涵进一步延伸至包括自然环境和社会环境在内的人类一切外部事物及关系。因此生态环境这一概念的内涵，更适合于研究当今纷繁复杂、经历了众多变异和发展的民俗文化现象。因此，生态民俗的研究对象不能无限扩大到所有的民俗文化，必须与纯自然的生态环境高度相关，它更多关注的是自然生态环境对民俗现象的发生、发展和流变的影响，同时也研究经济环境、政治环境等对民俗的作用，还包括民俗对一个地方的生态模式的塑造，对生活方式的影响。

英国民俗学家查莱博厄尼女士曾说："引起民俗学家注意的，不是耕犁的形状，而是耕田者推犁入土时所举行的仪式；不是渔网和鱼叉的构造，而是渔夫入海时所遵守的禁忌；不是桥梁或房屋的建筑术，而是施工时的祭祀以及建筑物使用者的社会生活。民俗实际上是古人的心理表现，不管是在哲学、宗教、科学和医药等领域，在社会组织或礼仪方面，还是在历史、诗歌和其他文学部门等更严格意义上的知识领域。"可见民俗在生产生活等方面在人们心目中有着重要地位。

任何人类群体的生活世界都承载着大量沿袭下来的生活经验，都是一个充满民俗符号的世界。在民俗的实际生活中，这些符号承载着民俗文化事务和现象的信息交流。民俗种类繁多，但每一种民俗都有其产生的原因，都有其能得以维系下去的客观条件和规律。以生产方面的民俗为例，如果人们只重视经济发展和眼前的蝇头小利，追求经济利益的最大化，不惜牺牲环境和生态来换取经济成果，那么就会违背自然规律，最终遭受大自然的报复。恩格斯在其著作《自然辩证法》里曾提到的反面例子：美索不达米亚、希腊、小亚细亚等地的居民为了获取耕地，毁灭了森林。他们没有想到，这些地方现在竟然因此成为荒芜不毛之地，因为他们在这些地方剥夺了森林，也就剥夺了水分的集聚中心和储水库。阿尔卑斯山的意大利人，当他们在山南坡滥伐那些在北坡得到精心培育的松树时，没有预料到这样做会摧毁他们区域内的山区牲畜业的根基，更没有料到这样做会导致山泉在一年中的大部分时间干涸，而在雨季则会引发更加凶猛的洪水，倾泻到平原上。

可见，人与天地的关系应该是和谐共存的。人类绝不能将自己看作万物的主宰，不应将自然当作仆人。董仲舒曾说："天地人，万物之本也。天生之，地养之，人成之。天生之以孝悌，地养之以衣食，人成之以礼乐。三者相为手足，合以成体，不可一无也。"人应该视自然为父母，视所有生命都与自己相同。这些话其实是在告诫人们，一定要敬畏自然。对自然的敬畏体现在许多农耕民俗中，比如祭祀土神、水神、龙王，求雨、驱虫灾等。中国农业有着很强的趋时避害的农时观念，在新石器时代就已经出现用于观测天文的陶尊。《尚书·尧典》提出了"食哉唯时"，认为掌握农时是解决民食的关键。"不误农时""不违农时"是中国农民几千年来的农业生产重要指导思想。"顺时"的要求也被贯彻到林木砍伐、水产捕捞和野生动物的捕猎等方面。早在先秦时期就有“以时禁发”的措施。“禁”是保护，“发”是利用，即只允许在一定时段和一定程度上采集利用野生动植物，禁止在它们萌发、孕育和幼小期采集捕猎，更不允许毁林而搜、竭泽而渔。“用养结合”的思想贯穿于整个农业生产的全过程，这准确地概括了中国传统农业的经济再生产与自然再生产的关系，也是我国农业能够持续发展的重要基础之一。

再如，在农业生产中，古人提出的“御欲尚俭节用”思想至今仍具有警示作用和借鉴价值。如“生之有时，而用之亡度，则物力必屈”；“天之生财有限，而人之用物无穷”；“地力之生物有大数，人力之成物有大限。取之有度，用之有节，则常足；取之无度，用之不节，则常不足”；等等。古人提倡“节用”，主要目的是积粮以备荒，同时也是告诫统治者对物力的使用不能超越自然和百姓所能承受的限度，否则就会出现难以为继的危机。与“节用”相联系的是“御欲”，即自然能够满足人类的基本需要，但无法满足人类的贪欲。

在我国，每年的“小满”节气对于农业种植非常重要。因此，各地都流传着关于小满的农事谚语，例如：黄河中下游地区的“小满小满，麦有一险”、鄂西地区的“小满十日遍地黄”等。小满是所有农民心中的一个坎，只要小满安全度过，这一年的收成就有了保证。

在农耕时代，这么重要的节日自然少不了传说和习俗。江南地区有这样一句话——“小满动三车，忙得不知他”，意思是干农活离不开三辆车——水车、丝车、油车，小满节气时这三辆车要一起使用，人们忙得不可开交。其中水车的浇灌功能在农事中可谓重中之重，因此会有小满节气祭车神的习俗，在小满这天，各家各户要在自家的水车上挂好鱼肉并摆放好香烛等祭品来祭拜车神，还要准备一杯白水泼入田中，以此祈求雨水充足（图 1–3）。这些民俗活动一方面代表了人们对丰收的祈求，另一方面也体现了对自然的敬畏。内心有了敬畏意识，在日常生活中才不会做出破坏生态的行为。因此，将生态学的理论和方法应用于民俗的研究，有助于理解民俗中的生态因素，从而更好地调节人与自然、资源以及环境的关系，协调社会经济发展和生态环境的关系，促进可持续发展。

图 1-3　小满节气祭车神风俗

文化人类学研究指出，我国北方的农耕文化类型大多是从杂粮栽培型向种麦混合型发展。这一观点与我国北方农业史上种植高粱、黍子、稷子、谷子、杂豆及早期稻、稗的杂粮种植历史经验相似。在公元前 4000 年，华北平原及黄土高原的麦类作物种植技术得到显著提升，由此推动了北方文化的空前辉煌。此后，作为湿地杂粮的稻、稗，在我国南方逐渐脱离了杂粮复合文化体系，形成了独立的稻米文化。中国的农耕活动向旱田和水田两个方向扩展，并不断完善，延续至今。在中国北方麦黍文化和南方稻米文化的分化过程中，文化人类学更多地关注农耕技术、工具及整田开渠等的配套发展，对形成两大农耕文化背后的具体生态环境缺乏解析。实际上，南北两种不同的农耕文化主要受自然环境的温、热地带与旱、雨季气候的影响。中国北方的麦黍农耕文化是在旧大陆温带干旱地区的杂粮种植基础上发展起来的。在广阔的平原和高原地带，对雨水的需求和渴盼成为文化的重要组成部分；“五谷丰登、风调雨顺”成为几千年农耕民俗祈求的核心。农民遵循的太阴历周期、二十四节气以及农事节会和宗教节会的定期活动，几乎都围绕祈盼丰收的主题。北方农民难有胜天的志气，只有靠天吃饭的经验，祖祖辈辈在饥饿线上挣扎。因此，从生态民俗文化的视角考察中国北方农耕文化具有十分重要的现实意义。

人类在食物链中居统治地位的生态民俗

人类已经在生态环境的食物链中居于自觉的统治地位。这是生态学的明确论断。因此而形成的生态民俗中最值得注意的是：人类不断地对其种群分布进行合理的结构调整，以使社会的物质消费能力和其他相关食物链之间的比例相互适应。也就是说，为了在自然生态环境中保持统治地位，人类必须不断发展自己的种群，并将其分布在能够满足本种群消费需求的丰饶的生态环境中，形成与食物链相适应的比例。这种比例的调整有着悠久的历史经验，比如：组成部落社会、氏族、家族；结成民族；创立国家；占据领土；拥有资源和财产；甚至组建军队、发动战争、殖民掠夺，不断调整世界的势力范围；等等。此外，人类还不断地创造发明，运用科学技术来满足自身的消费需求。

传统农耕社会中的生态民俗

对于传统的农耕社会而言，小农的社会族群也对自身的分布进行了自认为适应自身消费能力的“合理结构”，那便是在发展生产的同时，发展自己的族群，通过自然繁衍来增加人口。也可以说，在人口增长的同时，试图以增多劳动力的方法来适应不断提高的消费能力。这是人类在生态环境中居统治地位的一种自认为“合理结构”的努力。因此，求生育、求多子多孙的种族繁衍民俗就成为这种生态民俗链的核心。

生殖崇拜、求子习俗、拜送子观音、在奶奶庙上香、拴娃娃以及婚俗中的生育求子主题，以种种形态构成了这种生态民俗链。我国北方农耕文化中的生殖崇拜和求子习俗有着久远的传统，在盲目生育和父系血缘族群扩张的重男轻女的求子习俗中，形成了北方地区消费能力和食物链之间比例长期失调的历史循环状态，越是多生子女越是穷困的不合理结构。生态民俗学以其高度的科学性呼吁北方农耕民族在调整自身消费能力与食物链之间的比例中求得适应和平衡。

从上述几个方面的生态民俗链探讨中，不难发现我国北方农耕文化中信仰民俗的原生态属性。当我们拨开社会、历史、宗教等遮掩在民间信仰上的种种迷雾时，就会从自然生态的广阔背景中审视种种民俗现象的本质和根源。

正如德国伟大的唯物主义哲学家费尔巴哈在论述信仰时所说的那样："自然界的变化，尤其是那些激起人的依赖感的现象中的变化，乃是使人觉得自然是一个有人性的、有意志的实体而虔诚地加以崇拜的主要原因。如果太阳老是待在天上不动，它就不会在人们心中燃起宗教热情的火焰。只有当太阳从人眼中消失，把黑夜的恐怖加到人的头上，然后再度在天上出现，人这才向它跪下，对于它的出乎意料的归来感到喜悦，为这喜悦所征服。……如果大地上老是结着果实，还有什么理由来举行播种节和收获节的宗教典礼呢？大地上的果实之所以显得好像是出于天意的、理当感谢的恩赐，只是因为大地时而把它的宝库打开，时而又把它关闭。唯有自然界的变易，才使人变得不安定，变得谦卑，变得虔敬。"

生态民俗的范畴

民俗涉及的内容很多，范围很广，大的分类有：生产劳动民俗、日常生活民俗、社会组织民俗、岁时节日民俗等，每一个种类中又有很多小的分类。比如生产劳动民俗可以分为农业民俗、牧业民俗、渔业民俗、林业民俗、养殖民俗、手工业民俗、服务业民俗和江湖习俗等。生态学的知识告诉我们，作为高级杂食动物的人类，在整个食物链中居于统治地位，与其他生物种群共生共长，保持着千丝万缕的联系，同时对于自身种群在自然环境中的分布也不断地进行着自然选择，不停地调整自身和食物链之间的关系，以使人类消费能力和相关食物链之间的比例相适应。在这个过程中，人类创造了多种多样、丰富多彩的民俗文化，以维持食物链之间的持续稳定，人类可以从中获取更多的生活资源。比如，人们种下各种粮食种子，采用多种方法栽培，收获粮食后，再进行各种各样的加工，做成不同类型的食物，地域不同，粮食作物也不同，做成的食物自然不同。再如，为确保人类吃到的动物不断层，采取各种方法进行饲养，不同的生活环境导致饲养方法的迥异，形成了不同的养殖民俗。

因为生态民俗都与食物链有直接或间接的联系，生态民俗一般分为动物生态民俗和植物生态民俗，其中也包括与生态环境相关的气象、季节的民俗。不过，不管是在动物生态民俗中，还是在植物生态民俗中，都有关于利用和传承的民俗。因此，生态民俗的范畴具体应该如下：①有关动物生态利用和传承的民俗，②有关植物生态利用和传承的民俗，③关于自然周期形成的生态民俗，④关于人类在食物链中居统治地位的生态民俗。

动物生态民俗的利用与传承

大家利用食物链中的天敌关系，逐渐形成了一种习俗，并得到了广泛应用。比如，在渔猎民俗中，人们利用猎犬围猎野物；用驯化的鹰来捕猎小兽及小鸟。再如，平常人们喜欢养猫治理鼠患等。在陇中地区，民众通过聘请鹞客（专职放鹞子人员）来捕捉或驱赶麻雀，以防止麻雀对糜谷等秋粮造成损害。鹞子是一种猛禽，学名雀鹰，飞行快速且有力灵巧，主要以鸟雀、鼠类为食，也捕食野兔。放鹞子曾经是非常普遍的生产民俗事象，也是对动物食物链中天敌关系的合理运用。在陇中地区，麻雀数量一度很多，新中国成立后，麻雀被当作“四害”之一遭到人工围剿，但并未完全消灭。麻雀对夏粮的危害不大，但会大量糟蹋糜谷等秋粮。每年糜谷成熟的季节恰逢小麻雀出巢，成群的麻雀落在糜谷田里偷吃，很快，糜谷穗上就有许多发红的空壳翘起。在糜谷即将成熟尚未收割之时，当地农民就要和麻雀展开一场粮食争夺战。在长期的争斗过程中，农民创造出了很多办法，其中最为有效的办法当数放鹞子。每当秋季糜谷成熟时，陇中农民总会请鹞客来驱赶麻雀。这种古老的生产民俗，一直延续到 20 世纪 80 年代实行家庭联产承包责任制初期。

任何一个地方的生态环境中的动物种群分布，都形成了当地特有的生态传承关系。这种传承关系当然包括食物链中的相克关系。比如，在农田里发现各种类型的野鼠时，人们必然联想到这些野鼠爱吃的农作物种类，即这些野鼠和食物链中的哪种作物相关。同时，还要想到有哪些动物以野鼠为捕食对象，比如，兽类中的狐、鼬，禽类中的鹰、鹞、鸮和爬行类中的蛇等，它们都以野鼠为食，和野鼠存在着尖锐的对立关系。这些关系直接影响着人们生活的各个领域，从而形成不同的民俗。正是食物链中的传承关系，自然形成了物与物之间的民俗链关系，同时也形成了非物的精神层面、观念层面特别是信仰习俗方面的民俗链。为了种植足够维持自身生存的粮食作物，人们不得不消除侵害粮食作物的鼠患，并对捕杀吞食鼠类的动物产生原始的崇拜。于是，人们对捕食家畜牛、羊、猪的猛兽也产生了敬畏的神秘感知，原始的动物崇拜逐渐发展成为动物神崇拜和动物保护神的信仰崇拜。

以我国北方为例，蝗灾等虫害是农作物的最大天敌，酷热的夏天正是粮食作物拔节抽穗的时节。面对虫灾，农民无法根除，只有通过烧香拜佛的方式寻求庇护，由此产生了建造虫王庙祭拜虫王的民俗。在东北地区，每逢农历六月初六举行“虫王会”，官民齐行庙祭，杀猪为牲，乡民聚食，祈求保佑庄稼不受虫害。河南省尉氏县过去就建有蚂蚱庙。为保护青苗不被啃食，乡农们在庙祭时召开“青苗会”，制定保护青苗的民约章法，选举青苗守护人，祭礼隆重热烈。这些都是动物生态传承中民俗链的重要组成部分。

植物生态民俗的利用与传承

在中国北方地区，人们的杂食习惯和畜禽的草食习性构成了十分复杂的共享和互克的食物链民俗关系。人们需要粮食作为口粮，家畜与家禽也需要粮食作为饲料。粮食对于人与畜禽来说既是共享的资源，但也是互争相克的。遇到歉收之年，人争畜料和畜夺人粮的矛盾经常发生。由于畜禽是人们肉食、奶食、蛋食的主要来源，因此人们必须扩大与畜禽在粮食需求上的共享范围，既要种植大面积且多产的农作物以产出供食的粮豆，又要为马、牛、羊、猪、鸡、鸭、鹅等畜禽提供足够的草场以供应饲料草和野菜。人们利用植物生态不仅直接或间接获取食料，还将野生林木用作烧柴、用于房屋和畜栏的构建；利用山野植物资源取得草药并用于医疗人畜疾病和保健。同时，人们与绿色植物之间不仅有直接的关系，而且因人们需要草食动物供给肉蛋与皮毛，需要草食大畜作为劳动力，所以与畜禽所需的草食植物也有着广泛的间接关系。因此形成了诸多关于植物生态利用方面的民俗，比如，民间家家户户或每个村屯，一年中每天都有不成文的生产作业进度安排，因地因时而形成的独具民俗特色的连续作业历程等，每个生产日都充满了有节奏的农耕生态民俗活动，日复一日，年复一年，以有序的作业环节推动农耕民俗文化的发展。

人们常说，“一方水土养育一方人”，一方水土需要依靠各种植物来提供食物以养育一方人和一方禽兽。因此，人们对一方水土的恩赐倍加珍惜，关于植物的生态传承自然也就源远流长。比如，有关麦种来历的神话与传说，有关社稷神或五谷神的祭祀传统，有关莜麦、荞麦、谷子、糜子、高粱等杂粮的传说，都反映了民间对粮食的崇敬及“民以食为天”的原生态传承观念。关于人参的神秘崇拜以及关于特殊花草、树木、蔬菜的神奇信仰，也都展现出了深厚的植物生态民俗传承影响。其中，有关桑蚕、柞蚕崇拜及有关植物的多种禁忌，更加令人信服地认识到植物生态民俗链在民间文化中的重要性。民间敬奉粮食种植神的习俗是植物生态民俗中常有的现象，将对当地农耕丰产做出卓越贡献的官吏或平民敬拜为神，享受香火供祭，以志不忘。比如，在河北省邯郸市磁山地区，民间塑像供奉了一位古代被传作张公的小吏为神，感念他传播了种粮技术，促进了粮食生产，使百姓能够饱腹。在黄粱梦村的神仙庙中，特设有供奉“麦奶奶”的神殿，这是对历史上一位来自山东的无名氏妇女的敬奉，她教会了当地农民种麦技术，使农民吃上了饱饭，农民对她表示感恩，尊称她为“麦奶奶”，享用香火供品。这些朴实的民间信仰活动，其根基都建立在农耕作物生态民俗链之上，在百姓中得到广泛认同并因此传承下来。这些民间神，无论有姓无名还是无名无姓，都不重要，最重要的是他们都为当地的农耕生态民俗文化作出了特殊贡献。

自然周期形成的生态民俗

任何人类生活的地方，都不可避免地受到气象、季候的条件限制，所以说，人类社会必然要在生态环境中严格受到自然周期的制约。以中国北方的农耕文化为例，广大农村的农事活动总是遵循着几千年的传统太阴历周期安排。农民在经验性的自然周期生态民俗中所遇到的最为严峻的问题，就是春旱、夏涝、秋吊和飓风、冰雹、霜冻等灾害。在有关季候的民俗链中，风不调、雨不顺的现象给人们增加了循环不已的民俗压力，使“靠天吃饭”“听天由命”的小农宗法性观念难以转变，使民间信仰习俗根深蒂固。农村普遍风行“祈雨”“祭龙王”等习俗，有的地方把农历七月七日的“七夕”，即所传“牛郎织女相会日”定为“雨节”，希望借牛郎织女天河相会相对哭泣时落下雨水。夏秋之交，粮谷抽穗急需阳光晴晒时，却常逢连阴雨天，田间积涝成灾是北方农耕一大劫难。祈雨和祈晴都是自然周期生态民俗链中的重要环节，表现出人想胜天而不可得的那种无可奈何的心态。特别是在北方那些十年九旱的乡村中，上述有关自然周期的生态民俗链就更加繁复多样了。

生态民俗的地理认知

生态环境认知

生态环境的概念

生态环境是一个新概念，最早提出“生态环境”一词的是黄秉维教授。在此之前，甚至相当长一段时间，我国在对外翻译时都把生态环境称为“生态系统”（ecosystem），使生态环境这个词语的语义不明，没有真正理解其实质含义。根据著名学者吴季松先生的说法：实际上，“生态系统”包括了“自然环境”；生态系统客观存在，而自然环境是人对生态系统的感织和认识。他认为：概念和名词都可以创造、创新，问题是没有人给出“生态环境”与“生态系统”不同的定义。在一次会议上，吴季松先生见到了生态环境的创意人黄秉维先生，并向他提出了问题，希望黄秉维先生能够给生态环境下一个定义。黄秉维先生这样回答：“这是第一次有人向我提出这个问题，这是个语义不够明确的词，没有定义。不过我可以说一下这个词的来由，它起源于20世纪80年代初期的一次国家级的宪法修改讨论会，草案中有‘遏制生态系统蜕变’的词语，我提出生态系统的蜕变不一定对人类不利，不能以遏制一言以蔽之。例如，河流三角洲冲积平原的形成就是生态系统的蜕变，但是它对人类有利。大家问：‘您说应该怎么提呢？’我回答：‘似乎应该提遏制对生态环境的破坏。’当时得到大家的一致赞同。我完全同意你的意见，‘生态环境’是个没有定义的词，当时十分仓促，并没有多考虑，也没有想到这个词居然产生今天这样的价值。”

知道了“生态环境”一词的来龙去脉，就可以对生态环境的真正含义进行有效的探讨。吴季松先生在其2016年1月出版的著述《生态文明建设》一书中，这样总结：“对‘生态环境’提出确切的定义是必要的。‘生态’是自然界的客观现实，而‘环境’更多的是人对所处周围生态的感受。‘生态环境’的定义应该是‘在人与生物圈中，自然生态系统的状态’。‘人与生物圈’的定义是由联合国教科文组织提出的，已经阐明。”

生态系统的内涵大于生态环境，既然明白了何谓生态环境，还要弄明白何谓生态系统，才能更深入地了解生态环境在时代意义下的科学推演，以及对于整个人类生存所具有的特殊功能。钱俊生、余谋昌主编的《生态哲学》一书，对生态系统的定义则是：指生命体或生物群落同其生存环境相互联系、相互作用所构成的相对稳定的自然系统。生态系统是自然界的基本功能单位，时刻不停地进行着物质、能量、信息的交换和流动，保持着相对的动态平衡。它除了以生物群落为核心的能量流动和物质循环最基本的功能和特征，还具有动态性、开放性、相关性和自我调节性的特征。

那么现今的资料和文献是如何给生态环境下定义的呢？360百科如此概括：生态环境（ecological environment）就是“由生态关系组成的环境”的简称，是指与人类密切相关的，影响人类生活和生产活动的各种自然（包括人工干预下形成的第二自然）力量（物质和能量）或作用的总和。或者说，它是影响人类生存与发展的水资源、土地资源、生物资源以及气候资源数量与质量的总称，是关系到社会和经济持续发展的复合生态系统。

人类频繁加剧的活动，必然会改变固有的生态环境，因此会出现一系列的生态环境问题。生态环境问题是指人类为其自身生存和发展，在利用和改造自然的过程中，对自然环境破坏和污染所产生的危害人类生存的各种负反馈效应。

生态是指生物（原核生物、原生生物、动物、真菌、植物五大类）之间和生物与周围环境之间的相互联系、相互作用。当代环境概念泛指地理环境，是围绕人类的自然现象总体，可分为自然环境、经济环境和社会文化环境。生态与环境虽然是两个相对独立的概念，但两者又紧密联系、水乳交融、相互交织，因而出现了“生态环境”这个新概念。它是一个大系统，由生态系统和环境系统中的各个“元素”共同组成。

生态环境与自然环境在含义上十分相近，有时人们会将其混用，但严格说来，生态环境并不等同于自然环境。自然环境的外延比较广，各种天然因素的总体都可以说是自然环境，但只有具有一定生态关系构成的系统整体才能称为生态环境。仅由非生物因素组成的整体，虽然可以称为自然环境，但并不能叫作生态环境。

更简洁的提法是：生态环境是指与人类生存休戚相关的水资源、土地资源、气候资源以及生物资源所构成的有机整体。

生态系统与生态环境的关系

1935 年，英国生态学家阿瑟·乔治·坦斯利爵士受丹麦植物学家叶夫根·尼温的影响，首次提出生态系统的概念。

所谓生态系统，是指由生物群落与无机环境构成的统一整体。生态系统的范围可大可小，相互交错，最大的生态系统是生物圈；最为复杂的生态系统是热带雨林生态系统，而人类主要生活在以城市和农田为主的人工生态系统中。生态系统是开放系统，为了维系自身的稳定，生态系统需要不断输入能量，否则就有崩溃的危险；许多基础物质在生态系统中不断循环，其中碳循环与全球温室效应密切相关。生态系统是生态学领域的一个主要结构和功能单位，属于生态学研究的最高层次。

生态环境和生态系统虽然各有表述，内涵不尽相同，但弄懂生态系统的规律性特征，对于做好生态环境的科学性保护具有基础和涵盖作用。

对于生态系统规律性的研究是一项复杂而持久的工作，在长期的摸索和积累中，人们逐渐地认知了它的普遍性规律。当然究其主要方面，则是具有多样化和整体性的特性，二者其实有着不同的实质性意义，但在细微之处，它们既有所不同又有着统一的规律。

生态系统的多样性是指生物圈内生境、生物群落和生态过程的多样化以及生态系统内生境、生物群落和生态过程变化的多样化。

此处的生境主要是指无机环境，如地貌、气候、土壤、水文等；生境的多样性是生物群落多样性乃至整个生物多样性形成的基本条件；生物群落的多样性主要指群落的组成、结构和动态，包括演替和波动方面的多样化。生态过程主要是指生态系统的生物组分之间及其与环境之间的相互作用或相互关系；基因和物种多样性是生物多样性研究的基础，而生态系统多样性则是生物多样性研究的重点，生态系统多样性充分体现了生物多样性研究的最突出的特征，即高度的综合性，主要表现在基因到景观乃至生物圈的不同水平研究的综合。

严格地说，生态系统的范畴为整个生命体所生存的空间，其对象是地球上的一切动物、微生物和植物，它们相互之间以及和环境之间的复杂关系，直接体现为生态系统的结构和类型形成，其多样性特点最为显著。

按照生态类型划分，生态系统可以划分为两个大的类型：水域生态系统和陆地生态系统。前者可以分为淡水湿地生态系统、滨海湿地生态系统、海洋生态系统等；后者可以分为草地生态系统、森林生态系统、沙漠生态系统等。

生态系统的结构的多样性，包括生态系统成分的多样性和由这些成分连接而成的食物链和食物网的多样性。在此基础上，尽力做到生态系统的完整性，促进区域生态系统和生物物种的保护。

物种多样性是指地球上动物、植物、微生物等生物种类的丰富程度。物种多样性包括两个方面：一是指一定区域内的物种丰富程度，可称为区域物种多样性；二是指生态学方面的物种分布的均匀程度，可称为生态多样性或群落物种多样性。物种多样性是地球上最显著的特征之一，是人类社会赖以生存和发展的基础，也是衡量一定地区生物资源丰富程度的一个客观指标，同时是生物多样性研究的一个重要层次。由于物种多样性对人类生存的重要性及目前所遭受的严重威胁，为适应资源与环境可持续发展的要求，物种多样性的研究受到了广泛的重视。2011 年，美国夏威夷和加拿大生物学家评估报告称，预计地球上物种数量大约为 870 万种，真实数据最低为 740 万种，最高为 1000 万种。2016 年，印第安纳大学的研究人员指出，之前的评估数据明显低估，所有的调查报告都忽略了微生物，并且使用了不可靠的推测技术。据他们估计，地球上可能有多达 1 万亿种物种。

遗传（基因）的多样性是指生物体内决定性状的遗传因子及其组合的多样性。基因多样性代表生物种群之内和种群之间的遗传结构的变异。每一个物种由若干个个体组成的若干种群构成。各个种群由于突变、自然选择或其他原因，往往在遗传上各不相同，因此某些种群具有在其他种群中没有的基因突变，或者在一个种群中很稀少的等位基因可能在另一个种群中出现得很多。这些遗传差别使得有机体能在局部环境的特定条件下更加成功地繁殖和适应。由此，复杂的生存环境和多种生物起源是造成遗传多样性的主要原因。

生态系统是指在一定区域内，生物与环境形成的统一整体。生态系统还具有整体性特点，包括生物群落及其无机环境，强调各个系统中各个成员之间的相互作用，以及生态系统各个要素间的有机整体性。不论哪个系统，它们的组成都是有机整体，其系统功能必须和它的构成要素密切相关，并且还需要和构成系统的三种基本要素（物质、能量、信息）密切相关。物质、能量、信息这三种基本要素的综合表现，缺一不可，都能够使整体功能发挥到极致。因此，整体功能的完善性全在于三种要素的紧密配合。生态系统结构和效应的整体性主要包括以下内涵：人和自然的统一协调；生物群落之间相互协调的关系；生物群落和无机环境的协调关系；生态系统在发展中空间和时间上的协调关系；生态、社会、经济价值的相互协调的关系；形成和强化生态系统整体性的效应；物质能量、社会能量和管理能量；等等。

生态系统的整体性和多样性是辩证统一的关系，二者相辅相成，不可分割。生态系统的结构和类型的多样性强力支撑着生态系统的整体性，而生态系统的整体性对多样性起到了主导和限制作用。这必然引导人们真正掌握生态系统的整体性规律，进一步完善系统整体和部分的辩证统一规律，完善系统目标和发展规律，完善系统功能形成及其实现的规律，从而能够建立完善齐备的生态规律研究方案，更好地服务于人类和社会。

在此基础上，了解并把握生态环境的自然和发展规律，提升科学管理水平，净化社会、净化世界的目标就会实现。

后来由此出现了研究生物与其环境之间的相互关系的一门科学——生态学（Ecology）。生态一词源于古希腊词汇，意思是指家或者我们的环境。简单地说，生态就是指一切生物的生存状态，以及它们之间和环境之间环环相扣的关系。“生态文明”在刘惊铎的《生态体验论》中被定义为从自然生态、人类生态和内生态之三重生态圆融互摄的意义上反思人类的生存发展过程，系统思考和建构人类的生存方式。生态学的产生最早是从研究生物个体开始的。1866年，德国生物学家恩斯特·海克尔最早提出了生态学的概念，它是研究动植物及其环境、动物与植物之间及其对生态系统的影响的一门学科。如今，生态学已经渗透到各个领域，“生态”一词涉及的范畴也越来越广，人们常常用“生态”来定义许多美好的事物，如健康的、美的、和谐的等事物均可冠以“生态”修饰。当然，不同文化背景的人对“生态”的定义会有所不同，多元的世界需要多元的文化，正如自然界的“生态”所追求的物种多样性一样，以此来维持生态系统的平衡发展。

受此启发，近些年，相继出现了一些相关的学科，如生态经济学、生态哲学、生态农业学、生态教育学、生态民俗学、生态森林学等。生态环境成为生态学在学科上的一个分类，它的运用和广泛的研究日益频繁，似乎已经是当今研究人类生存与自然关系的热门课题。

生态环境价值观

正确的生态环境价值观，是建立生态环境科学体系的重要前提和基础，是尊重生态规律的表现。所有生态环境保护的政策制定都应该以生态科学为基础，要尊重和顺应自然的基本生态规律。这呼吁人们从理论和实践的结合上，真正尊重科学的生态规律，探索和揭示人与自然和谐相处的生态价值观的科学内涵和本质要求。

生存环境是一个大系统，它包含了自然的、社会的、政治的、经济的等诸多有利和不利因素，任何国家的经济社会发展，都要受其影响和制约。自然庞大无际，构成了生态的要素、环境的成分，人类开拓了巨大的生存场所，并依靠诸如地球周围的大气、地表的山川土地、江河湖泊海洋、地下的各种矿产资源以及多种多样的生物物种存活。这样，人类的生产生活等活动必然在自然之间形成一定规模的区域和空间，我们称为生态环境。人和自然发生亲密的关系，反映了人类文明进步和自然演化的相互影响与作用。每一天、每一时刻，只要有人类的存在，就会和自然形成共融或者对峙的关系，这些或许出自人类的善意本能，却往往在具有两面性的发展中对自然造成了不可恢复的破坏。资源、环境、人口、污染等一系列问题，出现在人类的面前，与人类紧密相连，不可忽视，也无法忽略。

自然是人类进步和繁荣的根本，是人类财富和荣耀的源泉，正是因为一个多样性的自然生态环境的厚德载物，造就了人类的生存、社会的发展。必须遵循一个规律：人与自然的和谐共处是人类生存与发展的基本条件。人类的生存和发展只有依赖自然和自然的规律，才能在构成生态系统的多种元素中发挥积极作用。

《老子》指出："道大，天大，地大，人亦大。域中有四大，而人居其一焉。""道生万物"表明，老子反对把贵贱观念应用于自然界，反对人类妄自尊大、以自己为中心、把大自然当成自己的征服对象的态度，反对人类仅为自己需要而掠夺自然的做法。他主张以道观物，以达到天人和谐。虽然人类作为一种从自然界进化中分离出来的生物具有能动性和创造性，一直在依靠主动性、社会性等特点创造着人类的文化，但随着文明程度的提高，人类越来越希望摆脱自然环境的束缚，获取更大的身心自由，也慢慢丧失了对自然环境的敬畏。

于是，人与自然环境的和谐被打破，人类有组织的行动对自然环境的塑造远远超过了自然本身的演化速度。人类按照自己的意志和手段对自然产生人为的作用，影响到自然的结构、功能与演化。大自然中所有的生物都在改变着自然环境，向自然索取资源，向环境排泄废弃物。正是因为任何动物都在改变着生态环境，同时也破坏着生态环境，人类对生态环境的破坏已经远远超过自然环境的自净能力。

另外，自然对人类的影响与反作用也不容忽视，包括资源和环境对人类生存和发展的制约，物种灭绝加速、自然灾害频发、环境污染和生态退化等问题对人类的负面影响。生态系统遭到严重破坏，生态环境逐渐失去了原有的稳定、秩序与和谐。

自然界的生态系统是一个经历了亿万年形成的整体。在这个系统中，所有生命（包括植物界）都有一定的位置，都有持续发展的权利。和谐有序的生态系统是人类生存和发展的前提。随着现代科学技术的发展，人类对自然界的影响力在速度和强度上急剧增长，使得人与自然的关系被赋予了越发重要的社会经济、政治和意识形态意义。人与自然相互对立和彼此役使的时代理应终结，构建和谐融洽的人与自然的关系正成为人类的共同理想。

我们应当重新审视人在自然界中的位置和作用，自觉消除人类在改造自然活动中的自我中心主义，从而把资源、环境、人口、技术和制度等因素整合在一个统一的框架之中，重建人与自然界的和谐统一，打造一个可持续发展的文明社会。恩格斯提出了人是自然界的产物，人与自然是相互依存、相互制约的关系，人类必须摆正人在自然界中的位置，必须尊重和掌握自然规律，实现人与自然的和谐共生。避免自然资源的过度消耗，在适度开发中让自然在科学的时间段内恢复其养育力，避免任意妄为的破坏；在科学的论证中，有序有节地获取自然的馈赠，给予自然足够的修复时间和机会，不能只贪婪地“攫取”，还要像在伤口上敷药般让其滋生新的生长力量。如此，人类对资源的利用才能永续，人类的福祉才能在加强对土地、水源、森林、矿产等自然资源的合理开发利用中得以永葆。那种只顾眼前利益、罔顾子孙后代的毁灭式消耗资源的蛮横方式早该休矣。

我们已经造成了对自然资源和生态环境缺乏保护和可持续利用的严重后果。在过分强调人是世界的主宰和粗暴掠夺式经济建设的主题下，人与自然不和谐的问题十分突出，造成了直接的环境污染和社会错误认知对于人类健康和生存的危害。人类的生存基础环境严重被破坏：水源严重污染，有害物质严重超标；土地板结沙化，生产的农副产品被严重污染；沙尘暴严重；气温升高、温室效应加剧；很多动植物灭绝或濒临灭绝；动植物、细菌、真菌、病毒基因变异；人类各种疑难杂症、心脑血管疾病、癌症等疾病年轻化并且发病率迅速增长；不孕症、畸形儿、智障者等明显增多。地球上的生物正面临着病毒灾害的极大威胁。

工业文明在创造了空前的物质繁荣和高度发达的社会文明的同时，也埋下了自我毁灭的祸根。工业文明强调一切围绕经济利益的增长，在此之下对于资源掠夺式的“剿灭”，造成了全球性资源短缺，十分可怕，这是一种祸及后代、极其不负责任的思想莽撞行为。1972 年，罗马俱乐部发布的《增长的极限》报告引起了世界性的震撼，使西方社会长期信奉的人类中心主义、自我中心主义等盲目乐观思潮发生了动摇。整个 20 世纪，人类消耗了 1420 亿吨石油、2650 亿吨煤、380 亿吨铁、7.6 亿吨铝、4.8 亿吨铜。占世界人口 15% 的工业发达国家，消耗了世界 56% 的石油、60% 以上的天然气和 50% 以上的重要矿产资源。根据世界能源理事会的一项预测，全球石化燃料的开采期限，石油最多为 50 年，天然气至多为 70 年，储量丰富的煤炭资源也只有 230 年，资源短缺的现象日趋凸显。工业文明使生态遭到严重破坏。由于大规模采掘、加工和生产的需要，土地资源和森林资源大规模减少，土壤侵蚀、土地流失、草原退化和土地荒漠化加速蔓延。全世界 2/3 的国家和地区，1/4 的陆地面积，近 1/5 的人口受到危害，已被公认为当今世界的头号环境问题。西部地区由于降雨稀少、干旱高寒、交通不便、经济欠发达等因素生态环境尤为恶劣，不少地区林草植被遭受破坏，极难恢复。在工业文明时代，一味强调“改造自然”的思想导致土壤污染、资源枯竭、能源危机已是不争的现实，未来更是会造成严重的后果。面对生态危机的严酷现实和生态文明的时代背景，人们开始呼吁“尊重自然”的生态文明信念。只有观念的革命，才能带来崭新的管理科学。

美国学者弗·卡特和汤姆·戴尔曾用一句简洁的语言生动地勾画出人类破坏生态的轮廓：“文明人跨越过地球表面，在他们的足迹所过之处留下一片荒漠。”的确，理性的失范已经使人们的生态价值观在迷失的歧途上走得太远，无节制的欲望的决堤，必然会使我们生活的方方面面遭受洪水般的侵袭。因此，重新构筑保护生态、保护环境，实现人与自然和谐共处的科学的生态环境价值观，已经成为全人类面临的一项迫在眉睫的任务。

生态文明建设

呼唤生态文明，是在人类为之付出惨痛代价之后的沉思，是人类维护自身安全的觉醒和正确判断。在这样的背景下，中国率先提出了生态文明建设这一科学理论。这是中国政府作为负责任政府的勇敢行动和自我剖析，更是要向人民和世界交出的一份百分答卷。只有一个让人民满意的生态文明社会，才是一个充满理想和阳光、充满祥和快乐的文明社会。

生态文明社会是在物质文明高度发展的基础上，人与自然和谐相处，人类社会与自然生态协调发展、互利共生，人们积极开展生态建设、充分享受生态成果的高度文明的社会形态。作为人类文明进化的最高台阶，生态文明社会是我们尚未达到的一种理想的社会境界。积极开展生态文明社会研究，明确其特征标志，有助于推进生态文明社会的建设。

经过科学论证和深思熟虑，2015 年 10 月，在中国共产党第十八届中央委员会第五次全体会议上，提出了创新、协调、绿色、开放、共享的五大发展理念。党的十八大提出“五位一体”总体布局，将生态文明建设纳入其中，旨在从源头扭转生态环境恶化趋势，为人民创造良好的生产生活环境，努力建设美丽中国，实现中华民族永续发展，这是我国社会主义现代化发展到一定阶段的必然选择，体现了科学发展观的基本要求。牢牢把握“五位一体”总体布局，就一定能推动当代中国全面发展进步，使中国特色社会主义更加生机勃勃。

创新、协调、绿色、开放、共享的五大发展理念是我国为破解发展难题、厚植发展优势、激活发展动力而制定的重大发展方略。这些理念虽然是针对中国现阶段发展状况提出的，却与世界应对各种问题的理念高度契合，为中国参与全球治理提供了指导思想和价值意义。第一，创新是构建人类命运共同体的第一动力。人类命运共同体理念的提出，必将引发理论、制度、文化、技术等各领域创新，也将是一场终结西方“元叙事”，建立“中国话语权”的变革。通过打破西方价值体系的垄断，使不同的制度、文化、文明互鉴共存，推进全球秩序和国际规则的创新发展。第二，协调就是解决发展不平衡问题，实现辩证发展、系统发展、整体发展。中国作为世界上最大的发展中国家，同时是第二大经济体，既与新兴市场国家有着相似的改善民生的诉求，又面临与发达国家相似的转型升级的困境。因此，在推动人类命运共同体建设中，中国既要坚持维护发展中国家的整体利益，努力提升发展中国家在全球经济治理结构中的发言权和话语权，又要积极寻找共性话题，增进与发达国家的协调沟通。第三，坚持绿色低碳，建设一个清洁美丽的世界。构筑尊崇自然、绿色发展的生态体系。“人类只有一个地球，各国共处一个世界。”建设生态文明关乎人类未来，国际社会应该携手同行，共谋全球生态文明建设之路。各国只有相互尊重、平等相待，才能合作共赢、共同发展。在空间格局、产业结构、生产方式、生活方式以及价值理念、制度体制等方面坚持绿色发展，需要中国和世界休戚与共，携手前行，共迎挑战。第四，开放是构建人类命运共同体的应然选择。只有深度融入世界经济，积极参与全球经济治理，推动建设开放型世界经济，才能实现经济全球化再平衡和世界共同繁荣发展，最终解决发展内外联动问题。为此，党的十八届五中全会提出“开放发展”的理念，指出“必须顺应我国经济深度融入世界经济的趋势，奉行互利共赢的开放战略，发展更高层次的开放型经济，积极参与全球经济治理和公共产品供给，提高我国在全球经济治理中的制度性话语权，构建广泛的利益共同体”。第五，共享是构建人类命运共同体的灵魂。坚持共享发展，就是着力增进世界福祉，增强人民获得感，解决社会公平正义问题，展示出中国“兼善天下”的世界观和促进世界各国共同发展的勇气和决心。

让可持续发展理念深入人心。绿色可持续发展战略是我国长治久安的策略，从能源生产和消费方式上谈绿色可持续发展，美丽中国的发展势必走绿色、低碳、循环发展之路，用绿色的形象撑起生态文明建设是不容忽视的措施。环境的压力、人们意识的提升，使绿色发展、循环发展、低碳发展、节能减排等行动的重要性日趋突出。首先，国家要在产业改革上加大政策扶持力度，加快清洁能源的研发进程，让水能、风能、太阳能等装备不断升级建设，降低能源利用带来的污染，而生态环境的维护也需要在改进能源供给渠道上下功夫。其次，要在全国倡导低碳生活方式，推行绿色消费习惯。要一如既往地贯彻节俭、文明、适度、合理的消费理念。让宣传口号成为自觉行动，大力宣传做得好的典型，既是肯定了个人，也是对这种好的行为方式的倡导。“单丝不成线，独木不成林。”在改善环境方面，实施绿色可持续发展战略还需要国际合作，环境阴霾仍未散尽，各国之间的交流仍在继续，国人只要跟着国家的政策走，绿色发展之路就在脚下。

坚持以生态原则指导资源的合理分配。过去所倡导的市场原则已经给资源的无序分配造成了过度的浪费，引发了一系列生态恶化的弊端。采用生态原则合理分配资源，能够解决市场配置原则下的市场失效问题。要做到这一点，我们需要遵循以下几个原则：第一，力求生态平衡。生态平衡是现代生态学在理论上提出的一个极其重要的概念。当生态系统各组成成分之间彼此保持一定的比例关系，能量和物质的输入与输出在较长时间内趋于相等，结构与功能（结构是指生态系统中所含生物种类和数量的多少，功能是指生态系统中所含生物作用的大小）处于相对稳定的状态，在受到外来干扰时能通过自我调节恢复到初始的稳定状态，生态系统的这种状态称为生态系统的平衡，简称生态平衡。任何生态系统都会与外界发生直接或间接的联系，并经常遭到外界的干扰。由于生态平衡是动态平衡，生态系统本身具有一定的自动调节能力，如果平衡的生态系统受到轻微的外界干扰，生态系统经过一段时间，会自动恢复平衡。反之，则无可复原。因此，在社会资源配置上必须围绕促进生态系统良性循环的原则，使得自然生态达到平衡。第二，维护环境因素不被破坏。过度的生产生活活动打破了原先资源配置的环境安全，使环境失去了本身的自净能力，导致环境质量恶化，生态平衡失调或破坏。第三，保持生物种类的多样性。生物之间有着相互制约和依赖作用，当某一个链条断裂或遭到大面积破坏，相应的生物就会失去原有的平衡关系，生态漏洞就会越来越大。第四，时刻注重资源的节约。做到不可再生资源的节约节制使用，可再生资源的充分开发和合理使用。即社会资源配置应符合节约使用、高效利用、循环利用的要求。警醒人们最大限度地自觉规范行动，降低人类频繁的开发活动对于自然环境和生态系统的干扰和冲击，遵循生态意义大于经济意义的原则，在保证生态环境安全的前提下，做到节俭、节约，重复利用，科学利用。促进人类社会与自然生态系统和谐相处、协调发展、共同进步、互惠共赢。贯彻永续发展原则，解决传统发展模式下日益严重的代际不公平问题，推动生态文明社会的持续健康、和谐、有序发展。

生态意识是指人们了解生态规律、尊重生态价值、努力追求生态平衡、积极参与生态建设的认识状态和思想倾向，其核心是人与自然和谐的理念。它是人们自觉开展环境友好活动、采取维护生态平衡行动的内在动力。工业文明是人类文明发展的第三个历史形态。伴随着科学技术的发展，人类在新的生产方式下创造了前所未有的物质文明，人与自然的关系随之发生了根本性的变化：人类由过去简单地消费自然物变为越来越多地加工改造自然物，由过去那种对自然单纯的依赖顺应关系变为征服改造关系。这一时期的人类文明被称为征服、改造文明。这种文明意识使人类的欲望无限膨胀，对自然界为所欲为，导致人类越来越深地陷入前所未有的困境：环境恶化、物种绝灭、酸雨肆虐等。人类生存环境的恶化和生存根基的动摇，迫使人类彻悟：这种征服、改造的工业文明意识与人类的初衷相悖，它虽然给某些地区带来了发达的经济和高水平的物质享受，却是以全球生态平衡的破坏和更多地区的贫困加剧为代价的。

生态文明是在人类活动的强度和广度已经发展到对全球环境和生态系统产生深刻影响的背景下发展起来的，它以“直接解决与人类生存相关的生态环境问题”为己任。生态文明反思当下的生态环境问题，不是局限于一般的人与自然的关系或主体与客体的关系，而是聚焦人类主体对自然界的过度“改造”所产生的恶果，立足于人类的未来考量。因此，必须有与之相适应的全新社会观念，用以指导人们的言行。作为社会主流观念，生态意识不仅受到社会舆论大力推崇，也受到政府、公民、非政府组织等社会各方的充分认可肯定，成为各类社会组织及其他社会成员的行动指针，落实到社会生活的方方面面，从而成为体现生态社会文化特征的核心理念之一。一个观念的形成，是在一个漫长的过程甚至已经付出沉重的代价之后，才逐渐认识并完善的。生态意识是对传统经济发展模式的理性反叛，它将发展的量变和质变统一起来，把此与彼、局部与整体、目前与未来有机统一起来，强调人与人、人与物的协同进化，将视野从局限于个体发展转为注重整体利益，从注重局部利益转为注重全局利益，从单纯注重经济效益转为同时注重社会效益和环境效益，从注重微观效益转为既注重微观效益又注重宏观效益。树立生态意识对实现社会经济良性发展具有非常重要的意义。

土地的选择和种植

对土地的崇拜

土地是人类得以繁衍生息的根基与依靠。自古以来，人类在广阔的土地上种植五谷，以满足日常生活的需求。因此选择或拥有土地就意味着拥有了生命的基本保障和活着的尊严。千百年来，中国人对土地的膜拜，历久不衰，并且已经形成了内容丰富的民俗活动。

在中国文化中，土地被视为神圣的存在，从事农业劳动的人们对其虔诚不虚。这也说明，土地在中国人心目中的神圣地位，它和人们的日常生活紧密相连。

据考证，自殷商时期起，人们就开启了对于土地的崇拜。到了周代，土地神（图 2–1）最初被称为“社神”，后来演变为“土地神”“土地爷”等，至今如此。在

图 2–1　土地庙

中国古代，从普通百姓到各级官府、帝王将相，每年都要举行祭祀土地神的仪式。例如，在北京就有两处特别的地方，祭天的地方为天坛，祭地的地方则叫作地坛。

最早的社日活动是露天举行的。据南朝梁宗懔《荆楚岁时记》记载：“社日，四邻并结综会社，牲醪，为屋于树下，先祭神，然后飨其胙。”郑玄注：“‘百家共一社。’今百家所社综，即共立之社也。”百家一社，与过去“百户一里”相同，“里”是乡村行政单位，例如徽州的许村过去称为“富资里”，领导干部正职称为“里正”，如杜甫诗“去时里正与裹头”提及的“里正”，便与此相关。“社会”一词，也是从社日活动延伸而来的。

司马迁在《史记·封禅书》中记载：“夏至日，祭地祇，皆用乐舞。”“地祇”即地神。在古代，夏至不仅是一个重要的节气，还是中国的传统节日之一，古时又称“夏节”“夏至节”，其隆重程度甚至超过端午节。三国时期的曹丕就有“从朝至日夕，安知夏节长”的诗句。自古以来，在夏至这一天，皇帝要亲临地坛祭祀地神，官员放假，民间也有祭祖的习俗。司马迁在《史记·管蔡世家》中叙述周武王之弟管叔、蔡叔事迹及蔡、曹二国的兴灭历程时提及：“伯阳三年，国人有梦众君子立于社宫，谋欲亡曹；曹叔振铎止之，请待公孙强，许之……”，其中的“社宫”一词，即诸侯祭祀地神之处。明代诗人、散文家王慎中的一首诗生动地描绘了夏至之日皇帝亲率百官到地坛祭祀地祇的情景：

万乘亲郊幸北宫，千官斋祓两都同。
灵光正想泥封上，清梦遥依辇路通。
烟散玉炉知昼永，星分银烛坐宵中。
闻君已就汾阴赋，犹向周南叹不逢。

《孝经纬》中说：“社者，土地之神。土地阔不可尽祭，故封土为社，以报功也。”帝王诸侯的土地广博，没有时间一处一处地祭祀，于是，就象征性地“封土为社”。古代帝王祭“社”，就是祭祀天下的土地神。据《风俗通义》记载，古时二十五家为一社，社中封土为坛，并栽树作为标志，称为社树。《论语·八佾》中有这么一段记述："哀公问社于宰我。宰我对曰：'夏后氏以松，殷人以柏，周人以栗……'"这表明不同朝代选择不同的树木作为社树。

夏至日的祭神仪式始于周代。周民族是一个以农业为主的部族，社神和稷神作为与农业生产密切相关的神灵，受到特殊的重视。社神是土地神，稷神是五谷神，二者最初都是自然属性的神灵，随着时间的推移，它们逐渐被人格化。社神和稷神通常合在一起祭祀，在春秋两季进行。在周朝，将祭祀土地神的仪式"春社""秋社"定为国家每年必做的重要祭祀活动。周代的诗歌总集——《诗经》大小雅以及颂诗篇目中的很多诗歌，很大程度上反映了当时社会的宗教祭祀活动，尤其是对宗庙祭祀活动，记述更为详尽和丰富。由此不难得出结论，宗庙祭祀活动在当时已经是民俗、政治、礼仪、宗教等各方面的综合。

汉武帝在汾河与黄河交汇处，古称汾阴的地方，建立了后土祠，开始了立庙祭祀土地神的传统。汉代以后，祭祀土地神的时间作了调整，一年祭祀土地社分为两次，即春社、秋社，一般定在立春、立秋后的第五个戊日。根据南宋陈元靓的《岁时广记》记载："立春后五戊日为春社，立秋后五戊日为秋社。"

春社（图 2–2）是为了祈谷发愿，祈求社神惠赐福礽，风调雨顺，一年五谷丰登；秋社则是为了报谢社神，庆祝丰收，感恩答谢。《汉书·郊祀志》载：刘邦立为汉王的第二年冬天，"因令县为公社，下诏曰：'吾甚重祠而敬祭。今上帝之祭及山川诸神当祠者，各以其时礼祠之如故。'"颜师古注引李奇曰："犹官社。"即在每个县设立了祭祀土地神的"公社"，据《礼记·月令》载："（孟冬之月）天子乃祈来年于天宗，大割祠于公社及门闾，腊先祖五祀，劳农以休息之。"这是"公社"一词称谓之出处。

西汉末年，在长安城北郊按阴阳方位建立了祭地之坛。此后虽历代礼制不同，有时天地分祀，有时天地合祀，但均在都城建有祭地之坛。金代建中都城时在北京通玄门外（今复兴门外会成门东北）建立了北郊方丘。建于明永乐十九年（1421 年）的北京社稷坛，是明清帝王祭祀社稷的场所。明嘉靖九年（1530 年），按照"南乾北坤"的说法，在京城北郊安定门外建立了地坛，成为明清两朝祭祀"皇地祇神"之场所。明清时期，祭地仍然被视作"国之大典"，明清两代帝王每逢夏至这一天，到此进行皇家祭祀活动。《清史稿》卷八十三记载："社稷之祀……其在京师者，建坛端门右……定制，岁春、秋仲月上戊日，祭大社、大稷。"而且，"祭日，帝亲莅"。

图 2–2　春社

在民间，祭祀土地神的活动同样得到了百姓的积极响应，形成规模，习俗大成。

祭祀土地、表达愿景，老百姓的内心诉求往往通过这种朴素的形式传递弘扬。随着家家行动、人人参与，每个村落都有了自己的社日祭祀活动。参加社日活动的男女老幼，结社集会、呼朋唤友，吃肉喝酒、欢欣鼓舞，热闹异常。女人妆饰一新，男人一醉方休，人山人海，不亦乐乎，成为古代中国一大民俗节日。

唐代诗人王驾的《社日》描述了春社日人们的祭祀活动之外的情景。在祭祀土地神的"社日"，古代百姓通过社日活动表达他们对减少自然灾害、获得丰收的良好愿望。诗中的"鹅湖山"又名荷湖山，位于江西省铅山县永平镇北十五里。其诗曰：

鹅湖山下稻粱肥，豚栅鸡栖半掩扉。

桑柘影斜春社散，家家扶得醉人归。

描写社日的唐诗、宋诗、宋词等有许多，群众多走览，诗人多观察，记录之场景，或详细，或简略，或正面，或侧面，无疑为我们保存了诸多珍贵的历史记忆。如宋代诗人李若川的《村社歌》写道：

清晓冬冬鸣社鼓，前村后村走儿女。
田家醵钱共赛神，谢神时晴复时雨。
案有肴酒炉有香，老巫祷祝躬案傍。
愿得年年被神福，秋宜稻谷春宜桑。
人淳礼简酒无数，歌笑喧阗日将暮。
田翁攲侧醉归来，山头明月山前路。

南宋诗人杨万里的《观社·作社朝祠有足观》写道：

作社朝祠有足观，山农祈福更迎年。
忽然箫鼓来何处，走杀儿童最可怜。
虎面豹头时自顾，野讴市舞各争妍。
王侯将相饶尊贵，不博渠侬一饷癫。

及至元明清等朝多有社日活动，诗人吟咏社日之情景在诗歌以及志书中多有所反映。道光六年（1826 年）崔允昭在《直隶霍州志》中记载：“岁时社祭，夏秋两举，率多演戏为乐，随其村聚大小隆杀有差，盖犹报穑之遗云。”光绪六年（1880 年）《荆州府志》亦载：“二月，‘社日’，村农醵钱扮赛，街市各坊建醮演戏；每岁二月朔二、八月朔二皆然，即春祈秋报之意。”台湾地区亦是如此。《重修台湾府志》载：“二月二日，各街社里逐户鸠金演戏，为当境土神庆寿，张灯结彩，无处不然。名曰：‘春祈福’。”咸丰二年（1852 年）《噶玛兰厅志》记：“二月二日，各街衢里社鸠金演戏，为当境土地庆寿，兼以祈年。”“八月，街衢祭当境土地，张灯唱戏，与二月同，彼春祈而此秋报也。”《高州府清道光县志》载：“尺布蒙头号女巫，摇铃挝鼓唱偶于。”至今，高州“年例”(即社日)还保留演出木偶戏(鬼仔戏)的传统。《湖南安仁县志》载：“择社日祭神以祈谷。”“四方商贾云集县城之洲上，竞其物以发售。”元代学者、诗人王恽在《越调·平湖乐·尧庙秋社》中如此描写：社坛烟淡散林鸦，把酒观多稼。霹雳弦声斗高下，笑喧哗，壤歌亭外山如画。朝来致有，西山爽气，不羡日夕佳。明代诗人甘瑾的《社日》则是另一番情境：

枫树林边雨脚斜，儿童祈赛竞喧哗。
鸡豚上戊家家酒，莺燕东风处处花。
野径归时扶醉客，丛祠祭罢集神鸦。
濒湖生意伤多潦，预祝污邪载满车。

社饭是古时专为春季分社和八月秋社之日，行社祭时所准备的食物。南朝梁宗懔的《荆楚岁时记》上有“秋分以牲祠社，其供帐盛于仲春之月。社之余胙，悉贡馈乡里，周于族……掷教于社神，以占来岁丰俭，或折竹以卜”的记载。孟元老《东京梦华录·立秋》一章曰：“八月秋社，各以社糕、社酒相赍送。贵戚宫院以猪羊肉、腰子、奶房、肚肺、鸭饼、瓜姜之属，切成棋子片样，滋味调和，铺于饭上，谓之‘社饭’。”社饭其实不惟汉民族所专美，自古也是土家、苗、侗等民族祭祀社稷的节令食品。清代《潭阳竹枝词》所记：“五戊经过春日长，治聋酒好漫沽尝。万家午后炊烟起，白米青蒿社饭香。”就是对土家人春季“过社”的真实写照。

社日可谓宋代节日体系中一个至关重要的节日，至宋达到鼎盛，它是农家的狂欢节。纪实描写农家社日节俗的宋诗在数量和内涵上都比前代更加丰富。宋代社日诗生动地描绘出农家祭祀社神与巫祝参祭、鼓乐仪式、社聚宴饮、享社饭、社舞社戏表演等富有时代色彩的节日习俗，尤其是呈现出和官方截然不同的村野精神，进一步彰显出宋代诗人对乡村自由淳朴生活的歌颂。宋代社日诗的大量出现深刻体现了繁荣发展的节日民俗对文学的渗透与影响。

宋代农民是宋代社日的节日主体，春社、秋社的日子，广大农村不分男女老少都欢庆狂欢，他们一起饮酒，一起吃肉，一起醉嬉，一起鼓乐，一起歌舞，一起狂欢，一起尽情享受这一天的快乐。可以说这是一个喜欢歌舞的群体。陆游《社酒》诗曰：“长歌南陌头，百年应不厌。”项安世《次曾宣干焕送别韵》诗曰：“父老共倾同社酒，儿童齐唱牧牛歌。”白玉蟾《农歌》诗曰：“稻熟酒新鹅鸭大，村歌社舞贺秋成。”范成大《乐神曲》诗曰：“愿神好来复好去，男儿拜迎女儿舞。”“轻薄行歌过，癫狂社舞成。”朱敦儒《临江仙·纱帽篮舆青织盖》词曰：“随分盘筵供笑语，花间社酒新篘。踏歌起舞醉方休。”王安石《后元丰行》诗曰：“吴儿踏歌女起舞，但道快乐无所苦。”杨万里《宿新市徐公店二首其一》诗曰：“村歌社舞更风流。”陆游《赛神曲》诗曰：“神归人散醉相扶，夜深歌舞官道隅。”《社饮》诗曰：“起舞非无垂白伴，暮归仍有枕髦扶。”农民的畅快狂欢，也令王侯将相、文豪雅士们羡慕不已，晏殊《社日戏题呈任副枢》诗曰：“开樽幸有治聋酝，把叶能无送燕章。所惜近停司饮会，不如村叟醉秋光。”苏辙《秋社》诗曰：“南亩场功作，东家社酒香。分均思孺子，归遗笑东方。肯劝拾遗住，休嫌父老狂。”宋时在北方，社日前一天就开始了宴集。韩琦《观稼回北园席上》诗曰：“尝酒管弦先社集，捺眷禾黍极云齐。”一到社日那天，宋人就开始正式聚餐，他们往往一起大吃大喝，来欢庆佳节。这一天，各种美酒皆为社酒，各种香肉统称社肉。他们大碗喝酒，大口吃肉，欢乐无比。陆游《社肉》诗曰：“社日取社猪，燔炙香满村。”曹彦约《社日热甚中夜得雨》诗曰：“蛆蚁开新盎，鸡豚落社锅。”方岳《和放翁社日四首·社酒》诗曰：“家家饭牛肥，岁岁浮蛆香。”《社牲》诗曰：“烹庖香满村，未觉膰脤窄。”梅尧臣《春社》诗曰：“树下赛田鼓，坛边伺肉鸦。春醪朝共饮，野老暮相哗。”陈造《散解庙行·巨灵挥斧山为拆》诗曰：“鸡豚肥腯社酒香”。洪咨夔《谨和老人九日》诗曰：“我方社酒荐豚蹄。”范成大《乐神曲》诗曰：“豚蹄满盘酒满杯，清风萧萧神欲来。”陆游《社饮》诗曰：“倾家酿酒无遗力，倒社迎神尽及期。”《春社》诗曰：“社肉如林社酒浓，乡邻罗拜祝年丰。”那时宋代的农村邻里的关系融洽，大家共同分享欢乐，社酒、社肉共享。辛弃疾《清平乐·检校山园书所见》词曰：“拄杖东家分社肉，白酒床头初熟。”黎廷瑞《社日饮乌衣园》诗曰：“同倾社日酒。”

社日也是宋代劳动妇女的节日，在这天，她们要停止针线活。黄公绍《青玉案·年年社日停针线》词曰：“年年社日停针线。”张邦基在《墨庄漫录》中记载：

“今人家闺房，遇春秋社日，不作组纫，谓之忌作。”宋代村妇们在这一天与男人们一起大吃大喝，一同分享欢乐。张耒《田家》诗曰：“社南村酒白如荇，邻翁宰牛邻媪烹。插花野妇抱儿至，曳杖老翁扶背行。淋漓醉饱不知夜，裸股掣肘时欢争。去年百金易斗粟，丰岁一饮君无轻。”范成大《祭灶词》诗曰：“猪头烂熟双鱼鲜，豆沙甘松米饵圆。男儿酌献女儿避，酹酒烧钱灶君喜。婢子斗争君莫闻，猫犬触秽君莫嗔。”沈辽《踏盘曲》诗曰：“社中饮酒不要钱，乐神打起长腰鼓。女儿带环着缦布，欢笑捉郎神作主。”社日亦是孩子们快乐的日子。陆游《社日》诗曰：“坎坎迎神鼓，儿童喜欲颠。”《春社》诗曰：“太平处处是优场，社日儿童喜欲狂。”刘克庄《观社行》诗曰：“非惟儿童竞嗤笑，更被傀儡傍揶揄。”在宋代，社日这一天也是许多村民结婚大喜的日子。黄大受《春日田家三首其一》诗曰：“二月祭社时，相呼过前林。磨刀向猪羊，穴地安釜鬵。老幼相后先，再拜整衣襟。酾酒卜筊杯，庶知神灵歆。得吉共称好，足慰今年心。祭余就广坐，不间富与贫。所会虽里闾，亦有连亲姻。持殽相遗献，聊以通殷勤。共说天气佳，晴暖宜看春。且愿雨水匀，秋熟还相亲。酒酣归路喧，又柘影在身。倾欹半人扶，大笑亦大嗔。勿谓浊世中，而无义皇民。”陆游《秋夜感遇十首以孤村一犬吠残月几人行为韵其二》诗曰：“牲酒赛秋社，箫鼓迎新婚。”

中国的传统民俗活动起源于夏商周，兴盛于唐宋，衰微于明清。之前，有专家学者建议恢复传统的民俗——春社、秋社，将其作为中国法定的传统节日，旨在唤起人们对土地的尊重、对农业的热爱和重视，倡导珍惜粮食及农业资源，同时强调保护生态环境的重要性。2018 年 6 月 7 日，国务院正式批复同意设立“中国农民丰收节”，并自 2018 年起，将每年农历秋分设立为“中国农民丰收节”。其实，这已经是对这一传统节日的恢复。

这样的传统节日活动，在我国南方以及部分民族地区，一直延续至今，未曾中断，这是十分珍贵的，应该加以保护，正确引导，增添更多与新时代紧密相关、赋予地方文化色彩的内容，让它发展延续，以使其具有科学性、丰富性和多样性，有效地服务于老百姓，服务于当地经济、文化、社会、政治的发展。

譬如现今徽州部分地区仍保留的二月二土地节，就是春祭习俗的延续。在民族地区，譬如贵州省从江县西山镇陡寨村，近年来由于县、乡镇相关部门和民族文化团体的精心组织带动，每年立春之后的第五个戊日，正是燕子衔泥、春暖花开的好日子，要开展丰富多彩的传统侗族春社活动。每年农历二月初八，湖南省衡阳县渣江的春社“赶八”庙会，人山人海，堪称丰富多彩的农耕“世博会”。衡阳县渣江春社历史悠久，最早可追溯到西周时期。古有“立春五戊为春社”之说，社日亦被当地百姓称为“赶戊”，渣江春社分为祭祀、饮宴、为寿佛庆寿、唱戏、交易等五个部分，其吸引力辐射耒阳、衡山、邵阳和双峰四县。2002 年中央电视台经济频道《金土地》栏目和湖南卫视为“渣江赶二八”做了专题报道，一时广受关注，吸引了广大好奇的群众前往观赏，被誉为“中国农村的世博会”。

土地也有“脾气”

土地的性质，决定了可以种植什么样的庄稼，可以栽植什么样的树木。因此，在不同地区会出现不同的植被和农作物选择。中国的“地大”造就了“物博”，地大，由于气候和地理条件不同，每个地区的土地都会呈现各自的“地域性”。通俗地说，它像人的脾气，或耿直，或柔顺，或火暴，或忍耐，总之，每一块土地都有“性格”，每一种“性格”都有适合在此生存的植物种群。

布依族拥有悠久的历史和丰富多彩的传统文化，尤以稻耕文化源远流长、独树一帜。布依族很早就进入了农耕社会，自古以来以种植水稻而闻名，是我国最早从事水稻种植的民族之一。在长期的生产劳动中，他们积累了丰富的稻耕经验和技术，被称为“种人”或“种家”。《弥勒州志》记载：“种家亦作仲家。”他们自称“布依”，“布”是“人”“族”的意思，也可以作为人的量词“个”使用；“依”乃族名专称。因地理、服饰、语音的差异，布依族有多种自称，如布雅依、布约依、布育依、褒依等，还有布那、布侬、布央、布蛮、布舀、布绒等多种互称，这些都是“布依”的音变。布依族是古越人的一个分支——骆越，据郦道元《水经注》记载：“交趾未立郡县之时，土地有雒田，其田随潮水上下，民垦食其田，因名雒民。”这里的“雒田”即骆田，骆越即“垦食雒田的越人”。说明布依族早在殷商时代就已进入农耕社会，从事水稻种植。据考古专家和学者的研究，布依族的先民百越人曾参与了水稻的早期栽培。近年来，国内外学者分别从作物学、遗传学、人类学、地理学等角度，对稻作文化的起源地及稻谷栽培的民族属性进行了考察，得出结论，认为稻谷栽培起源于亚洲东南部。这一带从民族学、民族史学、语言学上考察，基本上是古百越人的分布地区，因此得出“最早驯化野生稻的民族是古百越”之结论。有的学者从语言学的角度，考察了含“纳”（或“那”）字的地名分布情况，发现它与“稻”词古音同言线和“田”词古音同言线大致重合，而这些区域至今仍是百越后裔诸民族的居住地。在布依语中，种植水稻的“田”被称为“纳”或“那”。这一读音正好与这个研究结论相吻合，成了有力的佐证。

新中国成立前对布依族的汉称有很多，如仲家、夷家、水户、土家、本地、沙人等，这些称呼有的引起布依族群众的反感。因此，在新中国成立后，根据本民族人民的意愿，统一称为布依族。

稻耕文化的产生与布依族地区的地理条件、自然环境密切相关，也与布依族的原始宗教紧密联系。

云贵高原上，世居着一个古老且有着灿烂文化的民族——布依族。98% 以上的布依族人居住在贵州省的黔南、黔西南两个布依族苗族自治州及安顺市、贵阳市、六盘水市等地，毕节地区、遵义地区、黔东南自治州及云南省的罗平、马关、河口，四川省的宁南、会东等县也有少量分布。布依族分布的主要特点是成片聚居，但又与汉、苗、瑶、水等民族交错杂居。布依族地区大部分位于亚热带，雨量充沛，气候温和，年平均温度在 16℃左右。像红水河、南北盘江沿岸地带海拔较低，年平均温度在 20℃左右。布依族地区河川纵横，水资源丰富。著名的河流有南盘江、北盘江、红水河等。这种特殊的地理环境和独特的气候条件，决定了布依族地区是水稻作物的理想种植地。因此，布依族素有“水稻民族”之称，形成了独特的稻耕文化。

秦汉时期，布依族聚居地区的社会生产力及农耕文化就已相当发达。布依族长期种植水稻，形成了一套独特的耕作制度和耕作习俗。旧时，他们主要种植百日草、大白谷、小白谷、毛粘、红谷、白酒谷、红酒谷等品种，布依族农民一般将稻种分为黏稻和糯稻。黏稻是主要的粮食作物，广泛栽培；糯稻仅作副食，栽植面积较小。布依族过去有闲时食二餐、农忙时食三餐的习惯。每日主食多以大米为主。新鲜的稻谷一般用碓舂加工成米，现舂现吃；在河边或有溪水的地方，利用水碾把稻谷碾成米，然后加工成米饭。民间喜用一种专门的炊具“甑子”把米蒸成米饭。布依族普遍喜食糯米，并常将其当成改善生活或调剂口味的主食。

布依族地区凡是有河流经过的地方，都会有大坝子，布依族村寨一般是依山傍水而居，具有优越的种植条件。长期的生产劳动，使他们熟悉并掌握了各种植物的生长过程和特点，从而较早地从事水稻种植。据史料记载，早在春秋战国时期，布依族地区就已经开始了水稻种植，且是布依族的主要食物来源。水稻的种植、收成的好坏，对人们的生活影响很大。

很早以前，由于水稻种植技术落后，人们对于水稻产量无法把握，于是产生了对水稻的崇拜。布依族的崇拜对象和形式是多样的，其居住的地方适宜从事水稻种植，他们所崇拜的只能是与种植业有关的自然现象。从布依族的原始宗教来看，他们崇拜的基本上是植物类或与种植业相关的自然物，而很少崇拜动物或与种植业无关的自然物。其中最重要的崇拜形式是在“三月三”“四月八”开秧节，“七月半”“六月六”等传统节日里，用糯米酒、糯米饭等做祭品，祭祀山神、土地神、水神、田神、秧神，祈求神灵保佑水稻不受灾害。这种稻耕崇拜具有一定的文化研究价值。

布依族较早就进入农耕社会，从事水稻种植。这样逐渐形成了布依族的稻耕文化，维护了布依族地区的社会和谐。其文化价值意义何在？有学者提出了这样的结论：布依族稻耕文化的传承，对山神的崇拜，防止了水土流失，使田地不受冲毁；对树神的崇拜，保护了山林树木，维持了生态平衡，使人们不过度开垦土地；对水神的崇拜，使人们更好地保护水资源，使稻田有水的保障；对雷神的崇拜，使人们认为浪费粮食要受到雷神的惩罚，从而注意节约粮食；对土地神的崇拜使人们更珍惜土地，充分利用土地种植粮食；对牛王的崇拜使人们更加爱护耕牛，使它更好地从事农业劳动。

中国北方，是小杂粮集中种植的地区，这些地区为何适宜种植小杂粮呢？这与其地理、气候和生态环境密切相关。

小杂粮种类很多，在世界五大洲30多个国家和地区都有种植。我国栽培面积较大的小杂粮有荞麦、糜子、谷子、高粱、燕麦、青稞、绿豆、小豆、豌豆、蚕豆、豇豆、芸豆和小扁豆等。由于中国地处温带和亚热带地域，是多种作物的起源中心之一，因此小杂粮不但种类多，而且市场占有份额大。在20多种小杂粮中，我国荞麦、糜子的种植面积和产量居世界第二，蚕豆占世界生产量的1/2，绿豆、小豆占世界生产量的1/3，同时中国又是燕麦、豇豆、小扁豆的主产国。小杂粮在我国分布广泛，各地均有种植，但主产区相对比较集中，主要分布在我国的高原区，即黄土高原、内蒙古高原、云贵高原和青藏高原。我国的黄土高原山区普遍海拔较高，气候温凉，秋季雨水相对集中，适合生产小杂粮。

在山西的经度、纬度，表里山河和独特的气候条件下，小杂粮分布面积广，品质尤为出众。山西省地处黄土高原，虽以旱地为主，但是光照充足，气候温和，热量资源丰富，非常适宜小杂粮的生长。山西省是北方小杂粮的主产区，杂粮生产主要分布在晋北、晋西北和晋东南的山区和丘陵地区。据初步统计，山西全省的小杂粮品种多达几十种，并有着悠久的历史和传统基础，这主要得益于该地区特有的地理气候条件以及传统的农耕文化。

山西小杂粮豆、麦、粟、薯四大类17种共计种植面积2012万亩，约为中国农业小杂粮种植面积的10%。年总产量约为27亿千克，为山西全省粮食总产量的25%。山西拥有高粱、谷子、薯类、大麦、荞麦、燕麦、绿豆、小豆、豌豆、蚕豆、芸豆等上百个特色农产品。小米、燕麦、苦荞麦、绿豆、马铃薯、红芸豆、红小豆、汾州香小米、沁州黄小米、黑小米等产品多年来一直受到国内外市场的青睐。

譬如忻州，地处五台山脚下绵延起伏的华北黄土高原上，该地区冬无严寒、夏无酷暑，气候宜人、四季分明。属于温带大陆性季风气候，全年平均气温在4.3~9.2℃。年降水量为345~588毫米。尤其适合小杂粮生长，生物资源繁多。共有24种农作物，1400多个品种。该地区以种植高粱、玉米为主，辣椒、油枣、海红、谷子、土豆、豌豆、大豆、胡麻、莜麦、党参等都以其特有的品质享誉国内外，山西有“小杂粮王国”之美誉。品质独绝的忻州小杂粮，缘于其独特的地理气候条件。以2008年为例，忻州市小杂粮种植面积达220多万亩，产量超过5亿斤，小杂粮品种有120余种，产量大的主要有“二麦”——燕麦、荞麦；“三米”——小米（谷子）、黄米、糜米；“七豆”——绿豆、蚕豆、黑豆、豌豆、红芸豆、大豆、豇豆。此外，红高粱、胡麻、葵花籽、油葵、红小豆、土豆在当地的产量也比较大。还有红枣、野生蘑菇、甜（糯）玉米等土特产品。如全国小杂粮基地县之一的山西省右玉县，农业人口约9万人，耕地面积66.8万亩。其中杂粮种植面积38.8万亩，玉米6万亩，燕麦、荞麦、糜黍、豆类、土豆等特产小杂粮品质俱优。

甘蔗是甘蔗属（Saccharum）的总称。中国最常见的食用甘蔗为竹蔗（Saccharum sinense）。甘蔗适合栽种于土壤肥沃、阳光充足、冬夏温差大的地方。甘蔗是温带和热带农作物，是制造蔗糖的原料，也可提炼乙醇作为能源替代品。全世界有一百多个国家生产甘蔗，最大的甘蔗生产国是巴西、印度和中国。中国最常见的食用甘蔗为中国竹蔗。甘蔗含有丰富的糖分、水分，以及对人体新陈代谢有益的各种维生素、脂肪、蛋白质、有机酸、钙、铁等物质，主要用于制糖，现广泛种植于热带及亚热带地区。甘蔗是一种一年生或多年生宿根热带和亚热带草本植物，属于C4作物。甘蔗秆直立，粗壮多汁，表面常披白粉。叶为互生，边缘具小锐齿，花穗为复总状花序。甘蔗为喜温、喜光作物，年积温需5500~8500℃，无霜期330天以上，年均空气湿度60%，年降水量要求800~1200毫米，日照时数在1195小时以上。甘蔗对土壤的适应性比较强，在黏壤土、壤土、沙壤土中生长较好。土壤pH值为4.5~8.0，甘蔗都能生长，但以土壤pH值在6.5~7.5为适宜。甘蔗的分布主要在北纬33°至南纬30°，其中以南北纬25°之间面积比较集中。甘蔗的垂直分布，在赤道附近可达1500米。在我国云南的滇西南蔗区，海拔已达1500~1600米。我国地处北半球，甘蔗分布南起海南岛，北至北纬33°的陕西汉中地区，地跨纬度15°；东起台湾东部，西至西藏东南部的雅鲁藏布江，跨越经度达30°，其分布范围广，为其他国家所少见。我国的主产蔗区主要分布在北纬24°以南的热带、亚热带地区，包括广东、台湾、广西、福建、四川、云南、江西、贵州、湖南、浙江、湖北等南方11个省、自治区。自1953年在海南建立杂交育种场以来，中国大陆各地甘蔗研究单位相继开展甘蔗新品种的选育和研究，迄今已育成100多个甘蔗品种供生产使用，推动了中国蔗糖事业的发展。如广东的粤糖57–423、86–368，广西的桂糖11号、桂15，福建的闽糖70–611，云南的71–388、89–151等。1998—1999年全国种植面积最大的五个品种为桂糖11、新台糖10号、选三、粤糖63–237、新台糖16，分别占全国总种植面积的21.04%、9.27%、8.72%、6.77%和6.53%。这推动了甘蔗种植区域的逐渐扩大，让其能适应各种不同的生态环境。南方地区尤其适宜甘蔗、大米等作物的生长，在北方地区土豆生产也显示出独特的地理特色。

得天独厚的地理环境和自然条件使甘肃省定西市成为中国乃至全世界马铃薯最佳适种区之一，已有200多年的种植历史。1996年以来，定西市充分利用马铃薯的品质优势，实施“洋芋工程”，把培育马铃薯作为一项脱贫致富工程来推进。这一举措使定西马铃薯由自给自足到规模扩张，再到产业培育，“小土豆”办成了“大产业”。2008—2018年，定西市已连续举办10届国家级马铃薯大会，被誉为“中国薯都”，成为全国马铃薯四大主产区之一和全国最大的脱毒种薯繁育基地、全国重要的商品薯生产基地和薯制品加工基地。“定西马铃薯”先后荣获中国驰名商标和“全国十大魅力农产品”称号。安定区成功创建为全国马铃薯产业知名品牌示范区，为促进农民增收致富、推动现代农业发展做出了积极贡献。在甘肃会宁等多个地区，马铃薯的种植面积逐年扩大。甘肃全省马铃薯主产区年降雨量不足350毫米，土地疏松，土层深厚，耕地富含钾元素，气候温凉，昼夜温差大，宜于土豆储存糖分。生产的马铃薯不仅薯块大、块形匀称、表面光滑圆润、口感好、耐储存，而且糖分含量较全国均值高出1—2个百分点。甘肃马铃薯凭借地域优势和品质优势广受欢迎。

中原地区的河南省，土地肥沃，处于南北气候过渡地带，兼具南部和北部气候的优点，特别适宜小麦生长。中国的农耕文明从黄河流域起源，我国的小麦种植也是从黄河流域逐渐扩大的，在几千年的栽培过程中，河南省形成了独特的优势。因此，河南省小麦种植面积大、产量高是我国最大小麦主产省，其小麦总产量占全国的1/4以上，每年种植面积保持在8600万亩左右。在优质小麦种植方面，河南省探索出了许多成功的经验，实现了布局区域化、经营规模化、生产标准化、发展产业化。

南北差异，东西有别，在我国土地选择和种植中，在维护优质生态环境的前提下，如何有效地提高耕地的利用率，是一个亟待解决的问题。几十年来存在的耕地资源低效利用与现代农业发展的基础要求之间的背离，制约着农业的持续、健康和长远发展，因此，如何盘活土地资源，扭转土地粗放利用的观念，开展建设用地复垦，引导土地整理向内挖潜、集约利用，是一个严峻的课题。

森林动物种群

我国的森林面积巨大，植物物种繁多，它们含氧量丰富，适合有效维护生态平衡，也是哺乳动物和鸟类等生活的天然乐园，给我们提供了足够多的研究动植物生活多样性的样本。我国森林面积居世界第五，森林蓄积量位列第七，森林类型多样，物种资源丰富。我国地域辽阔，地貌类型齐全，气候的地域差异巨大，自然条件复杂多样，从而形成了我国森林类型多样、植物种类繁多的特色。

根据南北气候和地域特点的不同，其间生存的动物种群和种类各有区别，我国森林资源分布在以下几个重要区域：大兴安岭森林，为我国最大和最重要的针叶林区；小兴安岭森林，面积为 1100 万公顷，仅次于大兴安岭森林，是我国木材生产基地；长白山森林，位于吉林省东部，面积为 1000 多万公顷，植物种类繁多，是一个罕见的绚丽多姿的森林博物馆，被联合国教科文组织批准为国际生物圈保护区；西双版纳热带森林，位于云南省南部边陲，是我国最大的天然植物宝库；神农架原始森林，位于湖北省西北部；武夷山森林，位于福建省西北部，是东南地区保护得最好的原始森林之一等。

较小的森林在全国分布更多。森林资源是陆地生态系统的主体，是自然功能最完善、最强大的资源库、基因库、蓄水库，具有调节气候、涵养水源、保持水土、改良土壤、防风固沙、减少污染、美化环境、保持生物多样性等多种功能，对改善生态环境、维护生态平衡起到了决定性作用。其生态效益远远大于森林资源的经济效益。国内有人做过测算，森林的生态效益大体为直接经济效益的8~10倍。

然而，人类对资源无限制地占有，以致欲望膨胀，导致森林遭受毁灭性破坏，引发了环境、生态、资源、经济、生物多样性、气候等方面一系列较为严重的问题，但挽救尚且为时不晚。因此，抓紧科学研究，恢复森林元气，有效保护森林和动物的原生态存在，不仅仅是单一的森林资源保护，更是对生物信息资源化的研究和保护，利用和开发我国丰富的生物多样性资源，有着更为深广的战略资源利用意义。中国在这方面已经做出了很多可喜的成绩，譬如，胡杨是公元3世纪残余的古老树种，是一种因土地沙化而进化的植物，其珍贵程度与银杏齐名，具有极强的生命力，有“活化石”之称。早些年由于人类的频繁活动，和无意识的人为破坏，新疆地区的胡杨林在缺少保护的情况下大面积枯死或者遭遇砍伐。于是在新疆巴音郭楞蒙古自治州尉犁、轮台两县境内，设立了塔里木胡杨国家级保护区。塔里木胡杨林国家森林公园集塔河自然景观、胡杨景观、沙漠景观于一体，是世界上最古老、面积最大、保存最完整、最原始的胡杨林保护区。保护森林，其实也是更好地保护森林动物，为森林动物更好地安家创造优越的条件。森林生态优势明显了，森林动物种群就会得到滋养，繁衍、壮大就有了保障，维持森林生态平衡的元素就会越来越多，发现森林新动物活动的报道就会越来越多。譬如在巴音布鲁克地区被发现的野生天山马鹿品种中最大的马鹿，被新疆雪山居民尊奉为神兽，誉为“天山隐者”，动物学家称其为“地球上最美丽的高山动物”；外形华贵威武的天山雪豹在新疆的天山最高峰——托木尔被发现，并得到保护；等等。如此种种，不一而足。

发现“高原神兽”白唇鹿

白唇鹿，别名岩鹿、白鼻鹿、黄鹿，属于鹿科，是国家一级保护动物。雄兽头上长有淡黄色的角，角干的下基部呈圆形，其余均呈扁圆状，特别是在角的分叉处更显得宽而扁，角长可达140厘米，分叉有8~9个，各分支几乎排列在同一个平面上，呈车轴状；雌兽不长角。白唇鹿是我国的珍贵特产动物，也是一个古老物种，早在更新世晚期的地层中就已经发现它的化石。它曾经广泛分布于喜马拉雅山中部一带，由于第三纪后期、第四纪初期的喜马拉雅造山运动使得以我国青藏高原为中心的地面剧烈上升，高原隆起、森林消失，所以白唇鹿分布范围也向东退缩，现在主要分布在四川西部与西藏接壤的高原地带。

在青藏高原绵延起伏的茫茫群山之中，原始森林郁郁苍苍，一望无际，随着山体生长，高低错落，形成独特的自然风景，就是这样人迹罕至的冷僻环境，恰恰成为各类野生动物繁衍生息自由徜徉的天堂，而就是在甘孜藏族自治州察青松多地区发现了传说已经“绝迹”的神兽——白唇鹿。1981 年 8 月，时任甘孜州林业局局长的彭基泰在带领两位藏族同事到白玉县境内的原始森林考察森林植被恢复情况时，突然发现察青松多河谷内有几十只似鹿非鹿的奇怪动物。它们虽然形似马鹿，却比马鹿略小。体长为 1~2.1 米，肩高约 1.3 米，尾巴是大型鹿类中最短的，仅有十几厘米长，体重在 130~200 千克。

这一动物的最主要特征是，有一个纯白色的下唇。这到底是什么动物？回城后，彭基泰查阅大量资料后得知，这种被当地藏民称作“神兽”的动物，就是俄罗斯著名探险家普热瓦尔斯基于 1883 年夏天在甘肃祁连山采集到标本，后又被证实已经绝迹的白唇鹿！没想到，活着的白唇鹿被彭基泰发现了。白唇鹿喜欢集群活动，小的鹿群有 4~8 头，一般情况下会有 10~30 头。到了繁殖配种季节，鹿群开始变得更为庞大，有时竟达 200 多头。白唇鹿的活动情况大致是：白天在隐蔽处卧休，利用早晚采食，它们这样做的目的是不被人类或猛兽发现。加之它们分布于高原的偏僻地区，这就是其很难被发现，更不易被捕捉的原因。这也是长期以来，其习性鲜为人知的原因。

白唇鹿一般以松散型的大群体方式生活，但因其性情机敏，嗅觉和听觉都很发达，一有惊扰和危机，就会迅速逃离，所以很难捕捉或近距离观察它们。

平常雄鹿与雌鹿、小鹿们总是分开的，不是雄鹿不想与雌鹿相伴，而是多数雌鹿都有幼崽或者正怀着幼崽，它们宁愿与同性结集为伴，这样更有利于保护和教育幼崽。

虽然母鹿们自得其乐，同时拒绝与“牛高马大”的雄鹿在一起，可雄鹿们却并没有放弃自己肩上保护“妇幼”的责任，它们总是不远不近地与妻子儿女们保持着一定的距离，如果妻儿突然遭遇危险，它们就可以快速奔跑过去，与来犯之敌拼个你死我活。在它们当中必定有一只体格健壮的雄性白唇鹿担任“角王”，起到保护群体的作用，它有权威，得到群鹿的尊重，所以当其他动物如豺、狼等突然来袭，“角王”就会奋力跃起，率先带领种群中的雄鹿与之勇猛作战，即使偶有挂彩，也丝毫不减其为保护种群而誓死拼搏的英雄本色。

白唇鹿是固守生存规律和生活方式的动物，它们的交配有着固定的季节和场所，岁岁年年不曾改变。每年 9~11 月是白唇鹿的发情期，雄鹿带领雌鹿长途跋涉，到水草茂密之地配种。这是一个漫长的旅途，它们走走停停，耗时几天甚至一个多月。

在白唇鹿的部族里，雄鹿的数量往往只有雌鹿的 1/10，因而当雌鹿看到雄鹿群中谁最“帅”时，它们就会主动向雄鹿示爱，也会主动向雄鹿靠拢。所以在发情期内，毛色最漂亮、身体最强壮的雄白唇鹿身边往往会有二三十头雌鹿配偶。因此，其他雄鹿就会与其“比武抢亲”。雄鹿争夺雌鹿的战役很残酷，拥有最多配偶的雄鹿会遭到众多雄鹿的挑战，有时甚至会为此流血、受伤……在雄鹿们斗得不可开交时，雌鹿们则静静欣赏雄鹿们展示实力的拼杀……“比武抢亲”时，雄鹿好像变得六亲不认；但是一过发情期，又都成了好朋友。完成传宗接代使命的雄鹿将护送雌鹿和幼鹿返回原先的草场或森林。之后，雌鹿又开始与雄鹿形同陌路。但雄鹿并不真正远离雌鹿，它们与雌鹿保持着不远不近的距离，因为它们要防备外来之敌，给雌鹿营造一个安全的氛围，让它们可以安心养胎。

世界最大的麋鹿种群在我国江苏省的大丰自然保护区，这里不但麋鹿种群由最初从英国引进的 39 头发展到了现在的几千头，更让人喜出望外的是，麋鹿种群的恢复还带动了大丰自然保护区生物多样性的恢复。在生态系统中，往往有因体型或数量庞大而对该系统发挥着重要作用的物种，它们甚至决定着这一系统的兴衰，这就是所谓“旗舰”物种，如东非塞伦盖蒂草原的角马、青藏高原可可西里的藏羚羊等。

麋鹿在大丰自然保护区也起着类似的主导作用。由于对麋鹿的保护致使许多物种随之复兴，生态系统变得更复杂、更完善、更具抗干扰能力。那数以万计飞起来遮天蔽日的灰椋鸟群，不时发出“嗡！嗡！”的飞羽碰撞声；灰头麦鸡尖叫着守卫着属于它的领地；姿态优雅的丹顶鹤悠闲自在地叼食着自己的食物；疣鼻天鹅总是很神秘地把自己藏在湿地深处，“咯！咯！”地向遥远的其他同伴打着招呼……

最让人喜爱的黑翅长脚鹬不时发出鸣叫，它们或三五成群，或单享孤寂，到了傍晚便有头鸟来收群汇集，一同飞回巢中入眠。此外，还有一种叫红颈瓣蹼鹬的有趣候鸟。雌鸟强壮艳丽，雄鸟灰不溜丢。这种鸟儿在繁殖期间会为争夺配偶杀得天昏地暗。雌鸟向雄鸟炫耀自己美丽动人的身姿，吸引雄鸟为其筑巢，自己当“监工”。当雄鸟筑好巢后，雌鸟会被吸引过来，产卵之后就另觅新欢去了，留下雄鸟独自孵卵、育儿……

就连全球只有 3000 只左右的国家一级保护动物东方白鹳，也在这里孵化。本来是去东北繁殖的候鸟，因留恋保护区的美好环境，竟成了留鸟……

诸多鸟兽的增加，无不证明保护区良好的生态环境和麋鹿的“旗舰”效应。当年为保护麋鹿划出的 117 万亩湿地，如今也成了 400 多种植物、300 多种鸟类和 10 多种野兽、20 多种爬行类和两栖类动物的乐园。大量的昆虫聚集在这里，催发并调配着生态系统的微循环，保护着这里的生物多样性。

长白山温带森林动物

长白山位于吉林省东部，地处延边朝鲜族自治州和通化地区境内，主峰海拔高达 2691 米，是我国重要的林区。该区植被茂盛，植物种类繁多，计有高等植物 1477 种，低等植物 510 种。原始植被主要系以红松为主的针阔叶混交林。森林多层次，单位面积生物量大，植被垂直带谱明显，环境条件复杂，为各种动物提供了良好的生存和繁衍空间。因此，长白山的动物不仅种类多，数量也大。据现有调查资料，仅脊椎动物就有 500 多种，其中鸟类 288 种，兽类 50 余种。因此，长白山蕴藏着丰富的动物资源，也是温带森林生态系统宝贵、天然的动物基因库，是鸟类和兽类的自由王国。

广袤的长白山地区，曾是全球北温带同纬度野生动物种类最多、数量最大的区域之一，有“百兽栖息地，千鸟竞飞林”之说。但过度猎捕导致野生动物种群急剧减少，生物链遭到严重破坏。1996 年 1 月，吉林省人大常委会作出《关于吉林省五年禁止猎捕陆生野生动物的决定》，一些濒临灭绝的马鹿、黑熊、猞猁、野生梅花鹿等随之重现踪迹，雉鸡、野兔、狍子等在林区也时常可以见到。

仅举几例。

虎，是亚洲体型最大的猫科动物，而东北虎则是虎中体型最大、体色最美的亚种，也是世界上最大的猫科动物，为国家一级保护动物。成年虎体长近四米，体重三百多公斤。它身姿矫健，仪态威严，加上前额有“王”字形黑纹，故被誉为“兽中王”。无论是世居的民族，还是后来“闯关东”的移民，对这种伟岸的生灵都以“山神”称之。东北虎曾经广泛分布在黑龙江、吉林两省的林区，以及相邻的俄罗斯远东地区和朝鲜半岛。长白山正是东北虎分布的核心地带。历史上，长白山中低山地区富饶的阔叶林中遍布梅花鹿、狍子和野猪，这些有蹄动物是东北虎的主要猎物。但东北虎的猎物远不止于此，它们甚至可以捕食成年的黑熊。东北虎需要在广阔的空间中巡猎。据说成年雄虎的领域范围可达数百至数千平方千米。它们是历史上那片无垠的“大荒地”的灵魂。如今，野生的东北虎仅存于我国长白山区和俄罗斯远东地区，数量不到 300 只。

长白山森林里的另一种著名大型猛兽——东北豹，其主要历史分布区几乎覆盖至整个长白山系，但是在近 100 年，其分布范围和数量急剧下滑，已到达灭绝的边缘，目前认为东北豹仅分布在中、俄、朝三国交界的非常狭小的范围内，数量不到 50 只。东北豹在国内曾一度被专家认为灭绝。2011 年，在汪清林区首次拍摄到境内东北豹的活体照片，证实这个物种还存活在中国境内，不过，其濒危状况更让人担忧。

长白山中低山的柞树林和红松林是黑熊最喜爱的生活环境。黑熊在这些森林中觅食大量的浆果、坚果，在秋季累积起厚厚的脂肪，然后寻找大型倒木形成的洞穴或者岩石洞穴冬眠，以度过漫长的冬季。黑熊在冬眠中并不是消极睡大觉，其实每一头黑熊都是在母亲冬眠期间诞生的。黑熊母亲完全靠夏秋季节积累的营养，在冬眠的数月中为初生的子女提供乳汁。

紫貂是长白山森林保护区所特有的珍稀毛皮兽，属于国家一级保护动物。其体型大小似家猫，性孤僻，喜独居，善爬树。紫貂皮质坚韧，绒毛丰厚，细柔而轻，富有光泽，保暖性能极强，素为裘皮之冠。传说紫貂是人类的朋友，如果有人在山里冻僵了，它会爬到他的胸口为他暖身子，直到把人救过来。如今，紫貂与人类仍然保持着很近的距离。每年的 10 月，长白山便大雪封山，紫貂要扩大猎食范围，所以在雪地会发现它们的踪迹。紫貂跳动的身影，打破了雪原的沉寂。湛蓝的天映衬着洁白的雪，北国风光因为紫貂的跃然闪现在这里发挥到极致。

值得一提的是长白山谷底森林，这是一片苍翠茂密的原始森林。在长白山主火山喷发时，伴生的寄生火山口经后期断裂及地表的外力作用，塌陷形成了这片森林景观。

沿着一条 1.5 千米长、蜿蜒伸向密林深处的绿色长廊，沿途可观赏遮天蔽日的原始森林，松软厚实的苔藓像是为远道而来的游客铺设的绿毯。站在谷底森林的边缘，整个谷底森林可尽收眼底，谷壁高达 50~60 米，谷底南北长 2500~3000 米，谷底古树参天，巨石错落，是个天然的大氧吧。在这片原始森林中，有野生植物 2277 种，其中人参为我国一级保护植物。此外，还生存有野生动物 1225 种，其中国家重点保护动物有 43 种、一级保护动物有 6 种，如东北虎、中华秋沙鸭、梅花鹿、金钱豹等。在这里不但能体验到茫茫的原始森林，还可以观赏到长白山独具特色的垂直景观带，分别为针阔混交林景观带、针叶林景观带、岳桦林景观带、高山苔原带等。

长白山系的动物是中国北方动物的典型代表和精华所在。在动物地理上，长白山系处于古北界东北亚界东北区的长白山亚区，丰沛的降水和优越的环境，再加上天然地理阻隔，把南下北上的动物物种都留在了这里。加强保护和利用，努力恢复原有的生态平衡，需要我们付出更多的努力。

西双版纳原始森林里的动物

西双版纳原始森林公园位于景洪以东、澜沧江以北，距州府 8 千米处，是全州离景洪城最近的一片原始森林。园内森林覆盖率超过 98%，是个天然的大氧吧。西双版纳，古代傣语为“勐巴拉娜西”，意思是“理想而神奇的乐土”。西双版纳有中国唯一的热带雨林自然保护区。西双版纳因地处北回归线以南的热带北部边缘，气候类型为热带季风气候，山区为亚热带季风性湿润气候，终年温暖、阳光充足、热量丰富、湿润多雨，具有“长夏无冬、一雨成秋”的特点。一年只分为雨季和旱季两季。雨季长达 5 个月（5 月下旬至 10 月下旬），旱季则长达 7 个月（10 月下旬至次年 5 月下旬）。雨季降水量占全年降水的 80% 以上。西双版纳 300 多万亩自然保护区内有着 70 万亩保护完好的大原始森林，森林占全州总面积近 60%，到处青山绿水，郁郁葱葱，以其美丽和富饶闻名遐迩。

西双版纳境内共有植物 2 万多种，其中属于热带植物的有 5000 多种，有食用植物 1 万多种，野生水果 50 多种，速生珍贵用材树 40 多种。许多植物是珍贵用材或具有特殊用途。如抗癌药物美登木、嘉兰；治高血压的罗芙木；健胃的槟榔；风吹楠的种子油是高寒地区坦克、汽车发动机和石油钻探增黏降凝双效添加剂的特需润滑油料；桐子油可替代柴油；被誉为“花中之王”的依兰香可制成高级香料；有 1700 多年前的古茶树；有天然的“水壶”“雨伞”；会闻乐起舞、吃蚊虫的小草以及见血封喉的箭毒木……

广大茂密的森林，给各种野生动物提供了理想的栖息场所。目前已知有鸟类 429 种，占全国鸟类总数的 2/3；兽类 67 种，占全国兽类总数的 16%。西双版纳鸟兽种类之多，是国内其他地方无法相比的。其中被列为世界性保护动物的有亚洲象、兀鹫、印支虎、金钱豹、黑冠长臂猿等；国家一级保护动物有野牛、羚羊、懒猴等 13 种，还有许多二、三级保护动物。

作为“旗舰”物种的亚洲象，对生态环境有着不凡的意义。1977 年，我国宣布亚洲象为濒危物种，并在西双版纳成立野象自然保护区。现在亚洲象的生存环境得到了明显改善。其数量也从 20 世纪 80 年代的 80 余头发展到现在的 300 头左右。我国的亚洲象主要分布在西双版纳，也有少数分布在旁边的思茅地区。西双版纳还盛产橡胶，是全国第二大胶区，橡胶单产居全国首位，另外还盛产大米、多种热带水果和砂仁等珍贵药材，是名副其实的植物王国、动物王国、绿色王国、南药王国。

柴河原始森林里的动物

内蒙古自治区扎兰屯市森林面积已达115万公顷，森林覆盖率达到70.04%。公园绿地面积达141.5公顷，人均公园绿地面积达10.6平方米。森林资源得到快速发展与保护，为各种珍稀、濒危野生动物提供了生存、栖息、繁殖的良好环境。麋鹿、梅花鹿、马鹿、黑熊、猞猁、狍子、榛鸡和野猪等野生物种数量逐年增加，各种生物之间相互依存，构成了一个完整的生态系统，已成为野生动物的天然“乐园”。扎兰屯市是内蒙古唯一的国家级风景名胜区，也是内蒙古唯一的自治区级园林城市。扎兰屯市境内共有野生动物200余种，其中，国家一、二级重点保护动物54种。一些来自俄罗斯的珍贵白天鹅在迁徙中，也集群来到扎兰屯市柴河风景区著名的同心天池（卧牛湖）“歇脚”，成为扎兰屯市月亮小镇的一大亮点。同时，扎兰屯市境内的林区里的雪兔、花尾榛鸡等物种已改变了逐年减少的局面，呈现出种群数量明显上升的趋势。实践证明，保护生态环境就是保护生产力。

2014年4月1日，以大小兴安岭为主的黑龙江省重点国有天然林区全面停止商业性采伐，结束了175年大规模砍伐的历史。全面停伐后，通过发展林下经济，多元化探索资源城市转型，“绿水青山”日益成为今天大小兴安岭地区发展的新优势、富民的新资本，生态优势逐渐向民生优势、竞争优势转化。森林的原始性存在为其间动物的生存提供了保障，这些动物也必须以此为依托，才能保证其生命的安全。但由于人的利益驱使，过于强调经济的高指标，曾经做出了很多愚蠢的事情，对于动植物的危害，已经达到了难以恢复其原始的生态平衡的程度。加之地域、气候、历史和自然地理条件等方面的原因，我国森林资源分布非常不平衡。东北、西南和东南各地森林资源较多，华北、中原和西北各地的森林资源分布较少，差异极大。从人均拥有量看，人均面积超过世界平均水平的只有西藏自治区和内蒙古自治区，其中西藏人均最多，人均森林面积达到 2.987 公顷，这主要是因为人口数量较少。人均林分蓄积超过世界平均水平 71.8 立方米的只有西藏自治区，人均林分蓄积达到 850.9 立方米 。而今后的重要任务是加强森林和野生动物类型自然保护区的建设和管理，保护生物的生存环境，拯救珍稀、濒危生物物种，推动生物多样性保护事业的发展，促进平衡、和谐、生态的环境意识，切实推进法律法规规定的对于森林和野生动物的保护，才会真正利国利民。

居住与建筑生态

建筑中的生态观

生态学是研究生物与环境之间相互关系的科学。尽管迄今为止，它的基础和立足点仍然是生物学，然而其研究对象却早已远超生物学的研究范畴，发展成一门把自然科学与社会科学融而为一的综合性学科，成为联系这两大科学的桥梁。它告诫我们：人类在具有经济目标和社会目标的同时，还应具有生态目标。如今，人们越来越认识到，生态学原理与人类的现在和未来乃至人类自身的生存有着密切的关系。运用生态学原理来指导人们采用最优方法管理赖以生存的环境业已成为共识。

其实，尽管生态学作为一门独立学科的历史不足百年，但人类对其与环境之间关系的探索和改造自人类文明早期就开始了，具有十分悠久的历史。从新石器时代的居住遗址发掘中就可以发现，村落及建筑往往选址于依山傍水的向阳地带，以便满足较为理想的通风、日照和用水等基本生活条件；遗址中的地面亦就地取材、因地制宜地做了一些简单的处理，使其显得平整、坚硬、干燥和美观。

随着生产力的发展和人类文明的进步，华夏古人逐渐形成了“天—地—人”的整体思维方式。就现存的史籍来看，一般认为至少在春秋时期，天、地、人已被作为宇宙系统的三大要素而以文字形式明确地表述出来。随着时代的发展，这个观点不断成熟完善，成为中华民族共同的思想观念和思维方式，显示出鲜明的东方特色。

“天—地—人”是一个以人为中心的动态系统，反映了人既受制于自然，又能利用和改变自然的重要思想。人的价值在于能够寻找和创造有利于人与自然、人与物的最佳关系。正如古人所谓的“顺天之时，因地之宜”(《王祯农书》)，“制天命而用之”(《荀子·天论篇》)。尽管这是古人对天、地、人之间基本关系的直观概括，却与当代生态学的基本观点不谋而合，二者都强调人与自然、人与物、人与环境之间的关系，完全称得上是一种朴素的生态观。这种思想早已逐渐渗透到中国传统文化的各个方面，包括哲学、自然科学、社会伦理、文学艺术理论和创作以及日常生活中。中国传统建筑也不例外地受到这种朴素生态观的影响，在建筑及其内部环境的设计中都留下了古代生态观的烙印，很多巧妙的处理手法都包含着既朴素又深刻的生态思想。这些在现存的大量民居中似乎尤为突出，值得我们去发掘研究。

中原居住生态

自古道：“得中原者得天下”，中原地区因为地处中国之中，地理位置优越，自然环境适宜人们居住，人们在居住生态上有着得天独厚的区位优势和自然特征。本节主要介绍豫东、豫西、豫南等地区的居中生态。

豫东地区的居住生态

豫东地区泛指河南省东部地区，这里是华夏文明的发源地之一，包括开封、周口、商丘等地区，属于豫东平原，由黄河、淮河冲积而成，地势平坦。豫东地区春季多风沙，降雨少；夏季降雨量较大，气温高；秋季天气晴朗，光照充足；冬季寒冷干燥，少雨。干燥天气较多，属于典型的暖温带大陆性气候。

豫东地区的乡村民居的建筑形式及空间构成与当地独特的气候相适应，形成了自己的风格特色。以豫东地区的现存历史建筑刘青霞故居为例，刘青霞故居位于开封市顺河回族区北土街刘家胡同，是为了纪念我国近代教育家、社会活动家、辛亥革命志士刘青霞女士而在开封市刘家胡同大院的基础上建立的。现为全国重点文物保护单位。

刘青霞（1877—1922 年），河南安阳人。出身官宦门第，原姓马。她 18 岁嫁于河南尉氏刘耀德为妻，人们因此称为刘青霞。刘青霞是孙中山领导的辛亥革命时期的女革命家，和秋瑾并称为“南秋北刘”。

刘青霞故居（图 3-1）所在的刘家宅院建于清光绪六年（1880 年）。刘家宅院是典型的封闭式四合院，坐北朝南，东、西宅院布局及建筑形式完全一致，各由

图 3-1 刘青霞故居

前、中、后三进院落组成，占地面积900余平方米，东、西宅院共有清末民初建筑风格的房间70余间，属国家级文物保护单位。整座院落建筑雕饰素雅，门敞窗明，虽无雕梁画栋之华美，却也碧玉素装，雅而不俗，是河南省保存最为完整的中原古典建筑风格四合院。位于河南省尉氏县城中心的师古堂，2006年被评为全国重点文物保护单位。因为尉氏县是刘耀德的出生地和发迹之处，加上当地政府的重视，这里目前尚保留着一些前清时期的刘家大院古建筑。

我国古代著名的思想家、道家学派的创始人老子说过："人法地，地法天，天法道，道法自然。"可见古人对于大自然的尊崇和敬畏。在营造建筑时，古人非常注重尊重自然，无论是室内设计还是室外环境布置都体现出人和自然的对话，融自然于建筑和生活之中。刘青霞故居就是一个生动的版本和示范，其在空间和布局上都蕴藏着许多生态环境观念，充分体现了对人与自然和谐共生的追求。

开封刘家大院建于清代末期，全部房屋采用了抬梁式木构架，并且遵循传统的大木小式做法。刘家大院建筑群墙体内皮压住承重柱轴线，使柱面露出二分之一，这样就保证了木柱的透光透气，防止木柱受潮霉烂，有利于延长木柱的整体寿命，这样就体现了生态性的一面。开封刘家大院也是传统的封闭式四合院，四周分别是各座房屋的后墙及围墙，都是硬山封护山墙，对外开数量较少的窗户，而院内的建筑则采用了采光面积较大的门窗，这样形成开放的室外空间与封闭的室内空间对比。四合院呈南北长、东西窄的矩形，这样夏季可以享受凉爽的自然风，冬季也能更好地获得充足的日照，避免西北寒风的袭击，形成了冬暖夏凉的庭院空间，为入住者提供了舒适宜人的居住环境。此外，刘青霞故居的立面自上而下地划为了水平三段式，结构受力较为合理。具体表现是：第一段为台基，台基露明部分用砖砌台明，用砖平垫下部土衬，台基转角处设角柱石，台基也砌筑较高，起到了很好的承重以及防水防潮保护墙体的作用；第二段墙体是里面的主要部分，此处门窗洞口面积较小，适应了豫东地区冬季较为寒冷的气候特征；第三段为双坡瓦屋面，刘家宅院单体建筑屋面是以檩、椽作为承重层，上面加保温、防水等构造层，所有房屋均做了青板瓦屋面防水处理，减轻了自重并节省了建筑材料，起到了很好的节能作用。

位于开封尉氏县的师古堂原是三进院，是刘青霞生前居住的地方，现存仅一进全用水磨砖砌且带有廊厦的天井主院。师古堂是清末北方传统民居四合院建筑的典型范本，也是尉氏县历史建筑中保存较为完好的小建筑群。檐下采用透雕和花砖装饰，下层木柱出屋檐一圈，装有大亮窗，室内采用雕花木隔扇，造型十分别致。师古堂整体建筑材料采用单纯的青瓦和木制构架，这些传统的乡土材料构筑的房屋蕴含着低碳、节能的建筑理念：一是采用地方材料，因地制宜，降低造价且节约能源；二是土、木等天然材料可以做到零污染回归大自然，避免了对环境的污染，体现了人与自然和谐共生的生态理念。

刘青霞故居也较为注重以人为本的思想理念，其在较大庭院种植了花草，修建了假山，做到了曲径通幽。在较小空间内还种植了花草，布置桌椅，给人提供下棋、聊天的休闲空间，营造了优美的、实用性强的小空间、小环境。例如在尉氏县的师古堂里就比较注重自然环境的注入，院内不仅曲径通幽，而且种植了牡丹、蜡梅、丁香等植物，这样既能美化环境，又为主人提供了一个生态宜居的优美环境，在提倡人性化和生态理念的今天，刘青霞故居这种人与自然和谐共生的生态理念，非常值得我们学习和借鉴。

通过对刘青霞故居建筑的简要介绍，我们可以看出豫东地区的传统建筑充分利用了自然界的阳光、空气、泥土、绿化以及自然界赋予的热力、水力、风力等能源，创造出了舒适宜居的人居环境。近代豫东地区的民居建筑充分利用了自然和气候的特点，注重建筑与自然的有机结合，蕴含了朴素的生态建筑观念。其主要特征体现在以下几个方面：一是因地制宜，与当地自然环境相融合；二是就地取材，充分利用当地的建筑材料，减少运输，节约能源；三是充分利用建筑自身的技术特点，节约能源。

值得一提的是，当代豫东地区的建筑也是对以往历史的继承和发展。民国时期，豫东建筑以传统的砖瓦配以木料为主要建筑材料，有条件的人家用的砖瓦体积较大，且坚固耐用。家庭宅院一般会种花植草，多以二进院或者三进院为主，主房配以厢房。建筑也多采用南北长、东西窄的矩形规格，这样既符合地形特点，又能适应豫东冬冷夏热的气候特点。民间因为条件限制，多用砖瓦辅以土坯作为主要建筑材料，住房的屋顶大多就地取材，多用泥巴混合一些麦秸秆或者高粱秆做成斜坡，以利于房顶雨水顺势而下。同时，在冬季也起到了很好的保暖作用。在室内也能很好地避免阳光直晒屋顶，真正实现了冬暖夏凉。民国时期，豫东民间一般没有正式的厢院，在农村，一般农户会就地取材，用黄土（以坚固的垆土为主）垒成一米多高的院墙，这些土墙因为做了夯土处理，大多较为牢固，起到了一定的保护私家财产的作用。

新中国成立以后，党和政府对人民群众更为关心，随着国家发展，人们生活的水平在逐步提升，豫东地区民间的建筑形式也在逐步完善。在农村，传统的茅草土坯房开始向砖瓦房过渡，建筑材料多以里层土坯、外层砖瓦为主，木料则还是就地取材，以当地的杨木作梁，柳木、槐木、楝木等作为椽子或者檩条。一般农户的院子以主房配厨房等房子的一进院为主，配房一般是厨房或者饲养牲畜的房子，农户院子里可种植一些蔬菜，同时挖有一尺多深的垃圾坑（俗称“粪坑”），人们将平时的生活垃圾及饲养牲口的粪便在坑中积攒下来，到一定时候再挖出来运到自己的田间地头，这也体现了人们的一定的生态意识。

随着改革开放的深入，当代豫东地区的建筑更是有了飞跃的发展。民间的建筑不再拘泥于传统的砖瓦结构，而是更多采用较为牢固的水泥混凝土材料。建筑规格不再是过去的三间房样式，而是多采用二层楼房的形式，这样既增加了房间数量，解决了家庭成员较多住房不足的问题，又能充分利用阳光，在房顶上晾晒粮食。条件优越的农户则住进了专门设计的别墅式建筑，建筑内部完全采用城市的套房式结构，屋内厨房、厕所俱全，家庭的院墙也多以砖垒成，大门采用铁门，摒弃了以往的木门。现在的豫东民居仍然注重生态利用，大多民居都是面南背北，农户在自家院内种菜的同时，也会种植一些果树或其他苗木，栽种一些好看的花草，这样既美化了环境，又搞活了庭院经济。

豫西地区的居住生态

豫西地区泛指河南省西部地区，主要包括洛阳市和三门峡市两个地级市。豫西地区处于我国地势第二级阶梯向第三级阶梯的过渡地带，地形千差万别，落差大，较大的河流有洛河、伊河等，均是黄河支流。豫西地区的气候以暖温带大陆性气候为主，由于该地区相对地势较高，其气候特征是春天干旱，多风沙；夏季炎热，多雨；秋季晴朗，日照充足；冬季寒冷，少雨雪。豫西地区的地形较豫东地区相对复杂，其中多山和丘陵，该地区主要有嵩山、白云山、老君山、伏牛山等多个山峰，这些山峰不仅是河南省重要的旅游资源，也在诸多山地地形中形成了以窑洞和地坑院为主的独特的豫西传统民居。

窑洞民居在我国历史上有很深的历史渊源，它起源于原始时期人类的穴居，据专家推测，黄河流域居住的人类最迟在新石器时代就已经具备了挖掘人工洞穴的能力。例如，在河南省巩义市裴李岗遗址发现有横穴的原始陶窑。先秦时期的古籍里有这样的记载："张宗和，中山人也。永嘉之乱隐于泰山……依崇山幽谷，凿地为窑，弟子亦窑居。"唐代诗人杜甫的故里就在河南巩义，这里的窑洞尚存。虽然没有确切记载，但可见隋唐时期窑洞就已经开始普及于豫西的广大地区。

与豫东地区的砖砌房屋相比，豫西地区的窑洞具有明显的可拓展性和延续性，这是因为黄土有一定的可塑性，人们能够挖掘出形式多样的居住空间。豫西地区的窑洞（图 3–2）建筑形式按照内在形态可分为：单孔前厅后卧式窑洞、串联式窑洞、母子窑、双层或多层窑洞以及其他形式的窑洞；按照外在形态可分为靠崖式窑洞、下沉式窑洞（地坑院）等。豫西地区的窑洞建筑也多是遵循因地制宜、顺应自然条件的原则。因为黄土具有很好的可塑性，因此豫西地区的人们用挖洞成穴的方式来营造自己的生活空间，他们利用自己的聪明才智以及得天独厚的自然地理环境优势，创造出了造价低廉、形式多样、实用舒适的窑居建筑。

我国的古书《黄帝宅经》上说："宅以形势为身体，以泉水为血脉，以土地为皮肉，以草木为毛发，以舍屋为衣服，以门户为冠带，若得如斯，是事俨雅，乃为上吉。"这句话蕴含的道理是，人的居住环境就像人体一样是一个有机的整体，各部分之间是相互协调的。窑洞的外部造型符合古人的朴素审美观，古人有"天圆地方""天人合一"的说法。豫西地区的窑洞从外部构造来看，上半部分是穹隆状的拱形曲线，下半部分为矩形。这种上圆下方的形态在满足黄土体稳定力学的前提下，也符合人们的审美观。

图 3–2　豫西窑洞

古书《管子·乘马》记载："高毋近旱而水用足，下毋近水而沟防省。因天材，就地利。"豫西地区的人们在建造窑洞时，除了选择地势开阔且相对较高利于排涝的地形，还充分考虑了气候的影响。窑洞选址时一般选择背风向阳的地方，朝向要争取面南背北的好朝向，因为人们的生活需要充足的日照。如果选择在河岸的台地上建窑洞，一般会建在河流的凹岸处，主要是考虑到河水的惯性冲刷容易使凹岸边增地、凸岸边损地。此外，因为豫西山区较多，人们建造窑洞还要考虑到人畜用水的需要，一般会建造在临近水源的地方，如山区的河流或者小溪流的附近。

豫西地区的窑洞有一个特殊形式——地坑院。地坑院主要分布在三门峡市南部的陕县境内，尤其是在张村塬、张汴塬、东凡塬三个高平原地带，分布较为集中，且保存得较为完好。地坑院是人们在平地上向下挖一丈多深的正方形或者长方形的地坑，再在坑壁四周挖窑洞，坑内外由出入地坑的通道相连接，整个村子由这些为数众多的地坑院组成。"闻声不见声，进村不见村"，这是对陕塬地坑院神奇之处的真实写照，与其他地区的窑洞相比，地坑院可谓独具特色。

地坑院也被称为天井院，被誉为中国北方的“地下四合院”，距今已经有4000年的历史。地坑院是在特定的自然条件、经济条件和文化因素的影响下形成的，是一种独特的民居形式，具有生态学、美学、建筑学、民俗学等各方面的价值。与一般的窑洞相比，地坑院有自己的特色。地坑院的建筑形状主要有两种：圆形和方形。圆形的建筑特点和靠崖院很接近，多建在靠塬面的边缘，依据地形，呈半圆状或三面有墙一面敞开，修造比较省时省力。而陕县地坑院则多以方形为主，人们修建地坑院一般选择在冬季农闲的时候，选择好建筑方位以后，再丈量出一块面积约200平方米的正方形或长方形平地，然后开始按照画好的线从四面开挖。地坑院的修造也讲究坐北朝南的方位，人们一般在北壁凿一排三孔的主窑，取“福”“禄”“寿”三星汇聚之意。其余的几面一般根据家庭情况建造厨房、粮仓、放杂物的房间、茅厕等，同时还要在窑院一角的孔窑内凿出一条斜度约为40度的阶梯式地道，通至院外作为出入的门户，称为门洞。地坑院出地面处一般象征性地建一个小门楼，向人表明此处住有人家。

地坑院的优势在于建筑省工省料、经济实惠，居住环境冬暖夏凉、挡风隔音，具有一般地面建筑不具备的特性。地坑院的建设主要使用黄土，使用的木材极少，这在一定程度上节省了资源。窑洞内一年四季的温度保持在20℃以内，像是一个天然的大空调，最适宜人们的居住。同时，地坑院的防震效果极佳，还具备防风、防寒、消暑、隔音、防盗的作用，地坑院深入土地之中，与环境融为一体，院内和窑顶可以种植花草树木，美化环境，这也是一种对自然生态环境的保护。

地坑院的建筑也注意一定的美观性。地坑院窑洞的窗户和风门都采用特制的井字形方格，这为人们在上面贴窗花提供了基本条件。人们在春节或者办喜事期间，一般在窗户上贴团花或者喜花。值得一提的是，在地坑院的农户家中，人们还会在门窗上贴上方格图案的土布，这些土布都是当地居民自己在织布机上织成的，图案简洁大方，颜色以黑色、蓝色、红色为主，用手摸起来很有质感。这是陕县地坑院的一个民居特色文化象征，体现了质朴浑厚、悠久绵长的豫西历史文化特色。

如今，陕县的地坑院因其独特的建筑形式和生态模式，获得了社会上的广泛认同和赞誉。2007年，河南陕县被中国民间文艺家协会命名为“中国地坑窑院文化之乡”。2011 年，“地坑院营造技艺”入选第三批国家级非物质文化遗产名录。2014 年，陕县西张村镇庙上村因地坑院分布广泛入选国家住房和城乡建设部首批“中国传统村落”名录。陕县人对于地坑院进行了不断的开发和宣扬，当地政府专门投入资金修复了一部分地坑院，建成了窑洞宾馆，向社会开放，供游人参观和住宿。以往人们居住的窑洞被收拾得简洁雅致，堆放粮食的窑洞内物品摆放得井然有序，地坑院的窑洞外也进行了美化设计，窑洞顶上砌上漂亮的砖瓦或者琉璃瓦，地坑院外面垒起了栅栏，窑洞外墙还绘有彩色的图案，这些都令游人耳目一新。同时，结合现代的声光电技术，布置了各式各样的声光造型。为了吸引更多游人参观游览，陕县专门建立了“陕州地坑院”游览区。游人不仅可以感受地坑院的独特建筑风格和古老的文化积淀，还能在这里大饱口福，很多地坑院都设有“农家乐园”，以农家土鸡暖锅等饭菜招揽游客，此外，地坑院还有豫西地方特色饮食“八大碗”和“十大碗”，完整的“十大碗”包括红烧肉一碗、白肉一碗、猪头肉两碗、黄花菜一碗、海带一碗、豆芽一碗、粉条一碗、芹菜一碗、煎饼一碗，这些营养丰富、色香味俱全的特色豫西菜，让游客无不夸赞，吃过美味的菜肴，晚上在窑洞里美美地住上一宿，谁能说这不是一种美好的文化享受呢？

总的来说，豫西地区的窑洞民居有着自身的独特之处，豫西地区的窑洞文化既体现了农耕民族的传统智慧，也反映了千百年来人与自然相互融合、相互影响的人文地理景观。豫西地区的窑居聚落形态是河南省西部一道亮丽的传统乡土文化风景线。其中，“地形不同，布局不同；材质不同，效果不同；爱好不同，装饰不同”，反映出传统民居中规律性与灵活性相互结合的自然特征。其独特的自然环境下创造的建筑模式，以及就地取材、节约成本、因地制宜的生态特征都值得我们深入研究。

豫南地区的居住生态

从广泛意义上来讲，豫南指的是河南省的南部地区，因为它一共包含了八个城市，所以，很多人也称其为“豫南八市”，还有很多人将南阳、驻马店、信阳统称为“豫南三市”。如果从狭义上来划分，那么豫南指的是信阳地区。豫南地区主要包括南部的山地（如新县、光山县、商城县、罗山县南部以及固始县的山地）和北部的平原地区（指息县、淮滨县以及潢川县的平原）。

豫南地处河南省的最南端，位于我国的交通要道。这里环境山清水秀，气候宜人，具有春暖夏凉等特点。从气候条件来看，豫南位于我国南北过渡的气候带上，夏季湿凉，冬季温暖，光照充足，雨量充沛。从历史文化来看，这里是联结中原文化与江南文化的通道，既受到中原文化的影响，又受到楚文化、吴文化、淮夷文化的影响。豫南地区独特的地理环境、气候条件和历史文化背景，造就了豫南地区不同于河南其他地区的独特民居特征。

豫南民居（图 3–3）的分布也不一般，大体上可以分为南部山地和北部平原两个部分。豫南南部山地的村落多选择一些地势较高的地方，大多依山傍水而建；豫南北部平原的民居村落，大多选择水源充足的地方。豫南的村落选择充分考虑了生态因素，人们一般选取山清水秀、水源充足的地方。无论南部山区还是北部平原地区的村落形态，都是坐北朝南、一字排开，建房时注重取水方便。在豫南的民居自

图 3–3 豫南民居

然村落里，多数有面积不小、较为高大的树林，这些树林与民居相互交融，既具有优良的天然保护功能，又能给人带来良好的审美效果。此外，树林能够起到防风固沙的作用，具有一定的生态意义。

江南居住生态

笔者仅以传统江南民居为例进行扼要的剖析，以期起到抛砖引玉的作用。

在两晋、南北朝时期，中原大地战火频繁，社会动荡，人口大量南迁，生产遭到严重破坏。而江南地区则相对战事较少，经济亦因此得到了较大的发展，加之该地区河网密布、土地肥沃、气候适宜，更加速了它的繁荣。南北朝时就有了粮食"一郡丰收可供数郡食用"之称，五代时期江南已成为京师稻米供应的重要基地。至宋代则有"苏湖熟，天下足"的谚语，江南地区的经济地位已明显超过北方，成为中国的重要经济区域。此外，在粮食业发展的同时，副业生产如植桑养蚕、缫丝织绸等亦相当普遍。农副产品的商品化不断扩大，加速了商品经济的发展。至明代，江南重镇苏州已是"市场鳞列，商品麇集"。至乾隆中叶，苏州的国内外市场继续扩大，水陆交通发达，商业空前繁荣，号称"江南一大都会"，成为当时人们向往的场所，因而有"上有天堂，下有苏杭"的美称。

在经济如此富庶的地区，人口更是十分稠密。加之历代以来，官僚富商及文人雅士纷纷在此建造私宅，因而进一步加剧了用地的紧张。在这种情况下，古代匠师在"天—地—人"思维方式的指导下，自觉或不自觉地运用朴素直观的生态原理，因地制宜地在喧闹的城市环境中营造出令人舒适、回味无穷的居住环境。当我们今天欣赏江南民居的时候，就不难领悟到其中的奥妙所在，体会到隐含在其中的生态原理，而这一切对于今天的室内环境设计来说，具有极好的参考价值。

笔者认为，生态原理在传统江南民居（图 3–4）的内部环境设计中主要体现在机巧原则、共生观念和动态思维三大方面。

3–4　江南民居

机巧原则

“机”即机会，“巧”即技巧，机巧原则指要抓住一切可以利用的机会，善于因势利导地将一切可以利用的力量和能量（包括自然的和人工的、合作的和对抗的）转换到可利用的方面，以便为系统的整体功能服务。机巧原则的基本思想是变对抗为利用，以退为进，化害为利，顺应自然，因地制宜。这种原则表现在建筑及其内部环境设计上，就是充分利用一切因素与方法，因势利导、因地制宜，以最简便、最适宜的方法营造出宜人的环境。

我国古代《周礼·冬官考工记》中曾有“天有时，地有气，材有美，工有巧，合此四者，然后可以为良”的卓越论点。亦即强调设计创作必须经得起自然、地理、材料及技术四个方面的检验，必须把四者综合成为一个不可分割的整体，才能获得良好的效果。

机巧原则的基本思想是变对抗为利用，以退为进，顺应自然，因地制宜。五行学说提出了轮回循环的朴素动态思想，这足以看出古人在创作实践或理论中，既承认人的智慧力量，又十分重视天时、地气与材质的作用，并且把这些客观因素放在首位，充分显示出古人对客观环境因素的重视。为了达到这四者的完美统一，必须自觉地运用机巧原则，充分调动一切可以利用的因素，因地制宜，因材施用。以最小的代价创造出最舒适的内部环境，达到“天—地—人”的统一。江南民居可以说是这方面的佳例，其内部环境设计常常体现出机巧原则的运用与发展（图 3–5）。

图 3–5　水与居住

我国江南地区气候湿润多雨，雨量充沛，如苏州的年均降水量为 1076.2 毫米，年最大降水量为 1544.7 毫米，每到梅雨季节，更是阴雨绵绵、细雨霏霏。年最多降水日曾达 149 天，占一年总天数的 41% 左右。为了适应这种生态环境，江南民居的室内空间常常比较高敞，以便散热除湿。天花板下常不做吊顶，而是采用“彻上明造”的方法，让屋顶构造完全暴露出来，以利通风，避免尾架的腐朽。

传统江南民居通过天井解决通风、采光问题，同时加强了内外空间的渗透融合，还对各个构件加以适当的处理，起到装饰美化的作用。地面也常采用磨砖装修，既可保温吸湿，且经过精细加工后，又极富装饰美。

江南地区的夏季炎热，冬季较寒冷。如苏州地区的历史绝对最高温度曾达41℃，历史绝对最低温度曾达 -9.8℃。为适应这种情况，常常通过巧妙地设置一个或若干个天井（庭院）实现自然通风采光。这些天井的进深和面积常常并不太大，周围还常有围廊挑檐，这样既节约了用地又避免了夏季阳光直射；冬季则因檐部的起挑而又能保证室内有充足的光线，较大的天井内有时还种植一两株大树，以遮挡夏季烈日。这些处理方式往往十分成功，所谓的“穿堂风”“围墙风”等就是例证。

江南民居中常见的天井，面积虽不大，效果却很好。此外，江南民居在门窗处理上亦做了一些考虑，门窗面积一般比较大，常常布满整个开间，尤喜运用活动式落地长窗，夏天可以完全打开甚至拆下，使得凉风最大限度地进入室内，有效地解决夏天的通风问题。在冬天无风的日子里，亦可将其完全打开，以便阳光洒满房间，保证室内有充足的日照。有时为了加强冬天的保暖效果，还设置第二层活动式落地长窗，即在内厅正常门窗内第二条屋檩和柱间安装可装卸的活动式落地长窗，常常南北均设，使原来单层的门窗变为双层，增强了冬天室内的保温效果。夏天又可完全打开或拆下，不影响其通风效果。同时增强了内部空间层次的变化，突出了主要空间，并提高了私密性，可谓一举多得。

除了“天时”“地气”，传统江南民居对于材料的运用也很重视，提出了“材美、工巧”的概念，认为应当尽善尽美地发挥材料本身的固有特性，尽量发挥材料的天然素质，而不依赖于矫作的辅助手段，表现出材料的本质美。正如《说苑》中刘向所言：“丹漆不文，白玉不雕，宝珠不饰，何也？质有余者，不受饰也。”传统江南民居的室内用材一般比较简洁，常采用的无非是粉墙、栗柱、青砖，不像皇家建筑那般豪华烦琐。民居中的很多家具，特别是明式家具，十分注重木材的纹理，充分运用木材的本色，然后加以精制打磨，极少使用油彩雕漆进行外表粉饰，表现出一种古朴典雅之美。此外，运用天然大理云石作为装饰亦颇具匠心。它们或作为家具的面板，或作为屏面装饰。这些云石质感坚硬润滑，石纹清晰流畅，表面颜色或雪白如玉，或泼黑成墨，自然成画。所表现出的山川烟云、风景故事，堪称鬼斧神工，充分体现了材料的天然美。

总之，传统江南民居的室内环境设计常充分考虑到“天时”“地气”“材美”的因素，运用机巧原则，从客观因素的要求出发进行设计，并力争使其与人的需要取得最大限度的相宜，是朴素生态观的生动体现。

共生观念

共生是生态学中一个十分重要的观点，它是指不同种类的生物或子系统之间合作共存、互惠互利的现象。共生的结果使所有参与者能节约原材料、能量，并减少运输成本。这种共生关系使得整个系统获得多重效益并趋于有序状态，由此而产生的共生思想则强调人与环境必须协同共生，管理者与被管理者也必须协同共生，在处理问题时应采取诱导性对策而非强制性控制。

实际上，共生思想的基本观点早已蕴含在我国古代先哲的思想之中。在我国传统的“天—地—人”思想的熏陶下，人们历来将自然视为与人类情感相连的存在，而不是与人疏远的对立物，“天地与我并生，万物与我为一”，以一种共生的观念来对待自然。处理人与自然的关系就像歌德所描写的那样：“中国人还有一个特点，人和大自然是生活在一起的：你经常听到金鱼在池子里跳跃，鸟儿在枝头歌唱不停，白天总是阳光灿烂，夜晚也总是月白风清。”(《歌德谈话录》)

就传统江南民居而言，十分注重人与自然、室内与室外之间的沟通与联系。这一点在天井的处理上表现得尤为突出。天井不同于普通的室外空间，而是建筑内部的一个外部空间。工匠们在设计时赋予它很多内部空间的特征，使之成为一间没有屋盖的起居室。天井周围的界面常常经过精心推敲，使之作为背景呈现，表现出明显的室内设计风格。天井的空间及构件尺度都很适宜，各种陈设自然和谐，增强了天井的室内特征。通过檐廊等的处理，更增添了天井与室内空间的渐变特征，强化了内外空间的融合共生。继而在这样的“露天起居室”中引入自然界的天然情趣，配以几株果树、芭蕉或素竹，布置葡萄或藤蔓，点缀若干花木盆栽与山石，进一步表现出人与自然的相互交融。即便如此，民居的主人们似仍有意犹未尽之感，还通过各种花窗、漏窗向外界借取景观。同时，在室内布置各式盆景和盆栽，甚至设置内室山。它们缩名山大川、孤树密林于一体，小中寓大、意境深远，给人以置身于真山实水之感，正所谓“咫尺之内，而瞻万里之遥，方寸之中，乃辨千寻之峻”。如此一来，外界的蓝天白云、宅外的青山树林、天井中的梅兰竹菊和房内的山石植物，交相辉映，争奇斗艳，十分巧妙地使人与自然融为一体，共生共息。

传统江南民居中人与自然共生的思想还表现在对自然的审美之中。正如贺陈词先生所言：“从日常生活到文哲思想都以大自然为归趋，我们的审美观，尤其是以大自然为师，紧贴着大自然下笔，而无人为的踪影。在这个与天同寿的审美价值观下，我们产生了抒情言志的诗文、超尘绝俗的绘画，也产生了逸趣。天井内的花卉、素竹、山石构成了极其优美的自然景观，充分表现出人与自然相融共生。”的确，江南民居常常表现出对自然美的向往，室内的红花绿叶、顽石芳草、潺潺流水、虫叫鸟鸣等早已成为人们的观赏对象，并能带来赏心悦目的感受。当人们凭着想象力与悟性的和谐运动达到“象外之象，景外之景”“不著一字，尽得风流”（司空图《二十四诗品》）的境界时，还将获得更丰富、更持久的审美愉悦。值得一提的是，室内外的自然景物经常成为居室主人陶冶情操、比物喻志的对象。室内的一丛绿竹、一树寒梅、一盆兰草或一束菊花就是典例。居住者常常通过这些植物比喻自己高尚的人格和坚忍的意志，反映出各自的人格理想和道德情操。无怪乎大文豪苏东坡吟出了“宁可食无肉，不可居无竹”的诗句。

动态思维

动态变化是现代生态学的又一主要论点。它认为生态系统内不存在静止不变的事物，任何事物都处在永不停息的运动变化之中。这种观点不仅适用于生物界，也适用于其他领域。早在古代，我们的先哲就已具有朴素的动态循环观，流传于中华大地的阴阳学说就把阴阳交替变化看作宇宙的根本规律，五行学说更是提出了“金生水，水生木，木生火，火生土，土生金”的轮回思想。这些思想早已深深地植根于中华民族的思想意识之中。对于传统的中国艺术产生了很大的影响，对于室内环境的影响亦是不能忽视的。

传统江南民居一般采用梁架式结构，其受力原理类似于今天的框架结构，由梁和柱子承受荷载，外墙则主要用于围合空间和遮风挡雨。内部则通常在柱间插入板壁进行分隔，有时还使用屏风与罩子进行空间的限定与划分。这样一来，一旦家庭组织结构或使用功能发生变化，需要对内部空间进行重新调整时，就不会受结构的任何影响和限制，完全能在不重新改建的情况下适应功能上动态变化的需求。

除了在空间划分上具有动态变化的潜在可能，古人在室内陈设方面也很讲究变化，李渔在其著作《闲情偶寄·器玩》中提出了“幽斋陈设，妙在日异月新”的观点，认为“若使骨董生根，终年匏系一处，则因物多腐像，遂使人少生机，非善用古玩者也”。因此，在传统江南民居内很少能见到西方建筑中经意使用的壁画、壁饰等，原因之一恐怕就是这类装饰不易经常更换。取而代之的则是具有浓郁东方特色的书法、国画以及盆景古玩和工艺品，它们往往小巧玲珑，便于更换。尤其是书画作品经过装裱加工后，贮存与取换都十分方便，完全能符合主人更替展示观赏的要求。至于盆栽植物，还能反映出时令的变化，使人感受到季节的变换。更令人欣喜的是，古人还把动态思维扩展到对门窗的处理上。由于传统民居的门窗通常是脱卸式的，于是有人提出使一些建筑的门窗在尺寸的高低宽窄上完全相同，但每扇门窗上的装饰纹样及题材却各有差异。这样就可以在对原有建筑不作任何改变的情况下达到文明更替的目的，使各房间的门窗始终处于变化之中，满足主人求变求异的心态。这种模数化、装配式的雏形设想，既有利于施工建设和降低成本，又具有高度的灵活性和互换性。古人更是在这些实践的基础上，提出了“贵活变”的理论观点（李渔《一家言居室器玩部》），认为在室内环境设计中应当打破静止不变的观念，充分考虑各种变化的可能性，使内部空间环境具有一定的变化能力，这与今天的动态思维实有异曲同工之妙。

此外，在材料运用上，传统江南民居亦与其他传统建筑一样，以木、砖为主，并且以木材作为主要的结构用材。其实，这本身就反映出一定的动态思维，说明古人并不追求建筑物的永久不变，正如梁思成先生所言：“中国建筑结构既以木材为主，宫室之寿命固乃限于木质结构之未能耐久。但更深究其故实缘于不着意于原物长存之观念。”更值得注意的是，传统江南民居在木料上一般亦仅敷以素色油漆，有的甚至不涂油漆。砖墙外面则几乎仅饰以石灰粉刷，少量使用的石材上一般亦不大量雕刻。这些做法有利于材料的重复使用，符合生生不息、循环利用的思想原则。

机巧原则、共生观念和动态思维是现代生态原理中的重要内容。而在我国传统的“天—地—人”思维方式中早就包含了这些生态思想和生态原则的基本内涵，在传统江南民居的室内环境设计中得到了体现，并取得了良好的效果，因此很值得我们重视与借鉴。

纵观目前我国室内设计业，发展前景十分可喜。平均每年的建筑装饰工作量有增长趋势，总体形势甚好。然而，总的来看，仍存在一些问题。诸如不少设计过度依赖空调设备，热衷于人工小气候，而对因地制宜、巧借天时地利的可能性重视不够；片面追求豪华高档装饰材料，而忽略了充分发挥材料本身的固有美；在赞美现代工业产品的几何美和机械美的同时，忽视了天然景物和天然材料的自然美；对眼前的使用要求强调过多，而对未来发展变化的可能性重视不够。形成这些倾向的原因是多种多样的，不可一概而论，但其中可能也有对生态观重视不够的因素。相比之下，传统江南民居成功的内部环境处理恰恰显示了生态思想在室内设计中的意义，因此，我们有必要借鉴传统建筑内部环境处理中的生态思想，并对其进行发掘整理，探讨其对室内空间处理的影响，取其精华。在创作中，我们需要结合新的客观条件，运用新的设计手法，尽量使生态观的原则在创作中体现出来，达到人与自然、人与环境、人与物之间的和谐统一，表现出“天—地—人”的相互融合，以迎合 21 世纪这个“生态建筑学”的时代。

周边居住生态

居住环境是每个国家关心的头等大事。几乎每个人都本能地向往一个风景宜人的居住环境。在过去，山清水秀、林木茂密被认为是好的风水环境的指标。而现在，开发楼盘进行楼房营销，也常常以亲水、有氧作为主要卖点。居住环境是提高生活质量的一个重要因素，也是经济、文化和社会活动的重要支撑。然而，改善居住环境质量的同时也在增加能源消耗和废气污染。居住生活场所的建设是人类社会自古就有的基本生存活动。人类在改造客观世界中取得发展，在改造客观环境的过程中也改造了人类本身。

周边居住环境与健康环境因素密切相关。

水与居住环境

水与人类的生活息息相关，也最直接地作用于人类。水质的好坏会直接影响到人类的生活质量与身体健康，轻则“水土不服”，重则疾病缠身。所谓“水土不服”，指的是水与土的质量对人体造成的不良影响。

关于水的不适应在民间有一种简单的处理方法，就是当一个人从一个久居之地临时到另一个地理环境有较大差异的地方时，家人往往会嘱咐他在临行时要随身携带一些家乡的清水以备水土不服时饮用，此法可以起到一种过渡与缓冲的作用。

在古代，我们的祖先很早就意识到某些地域性的疾患往往同当地的水质存在着某种密切的关系。吕不韦在《吕氏春秋》中就有这方面的相关记载，如：“轻水所多秃与瘿人，重水所多尰与躄人，甘水所多好与美人，辛水所多疽与痤人，苦水所多尪与伛人。”这段记载中祖先告诉我们，什么样的水质是人类应该亲近的，什么样的水质是人类应该远离的。

在水的利用与处理上，堪舆学为我们提供了科学有效的方法，水是万物之源，在建筑选址时就先要考虑以近水为宜，不仅便于生活用水，还便于水运交通，促进经济繁荣，丰富生活物资，人们的生活也随之富足。古人认为，以河道弯曲的内侧作为城基村址是较为理想的，应避免在水道的外侧，即水的反弓处选址。河流弯曲的内侧会因水力惯性作用而沉积更多的泥土，土地也会随之逐渐扩展，在这种地方定居，土地的有效使用率会逐年增加，有利于人类的农耕栽种；而水道的外侧会因水流的自然冲击等因素逐步崩塌，不仅易受水患的威胁，还会使可用耕地逐渐流失。古人这种对河道的认知与处理方法在堪舆学中已被普遍应用，而顺流择址的目的，实是避免水患的不良影响，它的科学性与实用性是显而易见的。

现代建筑专家倡导的生态建筑设计及绿色建筑运动等，它们的中心理论都与堪舆理论不谋而合，即人与自然相互和谐的万物一体思想。例如，古代著名的堪舆专著《黄帝宅经》中，便十分拟人化地将大地解释为：以形势为身体，以泉水为血脉，以土地为皮肉，以草木为毛发，以舍屋为衣服，以门户为冠带。将人类所居住的环境，比拟成一个有生命的主体，而身体的各个部分之间、器官与器官之间互相协调而又缺一不可，必须保证身体上的每一处器官正常地运转，并保持一种自然良好的循环，主体才能正常发育成长，因此，从风水的角度而言，对于自然界中水质的要求也是一样，只有好的水环境和有利的水势，才能起到好的作用。

土壤与居住环境

人类及其他生物能在地球上生存并非偶然，这是因为地球上的一切生命都依赖于覆盖在地球表面的一层脆弱松散的泥土——土壤。没有它，就不会有农作物、森林、动物和人类。土壤犹如地球的地膜，位于地球的“气圈”“水圈”“生物圈”与“岩石圈”的交接界面，构成了地球的“土壤圈”。

土壤不仅是人类生活的基础，而且是地球上最主要的物质之一，更是人类基本生活的来源和保障。“民以食为天，食以土为本”，这句话道出了土壤对人类生存，特别是对农业生产的重要作用。随着人口的不断增长，人类对食物的需求日益增加，土壤在人类生活中也越来越重要。

谁不想让自己的家园鲜花盛开、绿草遍地？谁不想让自己的家乡青山常在、良田万顷？这些美好的愿望都离不开土壤。让我们走近土壤，了解它、保护它，让我们的家园更加美丽。

由国家农业部耕地质量建设与管理专家指导组成员、土壤肥料专家赵永志等撰写的阐述“推行绿色耕种，实现土壤生态化”理念的系列科普文章，推动了相关工作的开展。

东汉时期，中国人在世界上最早为土壤做出了科学定义。我国东汉许慎在《说文解字》中说：土，地之吐生万物者也；壤，柔土也，无块曰壤。从字形上看，“土”字中的“二”代表了上下两层的意思，其上是表土，其下是底土，“丨”指生长在两层上的植物地上部分与地下部分，这也是世界上对土壤所做的最早的科学定义。

随着人类文明的进步及土壤科学的发展，人们对“什么是土壤”有了更准确、丰富的认识。土壤学家一般将土壤定义为：在地球表面生物、气候、母质、地形、时间等因素综合作用下形成的，能够生长植物、具有生态环境调控功能、处于永恒变化中的矿物质与有机质的疏松混合物。简单地说，土壤是地球表面能够生长植物的疏松表层。“壤”字的解释以“土”为基础，“襄”中的“亠”代表了土体之上的生物；“口口”代表在土体之下的多类微生物体，说明土壤是一个活体，可以生存也可能消亡；“井”则说明了要具有疏松多孔的复杂团粒结构；“衣”则代表了水、肥、气、热等多种因素的共同作用，说明土壤的形成、生存、发展、消亡不仅有内在规律，也和外在环境因素及人类社会活动密不可分。

土壤有哪些特点？第一，土壤是一个独立的历史自然体。土壤是生物、气候、母质、地形、时间等自然因素和人类活动综合作用的产物。第二，土壤是多孔多相系统。土壤包含空气（气相）、水（液相）、矿物质、有机质、生物体（固相）等。第三，土壤具有垂直分层性。土壤发育过程中往往形成不同的层次，造成土壤在垂直方向上物质组成和颜色各异。第四，土壤是个有生命的多细胞生物。土壤生物如同地球表面的人类与其他动物一样活动着，一般每克土壤中约有一亿个微生物。这些微生物种类复杂，各司其职，相互牵制，维持着生态平衡。一旦平衡被自然或人为打破，土壤就会生病，失去生命力，走向消亡。

实施严格的耕地质量保护与建设制度，是保证土壤质量健康的重要基础。

就像人会生病，土壤也会生病。为什么土壤会生病？虽然土壤具有一定的净化能力和缓冲能力，但是其能力是有限的。当我们大量地把工业废水废渣、化学肥料、酸碱、盐类、重金属以及不断产生的高热倾入其中，土壤的自我调节能力就会被破坏，使作物失去生长力，这时的土壤就生病了。

人类离不开健康的体魄，土壤同样需要健康的体魄。土壤质量是评价土壤健康的一项重要指标，它是土壤在生态系统中保持生产力、维持环境质量、促进动植物健康的能力。土壤质量包含土壤肥力质量、土壤环境质量和土壤健康质量三个既独立而又相互联系的组成要素。

怎样能让土壤有强健的体魄？土壤质量主要受内在成土因素（如母质、气候、生物、地形、时间）和人为因素两方面的影响。土壤内在质量相对稳定，而人为因素是影响土壤质量的重要因素。合理的人类活动如定期施用有机肥、保护性耕作、秸秆还田等，可以保持或提高土壤质量；相反，不合理的人类活动如过度放牧、过量施用化肥、高强度多频次耕作等不合理利用及耕作管理措施，将会造成土壤污染、水土流失、理化性状改变、生物多样性减少、土壤肥力下降，从而导致土壤退化，加速土壤质量降低。因此，严格实施的耕地质量保护与建设制度，是保证土壤健康的重要基础。

土壤中的水、肥、气、热四大因素相互联系、制约，让绿色植物生长，呈现生物多样性。

土壤最基本的属性是肥力。从土壤的概念可以发现其基本功能是生长绿色植物，具有生物多样性，而良好的土壤必须能使植物吃得饱（养料供应充分）、喝得足（水分供应充分）、住得好（透气性好、温度适宜）、站得稳（根系伸展、支撑牢固）。能够支撑土壤以上基本功能的重要特性就是“土壤肥力”。我国土壤科学工作者在《土壤学》第二版中，对肥力作了精确的阐述：“肥力是土壤的基本属性和质的特征，是土壤从营养条件和环境条件方面，供应和协调植物生长的能力。”其中所说的营养条件是指水分和养分，为作物必需的营养因素；所说的环境条件是指温度和空气，虽然温度和空气不属于植物的营养因素，但对植物生长有直接或间接的影响。土壤中的水、肥、气、热四大因素不是孤立的，而是相互联系和制约的。

土壤肥力又有多种不同的分类，如自然肥力与人工肥力，潜在肥力与有效肥力等。土壤肥力有自然肥力与人工肥力之分。自然肥力是土壤在自然成土因素（如气候、母质、地形等）的综合作用下形成的肥力，它是自然成土过程的产物；人工肥力是在人为因素（如耕作、灌溉、施肥及其他技术措施）的作用下形成的肥力。人工肥力已成为决定土壤肥力发展方向的基本动力之一。人为因素对土壤肥力的影响集中反映在用地和养地两个方面，只用不养或不合理耕作、施肥、灌排必然会导致土壤肥力的递减，只有做到用养结合才可以培肥土壤，保持土壤肥力的持久性。

地球上的大部分地区有明显的四季变化，一年之中温度变化颇大，而土壤的表层只有约 1 厘米厚的地方温度会受气候的影响。这也是窑洞、地下防空洞冬暖夏凉的原因。在年温差为 30℃的地方，越往下层，温差越小，在表土下 70 至 100 厘米的深度中，土壤几乎是恒温的。土壤中的温度稳定性为植物的根系及土壤微生物提供了生长的最佳环境。

通过对土壤的概念及其特性的描述，我们不难发现土壤是最珍贵的自然资源。古称“有斯土，始有其粮”，“大地是母亲”，这些说法都强调了土壤的重要作用。土壤在生态系统中有以下几方面的重要作用：一是具有生命力的多孔介质，对动植物生长和粮食供应至关重要；二是净化和储存水分；三是复杂物理、化学、生物及生物化学过程的自然体，参与直接养分循环和有机废弃物的处理；四是土壤陆地与大气界面上气体与能量的调节器；五是生物的栖息地，是地球生物多样性的基础；六是环境中巨大的自然缓冲介质。

土壤与人类生存、与可持续发展息息相关，需要大家的保护。在人类赖以生存的物质生活中，人类消耗的约 80% 以上的热量、75% 以上的蛋白质和大部分纤维都直接来自土壤。而土壤作为一种有限的自然资源，为人类生存和各方面发展所利用，面临着非农业用地逐步扩大、耕地逐渐减少的问题，这给人类发展带来了人口—资源—环境的严峻挑战。

从世情、国情、农情出发，中国人要始终把饭碗牢牢端在自己手里，就必须保证粮食安全（数量与质量），前提是要保持一定数量的耕地，并确保其具备良好的健康度及可持续生产力。但是我国人口众多，随着工业化、城市化的不断发展与进程加快，耕地数量不断减少，耕地质量红线承受着巨大压力。加之我国耕地的超强度使用，化肥和农药的超量使用，工业和生活垃圾的污染等因素风险加大，造成土壤的退化。目前，我国土壤环境的承载能力已接近极限，土地资源不断减少。因此，需要全社会共同努力保护土壤资源，不断提高土壤肥力，科学、合理、高效地利用土壤资源，防止土壤质量下降，提高土地集约化经营水平，为人类可持续发展及子孙后代留下足够的生存空间。

阳光与居住环境

除了农作物对阳光的需要，人们的日常生活也需要充足的阳光照射。

阳光中含有紫外线，具有很强的杀菌作用。每周接受几次适度的日晒有助于预防一系列使人衰弱甚至致命的疾病，包括骨质疏松、高血压、糖尿病、动脉硬化症、风湿性关节炎、抑郁症、结肠癌等。

大多数人 90% ~95% 的维生素 D 是通过日常在阳光下获取的。人体所需的维生素 D 很难仅通过食物或补充剂来获取。

阳光还是医治抑郁症的良药。阳光会刺激人体大脑中的松果体，而由松果体产生的松果激素会刺激身体内的甲状腺激素、肾上腺素的分泌。这些激素增多时，体内的细胞活动更为活跃，从而提升生命活力。在激烈的现代社会竞争中，很多人处于亚健康状态，而晒太阳则是治疗亚健康的绿色处方之一。

对于儿童而言，更需要多晒太阳，不论春夏秋冬，每天到室外晒太阳。人体皮肤中含有一种前体物质，为 T- 脱氢胆固醇，这种物质经日光中的紫外线照射后转变为维生素 D_3，这是人体维生素 D 的主要来源。维生素 D 能促进身体吸收钙，预防佝偻病。

阳光可以给人带来热量，改善血液循环，促进汗液、皮脂的正常分泌。此外，阳光可以杀死细菌，使人体皮肤表面保持正常的细菌体系。

长期在井下作业的矿工，日光浴可使其恢复和保持健康，因而日光浴一度成为一种流行的保健方式。

从这些方面来说，阳光是居住环境中的一个重要因素，对于生态平衡起到了至关重要的作用。

饮食与服饰生态

饮食和服饰是人民群众生活中的头等大事，它的变化意味着社会的变化。当一个时代趋于富裕，生产力大幅提高的时候，饮食和服饰就会相应地趋于向好，生活变得丰富而多彩，服饰也会充裕而式样繁多；当一个时代贫穷或者遭遇灾荒、战争、瘟疫等由人为和自然因素引发的变故时，人民生活贫寒交加，那么饮食和服饰就会趋于混乱、简单和紧缺。不同的社会状况使人们的消费呈现出多样化的特点，饮食结构和服饰式样也会因为种种原因而相对固定，形成某种具有时代意义的类型特点，自然就会影响到生产方式、生活观念的转变，形成一个时代较为平衡的饮食和服饰生态。饮食和服饰，其实也是一个时代的证明，能够表现一个时代人民群众的精神风貌，表现某个地方的人文风貌。

中原地区

如果要探讨中原地区的饮食文化和服饰文化，首先必须了解中国饮食和服饰文化的发展脉络，这样才能真正对一个地区、一个地方的相关文化历史有一个整体的把握，否则，仅依靠支离破碎的信息很难进行全面分析。

中国的服饰文化

汉服的特点及变化

中华民族有着五千年的悠久历史，其灿烂厚重的文化体现于各个领域和各个方面，汉族文化中的服饰文化伴随着中华民族的辉煌历史演变至今。这就不能不提到汉服。汉服，又称为汉族服饰、汉装、华服、唐服，主要是指中国从上古五帝时期（约公元前 21 世纪）至明末（公元 17 世纪中叶）这近四千年中，以汉族及汉族的前身华夏族的礼仪文化为基础，通过历代汉族王朝推崇周制、象天法地而形成的具有独特华夏民族文化风貌、明显区别于其他民族传统服装的服装体系。汉服材质主要有苎麻和蚕丝两种，总称为布帛。汉服是世界上历史最悠久的民族服饰之一。

汉服的形制主要有“深衣”制（把上衣下裳缝连起来）、“上衣下裳”制（上衣和下裳分开）、“襦裙”制（襦，即短衣）等类型。其中，上衣下裳的冕服朝服为帝王百官最隆重正式的礼服；袍服（深衣）为百官及士人常服，襦裙则为妇女喜爱的穿着。普通劳动人民一般上身着短衣，下穿长裤。汉代女子劳动时喜欢上着断襦，下着长裙，屣上面装饰腰带长垂；汉代男子劳动时上着断襦，下着犊鼻裤，并在衣外围罩布裙，这种装束士农工商皆可穿着。汉服是汉民族传承千年的传统民族服装，以儒教圣经《诗经》《尚书》《周礼》《礼记》《易经》《春秋》和大唐《开元礼》，以及正史为基础继承下来的礼仪文化，体现了汉族千年不变的民族特色。

（1）交领右衽。

衽，本义指衣襟。所谓交领，指衣服两幅前襟左右相交，成为一体。它的衣襟大多是左边的部分掩盖在右边的衣襟之上，所以称为右衽，多见于古代中原地区的汉族服饰中；反之，称为左衽，多见于少数民族的服装中。右衽是汉服始终保留的特点，成为汉族的象征符号之一。右衽的特征在汉服诞生之初即已出现，并一直延续至今，是汉服最原初、最基本、最核心的特征。它出自《汉书·终军传》:“大将军秉钺，单于奔幕；票骑抗旌，昆邪右衽。”此外,《后汉书·西羌传·滇良》中提及:“羌胡被发左衽，而与汉人杂处。”故，唐颜师古注:“右衽，从中国化也。”古代著述也是这样确认之，唐代的《梦为吴泰伯作胜儿歌》中写道:“麻衣右衽皆汉民，不省胡尘暂蓬勃。”清刘宝楠《论语正义》:“中夏礼服皆右衽。”汉服成为汉民族的精神象征。

国民党元老、著名教育家、书法家于右任，原名伯循，字诱人。1904年春，因所作讥讽清王朝的《半哭半笑楼诗草》被人告发，清廷谕令捉拿，亡命上海，就读于震旦学院。1905年为报刊撰文署名“右任”。“右任”是“右衽”的谐音。古代周边民族服装为左衽，前襟向左掩，孔子称此为“被发左衽”；而中原汉族为右衽。他取此名，体现了立志反清救国的决心。尽管在此基础上出现了圆领、对领等，但末端仍然是左襟搭在右襟上，基本形式未变。

（2）系带。

汉服中的隐扣包括有扣和无扣两种情况。一般情况下，汉服是不用扣子的，即使有用扣子的，也是把扣子隐藏起来。一般使用带子打结来系住衣服，同时，在腰间还有大带和长带，所有的带子都是用制作衣服时的布料做成。一件衣服的带子有两对，具有实用性，左侧腋下的一根带子与右衣襟的带子是一对打结相系，右侧腋下的带子与左衣襟的带子是一对相系，将两对带子分别打结系住完成穿衣过程。另外一种是腰间的大带和长带子，它不仅具有实用性，还有装饰的功能，此外还有象征性意义，象征着权力。

汉服与和服的大带相比，和服的更宽。汉服的剪裁运用的是平面剪裁，所用衣料总要大于身体的尺寸，剪裁师傅根据人体的结构，让衣服呈现出曲线的美感，看上去整个衣服是平面直线式的，但运用了束腰等手段之后，效果极大增强，无论从哪个角度观赏，都是流线型的效果，它注重的是整个身体的美感线型，更注重衣服、人体和自然的搭配之美。

（3）宽袖。

汉服的袖子又称“袂”，其造型在整个世界民族服装史中都是比较独特的。袖子，其实都是圆袂，代表天圆地方中的天圆。袖宽且长是汉服中礼服袖型的一个显著特点，但并非所有的汉服都是这样。汉服的礼服一般是宽袖，显示出雍容大方、典雅庄重、飘逸灵动的风采。一直以来，汉服袖子的标准样式就是圆袂收祛，先秦到汉朝的实物无一例外都是如此。除了唐以后在常服中有敞口的小袖，汉服袖的主流依然是圆袂收祛。无论是男性还是女性，跳起轻盈优美的舞姿，伴随着温婉优雅的旋律，缓缓传递的是汉文化的韵律，体现了汉文化所崇尚的天人合一、平和自然、宽厚仁爱的境界。汉族传统服装中，贵族服饰的大袖不仅是袖径的宽大，也表现为袖子的长度超长。官员与老人的袖子延至手后，又可以挽回适当的长度。汉服袖径宽大时可到四尺，这种宽大的剪裁，使得汉服在穿着后可以形成如行云流水般的流线，随风而动，但毫不拖拉，给人洒脱飘逸、仙风道骨的感觉。

经过几千年的发展，汉服在其宽大飘逸、流畅脱俗的基本风格之下，演绎出几百种款式，例如汉代宫廷中女子爱穿的曲裾式，续衽后的曲边围绕人体转一圈或两圈，下衣的裙部层叠出优美的曲线，高贵却不失含蓄；唐代最流行的襦裙，是上衣下裳类汉服的代表，衣缘和下裙的花纹搭配，朴素里透露着秀丽；由直领汉服发展而来的鹤氅，原指用白鹤等鸟类羽毛捻绒拈织的贵重裘衣，后指宽长飘逸、长至曳地的外衣，其悠闲恬淡的风格受到中年男子的喜爱。

汉服的影响

历史上，汉服影响了整个汉文化圈。亚洲各国的部分民族，如日本、朝鲜、越南、蒙古、不丹等国的民族服饰，均具有或借鉴了汉服的特征。

韩国服饰最初主要是受中国唐代服饰的影响。对此，史书中就有记载：“服制礼仪，生活起居，奚同中国。”唐代，新罗与唐朝交往非常密切，服饰特点几乎与唐朝无异。韩服的个性发展始于李氏朝鲜中期。从那以后，韩服特别是女装，逐渐向高腰、襦裙发展，同中国服饰的区别逐渐增大。但官服、朝服等重要礼服，仍一直保留着较多的中国特色。

汉服对日本和服的影响始于日本应神天皇治世（270—310 年）时期，那时的日本开始和吴越地区往来，在雄略天皇治世（456—479 年）时达到巅峰。吴越地区是世界上最早养蚕缫丝的发源地之一，该地区的养蚕纺织技术与日本的交往传播也很早，从而形成了日本的“吴服”。对于“吴服”，一般有两种解释：利用中国吴国传来的技术织成的纺织品；纺织物的总称。日语音读为“ごふく”，训读为“くれはおり”。专门经营吴服的店称为“吴服屋”，走进吴服屋，里面不仅有和服的成衣，也可以买到各式各样的布料。制作吴服的丝织工与缝衣工因属普通人氏，没有留下姓名，故在日本史书上仅记载有吴织、汉织等。她们在日本以制作服装为主，把中日两国服装的长处融合在一起，深受日本人民的欢迎，所以日本人把她们制作的服装称为吴服，后因音近转为“和服”。因此，吴服东传约有一千八百年的悠久历史。

越南古称交趾（中国称作“安南”），968 年，丁部领建立丁朝（大瞿越国），开始成为独立的封建王朝，两年后（970 年）自称皇帝。在服饰上，尤其是宫廷礼服，皇帝、大臣的朝服，几乎就是中国汉族王朝宫廷礼服的翻版。可见越南在阮朝以前的历代正统服制多沿袭或模仿中原汉族王朝的样式。后黎朝时期，越南朝廷曾颁文禁止清朝风俗流入越南。后黎朝正和十七年（1696 年），黎熙宗明令移居越南的中国人必须遵从越南风俗，不许沿用清朝习俗，亦禁止越南人仿效清朝服饰。《钦定越史通鉴纲目》中记载：“自清帝入中国，剃发短衣，一守满洲故习，宋明衣冠礼俗为之荡然。北商往来日久，国人亦有效之者，乃严饬北人籍我国者，言语衣服，一遵国俗。沿边之民，亦不得效其声音衣服，违者罪之。”越南的衣冠制度，虽历代均有修改，但始终沿袭中国以衣冠别尊卑的基本思想。历代服制均取法甚至沿袭中国的汉族王朝服饰。

汉服制度的变迁

汉族的这一服饰制度自周代至明代，三千年来基本特征没有大的改变，直到三百多年前的清初，这一服饰制度才崩溃。1644 年明朝灭亡后，清朝统治者为了削弱汉族人的民族认同感，以便于维护满洲贵族的统治，而大力推行满族发型和满族服装，并禁止人民穿戴汉族服饰，史称“剃发易服”（“剃发”也作“薙发”）。顺治元年（1644 年）五月，摄政和硕睿亲王发布谕旨：“各处城堡，着遣人持檄招抚……有虽称归顺而不剃发者，是有狐疑观望之意，宜核地方远近，定为限期，届期至京，着量加恩。如过限不至，显属抗拒，定行问罪。”此后清廷多次就剃发易服颁发谕旨。顺治二年（1645 年），清军攻下江南各省，清政府下令在全国推行“剃头易服”的制度。即所谓“留头不留发，留发不留头”。而在此之前，辽东地区的汉民早已深受剃头之苦。

清统治者将剃发、留辫视为归顺清廷的标志，“遵依者为我国之民，迟疑者同逆命之寇”。而蓄发、束发则成为汉人捍卫民族文化千秋祖业的象征。“一旦持剪刀剪我半头秃。华人髡为夷，苟活不如死！”清政府再次颁布剃发令，要求“京城内外限旬日，直隶各省地方，自部文所到之日，亦限旬日，尽行剃发”，如果有“仍存明制，不随本朝之制度者，杀无赦”。与此配合的是强行更改汉族人的衣裳式样。当时由于穿汉族人衣裳而被捕杀的人不计其数。江阴人民奋起抵制，坚持抗战三个月，城破，全民死战，男女老幼无一投降。嘉定民众也坚持了两个多月的斗争，受到清兵的残酷屠杀，成为中国历史上空前残暴的惨剧。当时中国广大地区，由于明朝末年封建统治者对农业、手工业的摧残，以及官军对农民起义的进剿，已经造成许多地方千里无人烟、满目疮痍的景象。随着这种残酷政策而来的，便是改冠易服。清廷再次用政令强制汉族军民一律改着满族服装。有些乡间农民，因不知朝廷法令，偶尔穿着汉族服装进城，大多会被剥得全身精光，并且以能保全性命为幸。由此可见，改易冠服与剃发令一样，都是通过强制办法推行的。清统治者推行的剃发易服令，遭到了汉族人民的激烈反对，纷纷挺身进行斗争，清廷随之遣兵进行残酷镇压，“嘉定三屠”就是其中之一。

汉族长期的抵制斗争使清政府考虑做出让步，以稳定局势。之后，为缓和民族矛盾，清王朝采纳了明朝遗臣“从明从贼又从清，三朝元老大忠臣”金之俊的建议，提出所谓“十从十不从”政策，即服装上男从女不从，生从死不从，阳从阴不从，官从隶不从，老从少不从，儒从而释道不从，娼从而优伶不从，以及仕宦从婚姻不从，国号从官号不从，役税从文字语言不从。这点有限的让步，终于保留了一些汉服的特点，但总体而言汉服仍在清朝统治者血腥的镇压与屠杀下逐渐消亡了。也致使清朝两百多年的历史中，汉族男子服饰基本以满服为模式，如长衫、马褂都是以满族为主体的民族服饰的改良和发展，而非汉族传统的民族服饰。其内容如下。

“男从女不从”：男子剃头梳辫子，女子仍旧保留原来的发髻，无须按照满族妇女学梳“两把儿头”或者“燕尾”。梳“两把儿头”很复杂烦琐，首先需要有一个较长的饰物——扁方，它长约 20 厘米，宽约 3 厘米。梳头时要先用自己的头发将发髻的底座梳出，即头后的“燕尾”，而且要留下两绺头发。在头顶安好用黑缎子和铁丝裹好的架子，再将这两绺头发往上梳，从左右两侧经过大扁方裹住和固定这架子，再在根部插上各种簪子和花等装点起来。汉族女子还因此保留了裹脚的陋习，甚至影响了旗人女子，使她们也纷纷效仿，以此为美。

“生从死不从”：即“生降死不降”。人活着时穿满人服饰，死了则穿明朝服装，所以人死入殓时会穿明朝的服装，也就是现在的“寿衣”。

“阳从阴不从”：既然“生从死不从”，那么阴世的事，如做法事超度等，仍按汉族传统佛道教习俗办理，不遵从满族习俗。

“官从隶不从”：做官的吃皇粮办公事，观瞻所系，自然须顶戴花翎，身穿朝珠补褂马蹄袖的清朝官服。但隶役依旧是明朝“红黑帽”的打扮。

“老从少不从”：孩子百无禁忌，穿什么都可以，但一旦长大成人必须按照满族的规矩着装。

“儒从而释道不从”：与“在家人降，出家人不降”类似。在家人必须改穿旗人的服装，并剃发留辫。而出家人，仍可穿明朝服装，因此和尚道士至今仍保持着明朝的着装。

“娼从而优伶不从”：娼妓从，戏曲演员不从。戏台上演绎的是前朝的故事，不穿前朝的服饰无法演出。

“仕宦从婚姻不从”：这条可参照“男降女不降”。汉族男子投降，女子不投降，也是指服饰。比如男女婚嫁，新郎穿的是旗人的礼服，女子则依旧穿明朝的礼服，即“凤冠霞帔”。

“国号从官号不从”：虽然国号改为清，但官号不必另起炉灶，仍沿用明朝的六部九卿、总督巡抚等，省却许多麻烦。

如今很多人提倡汉服复兴，认为汉服是华夏礼仪的重要组成部分。中国又称为“华夏”，这一名称的由来就与汉服有关。《尚书正义》注：“冕服华章曰华，大国曰夏。”《左传正义·定公十年》曰：“中国有礼仪之大，故称夏；有章服之美，谓之华。”中国自古就被誉为“衣冠上国、礼仪之邦”，而“衣冠”便成了文明的代名词，同时更是华夏礼仪的一部分。周礼的典礼分为五礼八纲，五礼包括吉礼、凶礼、宾礼、军礼、嘉礼（冠礼和婚礼是嘉礼的核心），八纲包括冠礼、婚礼、丧礼、祭礼（即吉礼）、乡礼、射礼、朝礼、聘礼。《童蒙须知》曰：“夫童蒙之学，始于衣服冠履。”衣冠是礼仪之始。冠礼之前，“衣不帛襦裤”，年满二十后方可衣裘帛。汉服体系展现了华夏文明的等级文化、亲属文化、政治文化、重嫡轻庶、重长轻幼以及儒家的仁义思想。在中国古代的宗法文化背景下，服饰具有昭名分、辨等威、别贵贱的作用。除去国家大事的礼仪，普通汉族人的家礼包括冠婚丧祭四礼。汉服是汉民族人文风俗的体现。色彩观念的表达、吉祥纹饰的运用、材质工艺的更新，无不渗透着中华民族的人文和风俗，它是人们内心价值的守望与表达，也是华夏民族意识的张扬与更新。汉服是汉民族文化积淀、审美倾向、社会价值、人文风俗等的整体体现，同时中华传统文化中所蕴含的民族精神、哲学思想、伦理道德、礼法制度、宇宙观念也都在汉服中得到了充分的表达。

中国的服饰文化形成是一个渐进的过程，是不断融合的结果，在不断地吸纳和改进中形成了如今的样式和特点。它大致的演变过程是：衣是用来蔽体的，但怎么做，什么样，就是文化问题了。先秦时期，汉族的衣裳必须从右边开襟。那时中国尚右，这一观念反映在许多方面，如古书无论木简、竹册都是竖着从右往左读，类似如今的竖排版，从右往左看。这一传统延续至今，例如，对联的上联贴在门的右边，下联贴在门的左边。在古代政治领域，右迁是升官，左迁是贬官。右丞相、右史、右拾遗的官职大于左丞相、左史、左拾遗。春秋时期有一句著名的话，“微管仲，吾其被发左衽矣”。意思是，假使没有管仲，我们可能像个野蛮人一样，披散着头发，连衣襟也开到左边。管仲是春秋时期齐国的宰相，他帮助齐桓公建立霸业，这是很多人都知道的。其实衣襟开在左边和右边，从使用的角度看是一样的；但是从文化的角度看，就不一样了。这就是文化的特性，以一种观念作为判别文化的标志。

到了战国时期，出现了“胡服骑射”。汉族的宽袍大袖不利于骑马打仗，于是赵国的赵武灵王大胆地积极改革，借鉴其他民族的服饰特点，采用窄袖，并引用了“裳”——裤子，这样便于骑马射箭。赵武灵王因此成了历史上的“改革”标志性人物，“习胡服，求便利”。他促进了民族间的相互尊重，相互学习。从此有了“衣”和“裳”。“上曰衣，下曰裳。”到南北朝时期，只有王谢这样的显赫贵族才穿内裤，称为“中衣”，其样式宽松，和现在的内裤不同。贵族们喜欢穿长衣，后世称为“长衫”，只有“下人”才穿上下两节的“短打”，夏天则流行短裤。

早起中国人的裤子是大裆裤，也叫大腰裤，只需将身子套进去，把大布腰一卷，再一扎，就能省去使用皮带。一直到中华民国之后，留学生渐多，受西方文化的影响，中国的服饰也随之发生了变化。首先是有了内裤，干净又文明。其次是出现了中间开扣子的“中山装”，这种设计不再区分“左衽”“右衽”。传统上，中国人的“衣”分为单衣、夹衣、棉衣、皮衣等。而现在主要是衬衣、秋衣秋裤、外衣等，“衬衣”，顾名思义，是衬在里面的，而现在，除了这一层意思，它还是夏装的主要选择，因为它薄且凉快。广东较早接受西方文化，穿衬衣时里面是不加穿背心的。而在北方，以衬衣做外衣，为了保持衣物的整洁和耐用，务必在衬衣里面再穿上件背心或汗衫。中国人以前在初春深秋之际要穿“夹衣”，那实在有必要，因为它们比棉衣轻薄，比单衣保暖。春秋天气凉，当然要穿“夹衣”。现在没有夹衣这个概念了，夹衣到哪里去了？被“秋衣秋裤”取代了。“秋衣秋裤”是在 20 世纪 50 年代从苏联引入的。那时中国向苏联靠拢，苏联支援中国，苏联的纺织品涌入中国，中国学习苏联渐渐穿起了秋衣秋裤，有防寒保暖的作用。在“文化大革命”时期，新疆维吾尔族女人只穿裙子，是不穿裤子的。她们认为裤子是男人穿的，裙子才是女人穿的。深秋，她们穿皮靴，秋裤外是裙子；冬天，她们多穿几层秋裤，外面依然是毛料的裙子，的确很有女性的风韵。而汉族人呢？在那时穿裙子成了“资产阶级那一套”，女性都穿裤子，即使是穿裤子，也是在腰部一边开衩，有扣子。而现在，女性穿裤子，几乎没有边上开衩的，和男裤相似。至于西装，当然是从西方传来的。在“文革”中揪斗“资产阶级、修正主义”，就让那“牛鬼蛇神”穿西装，看上去怪怪的。而现在，穿西装十分普遍，看上去庄重美观，穿着方便体面。

我国 5000 年的文明史孕育了浩如烟海的灿烂文化，服饰是文化的重要载体，56 个民族的服饰各异，既彰显着各民族的不同个性，又共同构成中国服饰文化的灿烂星河。服饰是一个民族文化的象征，也是人民思想意识和精神风貌的体现。一个民族服饰的形成除受传统意识的影响外，更重要的是受其地理条件、物质条件、气候环境、文化背景等多方面因素的影响。

中原服饰的特点

中原地区是黄河文明和华夏文化的发祥地，是中华各民族数千年文化交织的核心地带。这里居住的汉族居民创造了丰富多彩的本民族文化，它的多样性、丰富性，是其他民族文化不断融合的结果。中华文化之所以源远流长、从未间断，最为重要的原因便是根植厚重灿烂的黄河流域优美的自然环境，人们用汗水换取生活的物资，用智慧抵抗着来自自然和外族的威胁，树立了强大的精神支柱。在这种文化背景下，服饰同样绚丽多彩，在岁月中保留着自身的特色。

一系列文明遗址的发现，一次次证明了中原地区重视农业、发展农业的历史事实。基于农耕占据支配地位的经济生活，中原农民在艰苦的劳动中认识到，只有秉持脚踏实地、不尚空谈的务实作风，才能创造丰富的劳动成果。这种认识也使中原人民逐渐培养了勤劳、能吃苦、谦虚、踏实的性格特征，并且始终把儒学当作实际生活中的心灵指南和文化准则，乃至后来随着佛教等的东传，这些信仰也被慢慢接纳吸收，融入中原文化的主流。

自然界春种、夏耘、秋收、冬藏的农业生产规律，使中原人懂得了天人和合、周而复始的自然法则；学会在生活和生产中运用这些规律，指导春耕秋收，按时节节令种养，遵循自然之道，顺应形势，使身心安泰、家庭和睦；还学会用自然法则解释世界上发生的一切现象和变化，上观宇宙，下察微尘，看四季轮回、风霜雨雪、闪电霹雳，知身体病痛疾痒、生老病死，总结出金木水火土五行之相生相克的理论，并应用于生活和生产，以及人与人、人与自然、人与社会的关系中，用以解释伦理关系、君臣关系、臣民关系以及社会的等级和秩序。这些原则也在服饰上得到运用，譬如随着季节的变化而选择不同的穿戴与修饰图案及颜色，朝代不断更替，服饰随之而更改等。但是千百年世居一地，生活渐成格式化，单调重复的农耕生产，给农业生产生活带来了稳中不变、稳中小变的日常习惯，反映在服饰上，则是世代相袭、因循守旧、常穿常服的式样，譬如在中原地区，男子日常所穿为对襟衣服，女子所穿为斜襟衣服，直至辛亥革命之后，这些传统样式才有所减少，乃至在党的十一届三中全会召开之后，才逐渐退出历史舞台，各式各样的新式服装流行于世，装点着人们的新面貌、新形象。

顺应自然规律、平和求稳、安定守旧的耕作农业，塑造了中原人不喜偏激、崇尚中庸、求调和、主平衡、喜素朴的精神特征，在服饰上的追求则体现为对称、朴素厚实、宽大舒适的式样。与大自然的花草虫鱼、飞禽走兽相依相伴的情感相融，对雷电星宿、高山大川、天地龙凤等的膜拜和敬畏，使得中原历代服饰多以这类题材作为纹饰，表现的形式或滑稽可爱，或威严肃穆，或崇文尚武，或寄托情思，或暗含祈求，等等。有的夸张而变形，有的美丽而玲珑，有的雍容而亮彩，有的复杂而奇巧，等等。上至帽子、头巾，中至两件短衣服，下至绣鞋、草履等，都有修饰的重重内容，不一而足。

中国是世界上最早发明丝绸（即养蚕缫丝织绸）的国家。作出这一伟大贡献的发明家，就是中华民族的伟大始祖轩辕黄帝的妻子嫘祖。在5000多年以前，勤劳、智慧、聪明的嫘祖发明了丝绸。嫘祖作为中华第一夫人，与黄帝并列为“人文初祖”，被誉为“人文女祖”。嫘祖为人类文明作出了杰出的贡献，被后世尊为“先蚕”，享誉海内外。嫘祖教民养蚕缫丝，建立了光照千秋的功业，被称为“蚕母娘娘”。由于嫘祖创造了丝绸文明，功盖天下，民间尊称为“蚕神”，爱称为“嫘姑”“丝姑”“蚕姑”，历来受到各族人民的无限崇拜。嫘祖“养天虫以吐经纶，始衣裳而福万民”，开启了享誉中外的丝绸文明，泽被天下。随着棉花引入国内，制作衣服开始以棉花织布为主，新中国成立前后，家家有纺花车子，老人和妇女熟练掌握纺棉花、经线子、织布等一套土法生产家织棉布的方法。夜夜纺棉花，家家织布声，大人小孩所穿衣服均自裁自缝，妇女们纷纷剪裁各式所需的穿戴。

河南民谣《纺棉花》：

哼哼哼，纺棉花，
一纺纺了个大甜瓜。
爹一口，娘一口，
一口咬到孩那手；
孩啊孩，你别哭，
当街来了个货郎鼓，
拨浪鼓上一对孩，
也会打瓜也会玩儿。

这首民谣极其真实地反映了家庭妇女夜里忙于纺棉花，哼着儿歌哄小孩不要哭闹，不要耽误生产的情境，充满了艰辛生活中的劳动乐趣。在“洋布”出现之前，甚至在“洋布”未能普及贫苦百姓家时，家家还是要利用纺花车、织布机生产家织棉布。其真实的场景也确实如此，正像豫剧《花木兰》中所唱：“白天去种地，夜晚来纺棉……”

（1）豫东虎头鞋、虎头帽制作。

虎头鞋、虎头帽艺术是我国民间工艺中的一枝瑰丽的奇葩。它们是一种民间插花、刺绣手工制作的手工艺品，看上去栩栩如生，形象生动，表现出了人民群众纯真的思想感情和健康的审美趣味。根据有关资料记载，虎头帽在唐朝时期就已经戴在豫东儿童的头上了，经专家研究发现，唐朝时期儿童所戴的虎头帽，模仿了印度佛教护法天王的服饰形式，而印度护法天王的服饰形式源自印度和犍陀罗的外域服饰造型，其文化根源有希腊文化的元素。实际上我国少年儿童所戴的虎头帽蕴含着华夏、印度、希腊三种古老文明的交融点，小小的虎头帽有着悠久的历史和非常独特的人文背景。

虎头鞋、虎头帽千姿百态，颜色各异，它们一般采用布或者绸子做面料，颜色大多是红、黄、蓝、黑，并且用黑白金银线点缀出老虎的五官，突出其粗眉毛、大眼睛、短鼻子、大嘴巴和竖耳朵这些面部特征。虎在中国传统文化中扮演了十分重要的角色，在原始文化中，虎就作为一种图腾形象存在。在濮阳发现的新石器文化遗址中，就有虎的造型。现在在全国各地的民风民俗中仍然保留着虎的这种形象，老虎的形象无处不在。有史以来，虎就承载着人们对美好生活的精神寄托，而虎头鞋、虎头帽、虎头枕更浓缩了这些美好祝愿。中国人崇尚虎，是因为虎代表了威猛阳刚。我们平常说虎是百兽之王，虎虎有生气，实际上都体现了中国人的这种观念。因此人们也认为出生于虎年的人在性格上具有勇敢乐观的特点，他们也以生命中有这样一个吉祥物而感到自豪。长辈们更是希望自己的儿孙长得虎头虎脑，虎背熊腰，于是就引虎自卫，模拟虎的造型，让孩子们穿上虎头鞋，戴上虎头帽，睡在老虎枕上。

关于虎头帽、虎头鞋，还有民间的传言：以前的医疗条件差，小孩经常夭折，为利用以虎辟邪的传说，农民就创造性地在服饰上加以运用，把老虎的形象和穿戴联系在了一起，主要是为了借虎生威，保佑健康，于是，小孩穿上虎头鞋，戴上虎头帽，生龙活虎，威风凛凛，似乎百病不生了。虎头帽上老虎的形象十分祥和，传递了一种人与大自然和谐相处的精神，同时还可培养小孩子勇敢的性格。有一首童谣这样唱道："穿上虎头鞋，戴上虎头帽，跑得快、跳得高，健康吉祥不跌跤。"虎头鞋、虎头帽是幼童一岁左右所穿戴的。此时的儿童跃跃欲试，想要走路，但又离不开大人的搀扶。这时父母给孩子穿双虎头鞋，有利于孩子脚踏实地地学走路。虎头鞋、虎头帽的制作工艺属于刺绣，在我国民间被称为"女红"，勤劳智慧的妇女们将自己美好的情感倾注于穿针引线的缝制之中，风格或细腻纤秀、淡洁清雅，或粗犷豪放、色彩鲜明，创造出了无数动人心弦的作品。有的民间工艺已经被淹没于历史的烟尘之中了，虎头鞋、虎头帽凭着其顽强的生命力，还流传于民间，可是，能做出这种民间工艺的艺人已经不多了。河南省柘城县老王集乡西街村是商丘市缝制虎头鞋、虎头帽最出名的地方，但是，现在也只有十几户上年纪的老人会做了。老人们说，要制作虎头鞋、虎头帽，工序非常烦琐复杂，要经过剪、贴、插、刺、缝等几十道工序才能完成。有一种流传的民谣：“摸摸虎头，吃喝不愁；摸摸虎嘴，驱邪避鬼；摸摸虎身，步步高升；摸摸虎背，荣华富贵；摸摸虎尾，十全十美”等。小孩穿戴上虎头鞋、虎头帽，非常美观，看上去更显得生龙活虎。人们普遍认为这是孩子的一种护身符，同时也体现了人们对安宁和谐的幸福生活的渴望。

（2）灵宝民间刺绣。

灵宝民间刺绣历经数代人的传承，并不断发展创新，逐渐形成了独特的地方风格。灵宝的民间刺绣多属生活实用型。凡日常生活用品和衣帽服装（以妇女、儿童为主），都加以刺绣装饰。如衣服的袖口、衣领、裙边、围裙、窗帘、被面、帐沿、幼儿兜肚、童帽、手帕、袜底等，这些物品都被各种不同寓意的吉祥纹样所装饰，表现出妇女对亲人的祝福和对美好生活的向往。灵宝民间刺绣的图案纹样，一般多采用喜庆、吉利的象征，或是通过字词的谐音表达对生活的美好祝愿，它融合了群众的欣赏习惯，渗透着豫西地区的民间风情。如莲生贵子、喜鹊登梅、麒麟送子、鸳鸯戏水、并蒂莲花、鲤鱼穿莲、百鸟朝凤、狮滚绣球、凤戏牡丹等。

灵宝也是戏曲艺术之乡，各种民间戏曲如“道情”“河南梆子”“皮影戏”等，深受当地群众的喜爱。因此，民间戏曲、皮影艺术中的故事情节、服装、色彩和人物造型，都被直接或间接地移植到民间绣品中。最突出的内容是爱情故事，如“拾玉镯”“柜中缘”“梁山伯与祝英台”等，均被姑娘们精心绣制在荷包、枕头顶、门帘、帐沿、被面、床单上。绣出的男女人物，形象朴实纯真，色彩艳丽明快，寄托着姑娘们对爱情生活、美满婚姻的期许。妇女给子女绣制的童帽、兜肚、布老虎、香布袋等，更是倾注了全部的母爱。与民俗文化息息相关，密不可分。在灵宝，根据不同的节令和时尚，妇女们针对婚姻爱情和子女健康这两件大事，绣制出具有不同内涵、不同内容的绣品和玩具。姑娘出嫁是大喜临门，因此必须是“蓝缎鞋、绣红花，过了门就当家”。新郎、新娘的新房必须布置得红火、喜庆——“鸳鸯枕、龙凤帐，红绸子门帘绣凤凰”。新娘子的嫁衣更是一件精美的艺术品，有民谣为证：“王小姣做新娘，赶绣嫁衣忙又忙。一更绣完前大襟，牡丹富贵开胸膛；二更绣完裱四角，彩云朵朵飘四方；三更绣完罗衫边，喜鹊登梅送吉祥；四更绣完并蒂莲，夫妻恩爱喜洋洋；五更绣完龙戏凤，比翼双飞是鸳鸯。”妇女生育后“待九天”也非常隆重。姥姥家要送虎头鞋、虎头帽、绣花兜肚、相公帽（都离不开刺绣）。五月“端阳节”是汉民族的重要节日。民谣说：“五月端阳太阳红，做个香袋驱毒虫。”灵宝农村家家户户的姑娘、媳妇和巧手婆婆一齐动手，绣出各式各样的“香布袋”，例如“八仙”“十二生肖”“孙悟空”“搬脚娃”“抱桃娃”“鸡心”“寿桃”“佛手”“蝴蝶”等。香袋里装满苍术、白芷等芳香药材，既能驱除蚊蝇毒虫，又香气袭人。姑娘精心绣制是为了送给情人，作为爱情的信物。母亲精心绣制，则是为了保佑子女平安、健康。

灵宝民间刺绣完整地保留、继承了刺绣的传统技法。灵宝民间刺绣代表性的针法包括拉锁子、辫子绣和打子绣。除此以外，经常使用的针法还有包针绣、纳纱绣、平针、盘金、补绣等。其中特别引人注目的是绷花和补绣技法。绷花，以针引单线，寥寥数针呈放射状，绣出生动的花朵，虽属辅助技法，却在绣品中起画龙点睛的作用。这种针法一般多用在布制玩具上，如在威严的虎的额头上和两肋处各绷一朵小花，使凶猛的虎露出几分憨态，形象十分逗人喜爱。补绣，在绣品中运用得更为广泛，其特点是能使绣出的物品产生浮雕的效果。补绣又细分为以下几种类型：填补绣，其手法类似“叠绣”，是采用布、绸或其他材料剪成所需要的图案，以棉花填入底料中，再用针将图案花边周围锁边绣牢，从而使图案纹样凸起，呈现立体的效果。这类手法多见于儿童兜肚、枕头顶、童帽上。挖补绣，技法较为复杂，通常以白色为底，再以黑、青色布剪成所需纹样，用刀刻去图案不需要的部位，并在镂空处衬以鲜艳的各种布料，这种挖补绣法可以在黑色纹样中衬托出色彩鲜艳的图案，对比强烈、明快，这种绣法多使用在绣制鞋垫、袜底等生活用品中。留边叠绣，此种绣法技法繁杂。其手法是先将剪好的原样一片一片地用布包贴起来，再拼贴到底料上（底料色彩仍以黑青为主），用各色彩线由图案中心向外用平针绣实，绣制时，在纹样的边沿均匀地留出一条细线，白色的轮廓衬托在色彩缤纷的图案底料上显得十分别致。

（3）汴绣。

汴绣，古称宋绣，距今已有800多年的历史。据《东京梦华录》记载，早在北宋时期，开封就设有“文绣院”，聚集了300名绣工，都是从民间选拔的刺绣高手，专为帝王嫔妃及达官显贵绣制衣服及其他装饰品，被誉为“宫廷绣”“皇绣”，包括绣画、绣额、珠帘、绣伞、绣毯以及皇室用的御袍、龙旗等，绣品工艺精细、生动逼真。当时民间刺绣同样盛行，大相国寺东门外的“绣巷”便是绣姑聚居劳作之处，相国寺是当时开封最大的绣品交易市场，“近佛殿占两廊皆绣姑卖绣作”。可见宋绣在当时已发展到相当水平，据明代屠龙《画笺》所载：“宋之闺绣画……女红之巧，十指春风，迴不可及。”汴绣多以人物风景见长，色彩明快奔放，而且在透视上常采用夸张的手法，且层次错落有致，跨度较大，其针法细腻，构图新颖，在明暗接续上有自己的独到之处。新中国成立初期，汴绣针法仅有十几种，到了1958年，针法已发展为二十几种，到了1982年总结出新老针法36种。进入20世纪90年代，汴绣的针法为了更好地适应时代的发展，不断地创新研究，使汴绣在竞争中标新立异。汴绣从服饰绣品发展到与书画结合，包括书法、山水、花鸟、楼阁、人物等题材。新中国成立后，汴绣继承了宋代闺绣画的优秀传统，尤其善于绣制古代名作和历史长卷。当代还出现了多位汴绣工艺美术大师，如其中的代表人物王素花，她自幼酷爱刺绣艺术，针来线往地和汴绣打了一辈子交道。1959年，开封汴绣社接到创作一幅张择端的《清明上河图》长卷刺绣的任务，代表河南省向国庆十周年献礼。当一幅构图复杂的白描长卷送到大家面前时，不少人傻了眼，王素花却硬是将这一项任务揽到了自己身上。“完不成任务，不进家门”，王素花说罢卷起铺盖住进工厂。通过近四个月的努力，王素花率领姐妹克服重重困难，一针一线地绣出了世界上第一幅“汴绣版”《清明上河图》，这幅精美的绣品随即被送往北京。在绣制这幅作品的过程中，王素花通过大量的走访，不断挖掘汴绣的历史技艺，并在此基础上继承和创新了十几种汴绣针法，使绣卷充分表现出汴绣古朴典雅、层次分明、生动逼真、立体感强的风格。1959年10月1日，王素花应邀出席了国庆观礼，受到毛泽东、刘少奇、周恩来、朱德等党和国家领导人的亲切接见。此时的王素花流下了激动的泪水，从此她的人生便和汴绣绑在了一起，甚至有人说“汴绣因王素花而辉煌”。由于王素花在汴绣艺术传承和创新发展方面取得了巨大成就，1995 年被联合国教科文组织、中国民协联合授予“中国民间工艺美术家”称号；2003 年荣获“河南省工艺美术大师”称号；2005 年获得中国工艺美术最高荣誉——“中国工艺美术终身成就奖”；2007 年被授予“中国民间文化杰出传承人”荣誉称号；2009 年又被国务院命名为“中国非物质文化遗产（汴绣）代表性传承人”。

中国饮食历史和特点

中华饮食源远流长，古人云：“王者以民为天，而民以食为天。”远古时期人们茹毛饮血，以此满足每日温饱，那时还没有什么饮食文化可言。随着火的发明，先民的饮食技术有了初步的变化，孙中山先生这样评价中国的饮食文化：“烹调之术本于文明而生，非深厚乎文明之种族，则辨味不精，辨味不精则烹调之术不妙。中国烹调之妙，亦足表明进化之深也。”离开了火，食物只能生吃。而认识火的功能及用火熟食是人区别于动物的分水岭，是野蛮与文明的分界线。燧人氏的出现，掀开了人类文明进程的篇章。历史典籍中对此多有阐述，《韩非子·五蠹》记载：“上古之世，人民少而禽兽众，人民不胜禽兽虫蛇……民食果蓏蚌蛤，腥臊恶臭而伤害腹胃，民多疾病。有圣人作，钻燧取火以化腥臊，而民说之，使王天下，号之曰燧人氏。”东晋王嘉的《拾遗记》中有云：“燧明国不识四时昼夜，有火树名燧木，屈盘万顷。后世有圣人，游日月之外，至于其国，息此树下，有鸟若鸮，啄树则灿然火出。圣人感焉，因用小枝钻火，号燧人。”三国谯周所作的《古史考》也云：“太古之初，人吮露精，食草木实，山居则食鸟兽，衣其羽皮，近水则食鱼鳖蚌蛤，未有火化，腥臊多，害肠胃。于使（是）有圣人出，以火德王，造作钻燧出火，教人熟食，铸金作刃，民人大悦，号曰燧人。”“三皇五帝”对于教化民众、引导文明起到了重要作用，他们单单在饮食文化发展上的贡献，就有很多。如伏羲氏结网罟以教佃渔，养牺牲以充庖厨。神农氏“耕而陶”，不仅发明了农耕器具，教民稼穑，引领人类进入农耕文明时代，还研发出诸多炊具和容器。如鼎是最早的炊具之一，也就是今天的锅，因为当时没有锅灶，神农氏发明的鼎有支脚。此外还有鬲，其爪是空心的，而鬶用于煮酒。其他的陶具也为制作发酵性食品提供了可能，如酒、醢、醯（醋）、酪、酢、醴等。黄帝是华夏民族公认的始祖。他发明了诸如蚕桑、中药、舟车、宫室、文字等，中国饮食文明的历史，在这一时期也有了新的发展。《古史考》中说，“黄帝始蒸谷为饭，烹谷为粥”，即改灶坑为炉灶，这样可以集中火力，大大地节省燃料，使食物速熟。《古史考》中还说“黄帝作釜甑”，是按照蒸汽加热的原理制造出的一种最早的蒸锅——陶甑。《说文》中称：“甑，甗也。”这个陶甑底部有许多透蒸汽的孔格，置于鬲上蒸煮食物。有了陶甑，就可以蒸饭煮粥了，饭和粥是蒸煮熟了的谷物食品，从此也就有了“吃饭”一词。古籍《大戴礼记》中说的“稷食菜羹”，就是指稷食（主食）加菜汤（副食）组成的一餐饭。黄帝时期的“蒸谷为饭”，以饭食为主，给中华民族的饮食结构带来新变化，而这种饮食结构从五千年前一直延续到现在。《史记·五帝本纪》中说道：黄帝“艺五种，抚万民”。黄帝倡导的“艺五种”，就是刀耕火种，广种黍、稷、菽、麦、稻五种谷物，而其躬行的“抚万民”，首先是关心民食，解决人们的吃饭问题。所以，《淮南子》便有了这样的说法：“黄帝作灶，死为灶神。”我国人民饮食结构的最大特色是以谷物为主食，其他肉类、蔬菜、瓜果为副食。中国最早的蔬菜瓜果摄食，可以在《诗经》等古籍中窥见端倪，当时蔬菜以野生为主。早在商周时代，就有了用于种植的菜圃，《论语》记载，人们向孔子请教种菜的知识，孔子说，“吾不如老圃”，足以证明当时有专业的园丁。据考证，西周时期，宫廷设有专门管理种菜的机构，专职官员称为“场师”，由此可见种植蔬菜的技术情况和规模。《诗经》提到了 132 种植物，其中作为蔬菜的有 20 余种，先秦时期的先民主要食用的蔬菜有 10 余种。如，葍在《诗经·小雅·我行其野》中有“我行其野，言采其葍”之说。古人郭璞认为，“葍大叶白花，根如指，正白可啖”，即开白花的小萝卜。最初为野生，后代才驯化。先秦以后，我国蔬菜的种植和食用就更加广泛，除了本土品种的发现培育，还从国外引进种植许多新品种。苏东坡有诗云：“渐觉东风料峭寒，青蒿黄韭试春盘。”可见，至少在宋代，人们在春天也可以吃到新鲜的蔬菜了。

陶器的出现也是生活中的一件大事，陶器作为容器，既不漏水，又耐温耐酸，有助于食物发生化学变化，使酱、醋、酒等发酵业的诞生发展成为可能。相传帝尧定都平阳（今清徐县尧城村）后，采摘瑞草“蓂荚”以酿苦酒，这就是中国最早的醋。中国的醋，古时称作“醯”，其制作技术早在4000年前便已出现。中国制醋最兴盛的时代在唐朝以后，当时，山西清徐和江苏镇江是中国一南一北的两大著名醋都。

酿酒早在夏朝或更早就存在了。夏朝距今约四千年，而目前已在山东莒县出土距今五千多年的酿酒器具，这表明，我国酿酒历史至少有五千年之久。晋人江统在《酒诰》中指出：“酒之所兴，肇自上皇，或云仪狄，一曰杜康。”他认为，“有饭不尽，委余空桑，郁积成味，久蓄气芳”，这才是粮食酒的起源。

餐具方面，相继出现了陶器、瓷器、刀具、箸（筷子）等。孔子有“食不厌精，脍不厌细”之说。中国饮食讲究刀功，这与古代最早的烹饪法“脍”和“炙”有关。所谓“脍”，就是生切鱼片。汉代桓彬的《七设》描述当时厨师的技艺：“三牲之供，鲤鲂之脍，飞刀徽整，叠似蚋羽。”唐代专论刀工的《砍脍书》中有“小晃白”“大晃白”“舞梨花”“柳叶缕”“对翻蛱蝶”“千丈线”等名词，大都用来形容快刀运势与所切肉菜细薄。

古人在饮食文化上讲究很深，虽然先秦时期就出现了饮食典籍，但留存于世的善本，几乎寥若晨星。如《古食谱》以及元代重要的饮食典籍《饮膳正要》，以《饮膳正要》为代表，集食疗理论之大成，是宫廷饮食理论的典章。但流传于世的饮食典籍也有相当一部分，如唐代诗人韦巨源编纂的《烧尾宴食单》、北宋高僧赞宁写有《笋谱》、清代李化楠的《醒园录》、清代大诗人袁枚的《随园食单》以及清朝著名中医王世雄的《随息居饮食谱》等。明代的食书很多，当以《宋氏养生部》和《饮馔服食笺》为优秀代表，这是以民间饮食为主，官民兼有的饮食集锦。专论饮食的文章和诗歌更是比比皆是。孔子在《论语·乡党》中提出：“食饐而餲，鱼馁而肉败，不食。色恶，不食。臭恶，不食。失饪，不食。不时，不食。割不正，不食。不得其酱，不食。肉虽多，不使胜食气。唯酒无量，不及乱。沽酒市脯，不食。”北魏贾思勰著《齐民要术》，全面系统地论述了饮食生产的全过程。苏东坡善饮食，写有《老饕赋》《菜羹赋》《猪肉颂》《东坡酒经》等诗文，他特别喜欢猪肉的各种做法，有“东坡肉”一品留之，并有“慢着火，少着水，火候足时它自美”

的烹饪方法。清代文人沈复在其《浮生六记》中提到："余爱小饮，不喜多菜。芸为置一梅花盒，用二寸白磁深碟六只，中置一只，外置五只，用灰漆就，其形如梅花，底盖均起凹楞，盖之上有柄如花蒂。置之案头，如一朵墨梅覆桌；启盖视之，如菜装于花瓣中。一盒六色，二三知己可以随意取食，食完再添。另做矮边圆盘一只，以便放杯箸酒壶之类，随处可摆，移掇亦便，即食物省俭之一端也。"南宋文学家陆游是素食主义者，每日喜欢食粥，认为食粥良益多多，特别助于健康长寿，他在《食粥》一诗中道出个中餐饭主张："世人个个学长年，不悟长年在目前，我得宛丘平易法，只将食粥致神仙。"

中国饮食文化的诸多特征，体现在饮食文化之上，直接影响着中国饮食文化的发展。首先，因为人口压力以及其他多种原因的存在，所以中国人的饮食从先秦开始，就以谷物为主，肉少粮多，辅以菜蔬，这就是典型的饭菜结构。其中饭是主食，而菜则是为了下饭，即助饭下咽。为什么要助饭下咽呢？那是因为主食并不可口，必须有一种物质来辅助它使人们能够吃下去。虽然菜的功能和盐的功能有共同点，但是菜不等同于盐。这样促使中国人烹饪的首要目的是装点饮食，使不可口的食物变得精妙绝伦。其次，由于中国手工业的发达，烹饪饮食的加工技术在世界上首屈一指。所有这些，使中国饮食文化具有如下特征：其一，中国烹饪技术发达，许多西方人看来不可食的物品，经过中国厨师的劳作，变得使人一见而食欲顿开；其二，中国人的食谱广泛，举凡能够食者皆食，毫无禁忌；其三，中国救荒的著述特别多，以备饥荒之年以野菜充饥之用；其四，中国人将食的追求作为人生至乐，吃饭成为第一要求。

早在春秋战国时期，中国传统饮食文化中南北菜肴风味就表现出差异。到唐宋时期，南食、北食各自形成较为系统的体系。发展到清代初期时，鲁菜、粤菜、淮扬菜、川菜成为当时最有影响力的地方菜，被称作"四大菜系"。到清末时，浙菜、闽菜、湘菜、徽菜四大新的地方菜系分化形成，共同构成中国传统饮食的"八大菜系"。除"八大菜系"外，还有一些在中国较有影响的菜系，如东北菜、冀菜、豫菜、鄂菜、本帮菜、客家菜、赣菜、京菜、清真菜等。饮食文化是中国传统文化的重要组成部分，它不仅仅包括与西餐迥异的难以尽数的古今菜谱与食单，还包括中国人的饮食品类、烹调手法、饮食方式、礼俗、中医营养摄生学说和饮食审美风尚等，都有自己的独到之处。正如孙中山先生所说："单就饮食一道论之，中国之习尚，当超乎各国之上。"中华饮食文化可谓博大精深、源远流长，中国在世界上享有"烹饪王国"之美誉。其中，"四大菜系"主要是以我国四个大的经济文化交流中心为基础形成的。因为这四个中心饮食资源丰富，这是促进饮食文化发展的必要前提。发展至当今时代，饮食文化已经发展成为与文学、政治、艺术、养生、宗教、科学、美学、哲学密不可分的文化分支。

在饮食文化发展过程中，与之密切相关的是农业开发、生态变迁、文化交流和现代科学技术的发展。饮食文化是一个重要的命题，是文化史的基石，与物质文化、精神文化的关系密切。人类文明，源于饮食。饮食是社会生活的基础和核心，它影响着社会生活的方方面面，不仅因为人类必须解决饮食这个首要问题，才能谈社会生活的其他方面；还因为一个时代、一个地域的人们的饮食生活，对于其社会生活的各个方面均发生着深刻的影响，而且相互间有着密切的互动关系，举凡社会的礼仪、风俗、节日、庆典、婚丧嫁娶等，莫不以饮食作为重要的载体或表现形式，所以它和政治也有着十分密切的关系。它不仅关系到百姓一日三餐的生活用度，也关系到社会的稳定发展，譬如早在汉初统治集团总结治乱兴亡的历史经验教训时，就已经认识到在饮食上过度追求"煎熬焚炙，调齐和之适，以穷荆、吴甘酸之变"，穷极滋味，以事口腹之欲，不仅伤身，而且"足以亡天下"，这应当引起更多人对饮食的深度思考。

中原饮食

说到中原饮食，不能不先从客家的饮食文化说起。有人说客家的饮食文化是中原先民饮食文化的活化石。客家人是中原一带南下的移民，由于种种历史原因，迁至岭南的粤北、粤东北山区居住后，"反客为主"，把中原的语言与饮食习惯较完整地保留了下来。宋末元初，客家先民迁徙到更远的广东东北部，定居在赣闽粤交界处的三江流域（赣江、汀江、梅江）。在这片广阔的土地上，客家人找到了他们梦寐以求的桃花源，人们张口就说客家话，中原风俗在此盛行。因为有着共同的遭遇和背景，客家民系在这片土地上落地生根，并且慢慢孕育成熟，饮食文化与风俗习惯也得到传承与发展。

随着一代又一代厨师的创造和改良，客家菜逐渐形成浓郁的地方特色。它可以简略地概括为善制野味、讲究火候、醇厚香浓、朴素实在、注重养生。客家菜选料广泛，注重地方特产原料的使用，在众多的热菜中，大多以当地山珍野菜为原料，而且在制作野味方面有很多独到之处，积累了丰富的经验。客家菜十分讲究火候，擅长炖、煮、煲、酿、烤、焖、烧、盐焗、瓦罐煨等烹饪方式，在菜肴的烹制中做到了嫩而不生、香而不老、烂而不柴、外酥里嫩，火候的运用可以说到了炉火纯青的地步。醇厚香浓是客家菜主要风味特色，也是客家菜的主流，如梅菜扣肉、红焖肉、客家扒鸭、糯米酥鸡、三杯鸡等。客家菜在饮食市场上，总体来说属于价廉物美、量大实惠的风味菜。同时，客家菜的传统品种制作一般很少装饰雕琢，给人以朴素无华的美感。

客家族群长期在迁徙中漂泊，对吃虽不十分讲究，但始终延续中原饮食习惯。客家名菜“酿豆腐”就是客家人运用智慧，在特定的环境中创造出的美味食品。在中原地区，饺子作为贺岁食品，千百年来，深受人们喜爱，相传成俗，流传至今。新春佳节吃饺子，寓意吉祥，以示辞旧迎新。客家人南迁广东后，以大米为主食，缺少面粉，要保持这一习俗就很困难。于是，客家先民因地制宜，就地取材，用旱地种植较多的黄豆磨制成豆腐，以猪肉和蔬菜等混合制馅料，以豆腐作面皮，把豆腐切成长方形、对角形两块，用筷子在豆腐中间挖个小洞，再把肉馅嵌入洞中，即形成“酿豆腐”，然后再蒸熟，以此代替饺子。此习俗慢慢流传开来，经客家厨师的演绎，成为久负盛名的客家菜肴。

客家名菜“盐焗鸡”，与客家人的长期迁徙生活密切相关。在南迁过程中，由于生活不稳定，或受异族侵扰，或受战争所逼，客家人经常处于流离失所的艰苦困境。在短暂居住过程中，每家每户都饲养有家禽、家畜。在迁徙过程中，活禽不易携带，便将其宰杀，放入调味必需品盐堆中，以便携带、贮存。在到达目的地相对稳定下来后，就将这些携带过来的食品加以烹制，既能缓解原料的匮乏，又可滋补身体。起初，客家人将宰净的鸡先用盐腌制、封存；食用时，直接蒸熟即可，也就是现在的“客鸡”“盐焗鸡”。客家饮食保留了大量的中州古味，是古代饮食文化的“活化石”，中原情结是客家饮食的根基源泉。除了日常饮食习惯，客家人的习俗也与中原地区一脉相承。比如客家人祭灶神、吃汤圆、吃饺子的习俗均源于中原。

河南省位于黄河中下游，邻河北、山东、安徽、湖北、陕西、山西等省。因其大部分地区在黄河以南，故称为河南，简称豫。这里古称豫州，因地处九州之中，又称“中州”“中原”。河南具有悠久的文化历史。远古时期，中华民族的祖先就在这块土地上繁衍生息，创造了灿烂的古文化，如著名的“裴李岗文化”“仰韶文化”和“龙山文化”显示了新石器时代晚期的繁荣景象。

在漫长的历史进程中，中原地区亦是群雄角逐的战场。这里有“九朝古都”洛阳、“八朝古都”开封和“七朝古都”安阳等文化历史名城。北宋是中国烹饪文化全面发展的鼎盛时期。北宋结束了五代十国的割据，是继秦始皇统一中国后，又一次建立了中央集权的朝代，推动了生产空前发展，垦田 542 万顷，合 5 亿余亩，比唐朝耕地扩大一倍，冶炼点 271 处，比唐朝的 168 处增加了 103 处。由于生产的发展，城市人口猛增，全国 10 万户以上的大中城市由唐朝的 10 多个发展到 40 多个，苏州、江宁、成都、广州、太原、大名、福州等都是北宋时期发展起来的大城市。北宋经济发达、文化昌盛，科学技术处于世界领先水平。宋词与唐诗一样为后世所推崇；书法、绘画、曲艺、杂技都有较高的造诣；领先于世界的四大发明，有三项产生于宋代。

北宋京都开封人口在 100 万人以上，被誉为“水陆一都会”，是当时世界上首屈一指的大城市。

随着商品经济的发展，开封率先打破了汉唐以来市坊制的束缚，走向了开放的街道店铺制度，可谓市场经济之始，开创了国内、国际贸易的新纪元。京都开封按业组行，计 160 行，入行商户 6400 多户，年纳税 50 万贯，居全国之首。京都界身巷金银彩帛交易动辄千万。“铜币不敷，铁币不便”，宋室不得不发行屡禁不止的“交子”，成为世界上最早使用纸币的国家，促进了京城的繁荣，“店铺栉比，货物山积，南船北马，云集京师”，“系天下富贾大商所聚之处”。因此，饮食服务业出现了“集天下之珍奇，皆归市易”“会寰区之异味，悉在庖厨”的繁荣景象。其饮食店铺之多，数不胜数，“在京正店七十二户”，规模之大能容千人，常有百十“小阁子动使”，皆自酿名酒。经营品种仅有据可考的便有1000余种，烹调技法可识别的有50余种，出现了爆、熘、葱泼、托、兜、签等新技法，还有大量的复合技法及古老技法的创新应用，如炙又分旋炙、蜜炙、淘炙，蒸又分排蒸、宿蒸等。由于烹饪技艺的长足发展，出现了具有划时代意义的“烹调”一词，结束了烹饪“煮蒸”主宰“料理”的历史；赋予烹饪“爆炒”的新含义，取代了唐以来使用的“料理”一词。面食始见分类，出现了包子、角子、扯面、元宵、糕点等新食品、类食品之名，结束了汉唐以来汤饼、馄饨、蒸饼互称混用的局面。由此证明：宋代的烹饪技艺超越了唐朝以前的历代，烹饪技法至今未被超越。

金入主汴京后，中国的政治中心也随之南迁北移，开封的烹饪技艺也随之南下北上，形成了中国烹饪历史上的一次大规模交流，促进了中国饮食文化的大发展，尤以杭州、南京、福建、广州、北京为最，对中国饮食文化产生了深远影响。元明以来，北方兄弟民族不断迁居中原，促进了民族文化的相互融合。但在饮食习俗方面，仍保留着因农耕经济而形成的特征。河南曾长期为全国的政治、经济、文化中心，加上交通的便利，致使在饮食习俗的某些方面“南味”和“北味”相互融合。河南菜属于北方菜系，但其有自己独特的豫菜特征。河南的菜肴重实用、丰富，不重花样，素油低盐，调味适中。一般认为河南菜以开封菜和鹿邑菜为代表。前者以鱼肴、鸡肴和鸡汤为佳品，后者则以烹制的各种山珍著称。河南菜中的糖醋熘鲤鱼焙面、套四禽、玉珠双珍、芙蓉海参、清汤荷花莲蓬鸡等，都是远近闻名的佳肴。中州名膳糖醋熘鲤鱼焙面是糖醋熘鲤鱼和焙面两种菜肴的合称，简称鲤鱼焙面，这是开封宴席上一道常见的名菜。相传这道菜原是宋朝皇宫御膳，仅用于举办大型喜庆宴席或招待外国使节。

水席燕菜是古都洛阳最著名的宴席菜（图4-1）。“水席”以有二十四道带汤菜而得名。“燕菜”则系用萝卜等为原料做成的一道具有燕窝菜风味的美馔。河南菜中包括一部分市肆菜和民间菜，这些菜肴更接近群众的生活。河南农村普遍流行大锅熬菜，口味以咸、辣为主。因属农耕地区，日常主食自然以面食为主，辅以米饭。全省各地汉族的饮食习俗差异不大，蒙古族、满族等民族的饮食习俗已基本汉

图 4–1　洛阳水席

化。河南回族的人口较多，居住也相对集中，饮食风俗，特别是在肉食的选择上，仍保留本民族独特习俗。

中原饮食文化对全国，尤其是对江浙和潮汕一带产生过重大影响。西晋末年，中原士族大批南迁，对开发江南起了很大作用。北宋时期中原饮食对契丹和党项族都产生了重要影响，契丹的节日众多，其中正旦、立春、人日、中和、上巳、佛诞日、端午、中元、重九、冬至、腊日等多从中原传入，其节日食俗也多是对中原汉族传统风俗的承袭与借鉴，如人日时，“京都人食煎饼于庭中，俗云‘薰天’”；端午时，“蕃汉臣僚各赐艾衣三事，国主及臣僚饮宴，渤海厨子进艾糕，各点大黄汤下”；重阳时，要登高宴饮，饮菊花酒、茱萸酒。西夏在医药与饮食的关系上，吸收了中原地区的相关饮食文化。

北宋灭亡后，都城东京（今开封）大批市民迁往临安（今杭州），各行百业，各色人等，聚集往之，其中就有大批厨师，今日浙江菜的风格特点，便受其影响。

现今杭州的不少风味小吃，也是传承自汴梁独特的小吃。可以说，河南菜在历史上具有举足轻重的地位。胡饼传到中原以后，逐渐演变为大饼、烤饼、烧饼、锅盔、火烧等种类，成为人们日常的主食；还有饆饠，亦写作“毕罗”，此词来自波斯，是一种包有馅心的面制点心。与此同时，中原地区的面食制作方法也通过丝绸之路不断传入西域地区。如饺子的制作源于汉代中原地区，三国魏人张揖的《广雅》记载：“今之馄饨，形同偃月，天下之通食也。”这种偃月形即饺子的形状，后世学者据此认为馄饨即饺子。1959 年吐鲁番唐墓出土的饺子，原料为小麦面，形如偃月，与史书记载的颇为相同。另外，在墓中还出土了小麦面皮包好的馄饨，形似耳朵，这是一种用很薄的面皮包馅制成并煮熟连汤吃的食品。饺子和馄饨在吐鲁番唐墓中的出土，说明中原的烹饪文化已经传入西域。

如今，中原饮食对全国各地区饮食文化的影响从以下几个实例可以看出：

沙县小吃是中原饮食文化的传承。中原地区的饮食文化传播到沙县，自然同中原人民历史上的多次南迁有关。根据族谱调查，沙县境内的各姓居民无一不是中原各省（河南、河北、山西、安徽）的后裔。分布极广的各地汉族人迁居沙县，使沙县成为中国传统饮食文化的汇集地。沙县小吃种类繁多，其中以有着“四大金刚”之称的拌面、扁肉（馄饨）、蒸饺和炖罐最具代表性。

真正的兰州清汤牛肉拉面是由河南省怀庆府（今博爱县）的一种“清化小车牛肉老汤面”演变而成的，煮牛肉时放凉后形成肉冻的胶状物，也就是老汤，是小车牛肉里最入味儿的，鲜美无比，此汤乃是制作牛肉面的上品。兰州的牛肉面始于清朝嘉庆年间（1796—1820 年），由东乡族马六七从河南省怀庆府清化陈维精处学成并引入兰州，后人陈和声、马宝仔等人以“一清（汤）二白（萝卜）三绿（香菜蒜苗）四红（辣子）五黄（面条黄亮）”统一了兰州牛肉面的标准。

云南省纳西族待客的盛宴——三叠水，就是融合了中原餐饮文化的重要元素而形成的。三叠水是历史上纳西族土司及大户人家招待贵客或是在重大节庆活动时举行的宴席，因其程式复杂如高山多叠瀑布，一叠叠涌来给人以应接不暇的感觉，故取名三叠水。三叠水荟萃了纳西族饮食文化，并融合了丰富的中原饮食文化精髓，被誉为纳西人的“满汉全席”。三叠水分为三个阶段：“第一叠”主要为茶水和甜点，如木瓜蜜饯、辣子蜜饯、胡萝卜蜜饯、丁菊蜜饯、苹果蜜饯、香橼蜜饯、黄果蜜饯、雪桃蜜饯、姜蜜饯、红瓜子、蜂蜜糕、纳西小红饼、丽江粑粑（咸、甜）、水酥饼等；“第二叠”主要是酒水和下酒菜，如纳西火腿、五子登科、纳西米灌肠、金丝螃蟹、炸香椿、玉湖鸡蛋、煎鸡豆凉粉、牦牛干巴、油酥拉市小鱼、炸韭菜根等；“第三叠”主要是汤水和热菜，如“笑脸相迎”、纳西铜火锅、纳西大红肉、黑松露炖土鸡、马帮菜等。

宋代包子是在唐代笼饼的基础上产生的。在宋代出现了一种叫馂馅的面食，其形状与馒头相似，馅有素菜馅和肉馅两种，这就是现代“菜包子”和“肉包子”的原型。“包子”一词在宋代已经出现，当时被称为“包儿”，吴自牧在《梦粱录》中提到“荤素从食店”条时，即有“细馅大包子”和“笋肉包儿”等各种包子的记载。习近平总书记吃过的北京庆丰包子就起源于宋代，传播至北京形成了现代特色的包子类型。

那么，中原地区的饮食究竟有什么特点呢?

中国唐代之前的餐饮尚不成熟，比较粗糙简单。宋代进化到一个崭新的阶段。餐饮美食也在这时得到了迅速的发展，逐渐形成中国最古老的一种菜系——豫菜，其是中国八大名菜的母菜，豫菜始于夏商，到北宋时，已形成具有独特风味的重要菜系。豫菜形成了色、香、味、形、器五性俱佳的完整体系。它包罗万象，风味优异，主要有宫廷菜、官府菜、市肆菜、民间菜、寺庵菜和名士菜等。欧阳修在诗中说，在宋统一中原以前，“于时北州人，饮食陋莫加。鸡豚为异味，贵贱无等差”。自“天下为一家”后，“南产错交广，西珍富邛巴，水载每连舳，陆输动盈车。溪潜细毛发，海怪雄须牙。岂惟贵公侯，闾巷饱鱼虾”。北宋的开封和南宋的杭州成为渐成体系的中国餐饮文化的兴盛之地。

中原地区基本以面食为主，样式多种多样，比如，蒸制的枣馍、锅盔，油炸的菜角、馓子，包馅的水饺、肉盒，还有各类汤面、拌面、凉皮等。豫菜历史悠久，花样繁多，其在选料、刀工、配菜上形成了独特传统，突出特点是用汤讲究，烹调方法多样，用材涉及河南各地特产，口味咸甜适宜。面食代表有：合记（萧记）羊肉烩面、杨记（清芳）牛肉拉面、蔡记馄饨、南阳臊子面、开封灌汤包子、开封五香拉面、通许手擀面、尉氏烩面等，豫菜代表菜除有整体菜洛阳水席外，另有鲤鱼焙面、道口烧鸡、桶子鸡、江米甜酒、桂花小汤圆、酱牛肉、五香牛肉、杏仁茶、八宝玫瑰糕、羊肉胡辣汤、炒凉粉、花生糕、绿豆糕、花生片、芝麻片、大烩菜、三不粘，以及河南回民擅长制作的八大碗、肉片连汤等。豫菜的显著特点在于其作为中原烹饪文明的代表，因地处九州之中，也就一直秉承着中国烹饪的基本传统——中与和。“中”是指豫菜不东、不西、不南、不北，居东西南北之中；不偏甜、不偏咸、不偏辣、不偏酸，而于甜咸酸辣之间求其中、求其平、求其淡。“和”是指融东西南北为一体，为一统，融甜咸酸辣为一鼎而求一味，而求一和。中与和为中原烹饪文化之本，为中华文明之本。从中国烹饪之圣商相伊尹（开封杞县空桑人）3600 年前创立五味调和之说至今，豫菜借中州之地利，得四季之天时，调和鼎鼐，包容五味，以数十种技法炮制数千种菜肴，其品种技术南下北上影响遍及神州，美味脍炙人口。豫菜口味居中，和众家之长，兼具南北特色。其总的特点是：鲜香清淡，四季分明，形色典雅，质味适中，可以说与中国菜的南味、北味有所区别，而又兼其所长。

综合各方名品，较为详细地列出几十种豫菜传统菜点，其名品分别是汴京烤鸭、烤方肋、清汤鲍鱼、冰糖燕菜、白扒广肚、奶汤炖广肚、白扒鱼翅、葱烧海参、油靠大虾、炸紫酥肉、酸辣乌鱼蛋汤、清汤东坡肉、牡丹燕菜、锅贴豆腐、兰花豆腐、铁锅烤蛋、琥珀冬瓜、桂花皮丝、抓炸丸子、炸鸡签、烹虾段、煎藕饼、炸八块、爆双脆、炸核桃腰、烧瓦块鱼、套四宝、陈煮鱼、京东菜扒羊肉、烩三袋、生氽丸子、炖斩肉、煎扒青鱼头尾、葱椒炝鱼片、糖醋软熘黄河鲤鱼焙面、清蒸头尾炒鱼丝、卤煮黄香管、果汁龙鳞虾、兰花竹荪、芙蓉海参、清汤荷花莲蓬鸡、决明兜子、扒山珍、绣球干贝、乌龙蟠珠、桶子鸡、灌汤包子、吊卤细面、切馅烧卖、高炉烧饼、双麻火烧、开封拉面、韭头菜盒、鸡蛋灌饼、羊肉烩馍、杠油馍、水煎包、锅贴、胡辣汤、油旋、油茶、豆沫、水花糖糕、羊肉装馍、开花馍、蒸饺、刀切龙须面。

在豫东地区，仅以通许县为例，以面食为主食，多食馒头、面条等，辅以各种新鲜蔬菜，间或油馍（油条）、包子、角子、煎饼、油饼、油卷、烙馍、鸡蛋汤、面汤（俗称糊涂）等。改革开放之前，农村多食豆面条、红薯汤、红薯馍、玉米馍等，也常食用瓷面馍（俗称呱嗒板）、贴锅饼等。近年来，主食转变为白馍和大米，伴有大米、小米粥等粥品，小杂粮作为生活的调剂品，日益受到群众的喜爱。随着南北西东物质交流的畅通，食物品种多样，花样繁多。遇到红白事，必须设宴待客，形成了酒菜凉拌、饭菜笼蒸的特点，俗称“七个碟子八个碗”，即七个凉菜，八个热菜，有荤有素，凉热搭配，最后上汤。随着生活质量的提高，菜品数量增加，有时可达20个。

时代在变，饮食习惯也在变。在中原地区，饮食结构正在重新组合。周口市民俗研究者侯满仓先生曾写名为《淡出的吃食》的文章：出生于20世纪五六十年代的人，都经历过一段特有的饥荒时代，对餐桌上的食物有着特殊的记忆，而随着物质条件提高，那个以菜代粮、以粗代细的时代出现的几种食物逐渐淡出人们的餐桌，平时再也难见其踪迹了。下面试就几种食物的制作方法作一简单的介绍，也是对那远去的乡里生活的一个回忆，它们作为一个时代的印记，有必要记录下来。

面鱼：俗称蛤蟆蝌蚪。取红薯切块晒干磨成面粉，把红薯面粉用水和成面团，放适量的食用明矾和食盐以备用，这时先烧一锅水，待水开后，将和好的红薯面团放进漏蛤蟆蝌蚪的专用漏勺里，面团自然通过漏勺的孔漏到沸水里，漏下去的面团自然形成圆头细尾，且大致均匀，形似蛤蟆蝌蚪，煮熟，捞出，在凉水里浸泡一下，盛碗并浇上原先配好的臊子，适量浇上醋和辣椒粉，即成。红薯面蛤蟆蝌蚪红里透亮，嫩且筋道。光滑而顺口，夏季食之，味感更好。它是那个时代粗粮细作的一个好方法，现在粗粮金贵起来了，想要吃这口，乡间的红薯面粉还真不好弄到，城里倒是有，是米面店里论斤称的哟。

豆面咸食：咸食是一种北方面食，各地名称不一样。其做法是取豆面若干，加盐，切一些菜放进去，加水调成糊状，支起鏊子，烧麦秸火，待鏊子烧热，用一块猪油擦拭，将糊均匀地摊在鏊子上，待面凝固后，翻过来，当两面均变得焦黄时即可出锅。食时配上大蒜，味道更好。

豆丝窝窝头：准备黄豆、红薯面、干菜叶等，先将黄豆煮熟，捞出沥干水，放在石臼里捣碎，再将干菜叶如萝卜缨、芝麻叶等用水泡发，切碎，加盐、食用明矾，和成团，捏成窝头状，上锅蒸熟即成。豆丝窝头有嚼头，令人回味无穷。

裹菜蟒：以红薯干面、豆面为主，加水和成面团，醒着待用，将时令蔬菜如韭菜、荆菜、倭瓜丝等择净切碎加盐与调料，将面团擀成片，将菜均匀地摊在面片上，裹成小卷，上锅蒸，待 20~30 分钟后即成。

懒扁食：用料及制作同裹菜蟒，只是在裹成卷后再剁成小块，烧一锅水，待水沸后将其逐个下到水中，用勺轻轻推开，推散防止粘连，三滚后，连汤带水起锅，较扁食（饺子）做法便利简单，谓之“懒扁食”。

挖疙瘩：所谓挖疙瘩，就是用面粉掺入青菜、花生米、白萝卜条、胡萝卜条等和成面疙瘩，待水开之后，用手揪成核桃大小的面疙瘩，俗称挖疙瘩、扯疙瘩等，是一种不讨当家女人好的面食，费面，素有“面条省，疙瘩费，想吃锅盔卖块地”的说法。具体做法是将面粉用盐水和得很软，抹上食用油放 1 小时以上醒面，再将菜如番茄、葱等用锅煮成汤后，将醒好的面扯一个头，一边扯一边向两边甩成大面片状（或者疙瘩）下入煮好的汤水中，再用筷子将面片捋散，直至面片扯完。扯好的疙瘩有的像面片，有的像烩面，有的如枣粒大，筋道耐嚼，很好吃。

此外，还有红薯干面饼、玉米面锅饼等，食物匮乏年代的饮食，有些已经随着历史的进程，逐渐被淡忘在历史的烟云之中。

江南地区

江南地区的服饰特点

一个地区的服饰，会随着时代的变化逐渐形成一个相对稳定的式样。江南地区的服饰和全国一样，随着形势的发展和需要出现了不同的类型特点。中华人民共和国成立后，中国的社会性质发生了根本性的变化。人们以造型简单、风格朴素的列宁装、工装裤和齐耳短发作为时髦的装束。服饰的实用性和意识形态特征被放大。

图 4–2　苗族服饰

黔东南苗族服饰

黔东南苗族服饰（图 4–2），被誉为“苗族的服饰博物馆”，据不完全统计，他们保留的日常服饰种类不下 200 种，而且完整、定型，各有分类。黔东南是我国乃至世界上苗族服饰种类最多、保存最好的区域之一。

苗族服饰从总体来看，保持着中国民间的织、绣、挑、染的传统工艺技法，往往在运用一种主要工艺手法的同时，穿插使用其他的工艺手法，或挑中带绣，或染中带绣，或织绣结合，使服饰花团锦簇，流光溢彩，显示出鲜明的民族艺术特色。

从内容上看，服饰图案大多取材于日常生活中的各种鲜活元素，具有表意和识别族类、支系及语言的重要作用，苗族百鸟衣被专家学者誉为“穿在身上的史诗”。

从造型上看，采用中国传统的线描式或近乎线描式的、以单线为纹样轮廓的造型手法。从制作技艺看，服饰发展史上的五种形制，即编制型、织制型、缝制型、拼合型和剪裁型，在黔东南苗族服饰中均有范例，历史层级关系清晰，堪称服饰制作史的陈列馆。

从用色上看，苗族服饰善于运用多种强烈的对比色彩，努力追求颜色的浓郁和厚重的艳丽感，一般均为红、黑、白、黄、蓝五种色彩。从构图上看，它并不强调突出主题，只注重适应服装的整体感要求。

从形式上看，分为盛装和便装。盛装为节日礼宾和婚嫁时穿着的服装，繁复华丽，集中体现了苗族服饰的艺术水平。便装则样式更为素净、简洁，用料少，费工少，供日常穿着。除盛装与便装之分外，苗族服饰还有年龄和地区差异。黔东南境内的苗族男女便装均较为简朴。男上装一般为左衽上衣、对襟上衣以及左衽长衫三类，其中以对襟上衣最为普遍；下装一般为裤脚宽盈尺许的大脚长裤。女性便装上装一般为右衽上衣和圆领胸前交叉上装两类；下装为各式百褶裤和长裤。苗族银饰以其种类繁多、造型精美形成了一种独特的极具审美的“银饰文化”，是苗族女性的代表标志。

苗族银饰种类繁多，从佩戴部位上划分，大体可分为头饰、胸饰、背饰三大类。苗族银饰大多保留着原始的韵味，许多造型反映了苗族人民曾经的信仰追求和生活习俗。苗绣不同于汴绣、湘绣、蜀绣、苏绣，它以其浓厚的民族风格、美观和夸张的构图、独特的造型和丰富的色彩而闻名于世。无论服装还是包帽配饰，苗族刺绣都以工艺复杂、做工精细著称。每一种图案都蕴含着美好的祝愿和祈福。刺绣纹样造型多为夸张得体、风格独特的飞禽走兽、花鸟鱼虫等。其中以龙、鱼、蝴蝶、蜈蚣、蝙蝠等图案最为广泛，具有远古神秘色彩和特殊含义。苗绣着色热烈、大胆、张扬鲜活，常用反差和对比强烈的手法把色块的分割与组合运用到极致，使苗绣具有极高的观赏性和强烈的视觉冲击力。

苗绣的刺绣技法多种多样，常用的有平绣、绉绣、辨绣、板绣、齐针绣、破线绣、堆花绣等，不同的技法表现了不同的内容，使苗族刺绣在图案、色彩、技法的整体表现力上达到极致和谐。苗族的姑娘们从七八岁起就开始学习挑花刺绣，到了十四五岁，就已掌握了相当成熟的技术。传授方式一般都是母教女、姐教妹和互相学习，没有拜师学徒的习惯。苗女们有的凭借对大自然事物的观察和感受，不用起草就能信手绣出；有的在布面上画好图案再绣；有的用剪纸粘贴进行刺绣。苗族姑娘在未出嫁前，都要亲手绣做一套嫁妆。从绣做到完成一般要 3~5 年，每一件绣品的完成，无不渗透着姑娘的心血。苗绣最令人着迷之处在于每一幅作品都是独一无二的，即便是同样的图案也是独一无二的孤品，绝不与其他作品相同，几乎每一个刺绣图案纹样都有一个来历或传说，都深含着民族的文化，是民族情感的表达，是苗族历史与生活的展示，堪称“无字史书”。艺术大师刘海粟曾对苗族的刺绣、服饰工艺给予了很高的评价：“缕云裁月，苗女巧夺天工。”代表着苗家刺绣最高水平的苗绣，其词条已同湘绣、苏绣、蜀绣、粤绣、汴绣等一同收入《辞海》。苗族服饰是苗族人经年累月逐渐创造的一种内容丰富的艺术作品，以夺目的色彩、繁复的装饰和耐人寻味的文化内涵著称于世。其文化价值得到了专家学者和各民族广大群众的喜爱。

苗族服饰的价值特色在于：①艺术价值。苗族服饰经过种麻、收麻、绩麻、纺线、漂白、织布等一系列复杂的工艺，再到刺绣、蜡染、裁缝，最后成为一套精美的服装，无不反映了苗族妇女的勤劳和耐心。苗族女性通过抽象的刺绣、蜡染图案反映和表达了她们的内心情感世界，同时表达了苗族女性对大自然的认识和了解，以及她们对美好生活的向往。当一个苗族姑娘将自己亲手绣的花带赠予情人时，无须更多华丽的语言来表达自己对情人的忠贞，绣花飘带就能将所要表达的一切包含其中，达到“此时无声胜有声”的情感境界。苗族是一个感情极为丰富的民族，其精美的刺绣、蜡染工艺更充分地体现了这一点。②观赏价值。苗族的刺绣和蜡染图案特别讲究“规整性”和“对称性”，无论是挑花刺绣的针点还是蜡染时的染距都有一定的规格和变化规律，或等距，或对称，或重复循环。图案结构严谨，给人以整齐、紧凑之感。尤其是挑花刺绣图案，很容易在其中找到圆心，不论沿横向还是纵向折叠，都是对称的。许多图案不仅整体的大组合图案对称，而且大图案与小图案之间也是对称的。同时，它们很讲究图案的色彩搭配，强调色彩与图案的完整和统一，似乎事先经过了精确计算。当你欣赏苗族刺绣蜡染图案时，如果将数学公式、几何原理套入进行计算，会发现其图案结构间的等距、对称关系是分毫不差的。③收藏价值。苗族服饰是中国所有民族服饰中最丰富多彩、样式最多、跨越时代最久、绣花和银饰最华丽的。随着苗族传统工艺的衰落，精美的手工制作的苗族服饰越来越少，随着老一代掌握这种传统工艺的人的离去，传统的苗族服饰变得越来越难以获得。苗族服饰图案承担着传承本民族文化的历史重任，从而具有文字部分的表达功能。由于历史的久远，这些图案所具有的文字功能和传达的特定含义也蒙上了神秘的色彩，无法完全解读，这也是苗族服饰图案所具有的独特魅力。苗族服饰图案是随着苗族服饰发展起来的装饰艺术，至今仍应用于日常的服饰和生活用品之中，且具有实用功能和审美功能相结合的特点，被赋予了继承民族传统、纪念祖先和传承祖训等丰富多彩的内涵和意义，这些图案背后的意义和由来代表着苗族人民的感性经验和对客观世界的解释。

苗族服饰历史悠久。由于历史的原因，苗族服饰一直未被任何一部史料记载。但从苗族服饰图案符号所代表的文化内涵来看，苗族服饰已有几千年的历史。苗族虽然没有本民族的文字，但仅凭强烈的认同感和世代口传身授的方式，就能将流传千年的故事、先民居住的城池、迁徙漂泊的路线等点滴无遗地融入服饰文化，一针一线地绣进衣冠服饰，使之世代传承，得以永记，因此，苗族服饰被誉为“穿在身上的史书”。

由“呕欠字”和“呕欠闪”两种类型组成的“呕欠嘎给希”——升底绣花衣是白洗式苗族服饰中最具有代表性的图案。汉族翻译的“红绣花花”和“暗底暗花衣”背部均无刺绣，其他纹样与“呕欠嘎给希”相同。服饰花纹图案变化最多的部分是“抛功拨”——袖花，图案主要以各种几何图形布局，在不同的几何图形中绣上各种花纹，组成许多不同名称的袖花。如“抛学啸棱”，汉译为“绫销红朵花”；“抛西勒拉学棱”，汉译为“小红朵蛇皮花”；“抛补追归”，汉译为“鸡菌花朵”；“抛刀么”，汉译为“树梢花朵”；“抛赶枝呵”，汉译为“蕨枝花朵”；“抛赶玖”，汉译为“针针花朵”；“抛赶旺”，汉译为“苞谷花”；“抛声给学玖丢嘎”，汉译为“十六勾勾蚕花朵”；“抛所戈游”，汉译为“小四朵红花”；“抛所戈说”，汉译为“大四朵红花”；“抛宝利学”，汉译为“浮漂红花朵”；等等。百褶裙因其设计精美，为苗族姑娘所喜爱，百褶裙不仅褶子多，而且层层叠叠，工序复杂，有的多达四十层。制作过程从纺织布匹开始，然后漂染、缝制，最后绘制图案、穿针绣花。

姑娘们用纤纤巧手日夜不辍地完成，一针一线都饱含着感情，百褶裙色彩斑斓，非常美丽。

苗族服饰不仅有“服”，还包括“饰”。苗乡俗语说：“锦鸡美在羽毛，苗女美在银饰。”每逢佳节盛会，苗家女儿会头戴银冠、项挂银圈、身穿银衣、手佩银镯、脚系银链，再配上亲手挑花刺绣的苗衣，显得雍容华贵、光彩照人，真可谓是银衣华服！

苗族银饰的种类繁多，体现了苗族的审美观、价值观，是苗族历史文化的积淀，也是民族民间艺术的瑰宝，更是祖国文化遗产宝库中的重要组成部分。苗族银饰的种类较多，从头到脚，无处不饰。除头饰、胸颈饰、手饰、衣饰、背饰、腰坠饰外，个别地方还有脚饰。银凤冠和银花帽是头饰中的主要饰品，也是整套银饰系列之首，素有龙头凤尾之美称，其制作较为复杂，使用的小件饰品少则 150 余件，多则可达 200 余件，价值昂贵。

苗族银饰精致美观，都是由苗族银匠精心做成的，据说已有千年历史。头饰包括银角、银扇、银帽、银围帕、银飘头排、银发簪、银插针、银顶花、银网链、银花梳、银耳环、银童帽饰等。仅以银发簪为例：黔东南苗族银发簪的式样极多，题材以花、鸟、蝶为主。虽然同样是花，但单瓣、复瓣，或束或簇，繁简密疏，造型大不相同。就风格而言，有的发簪纤巧细腻，灵秀生动，有的古拙朴实，浑厚凝重，各具特色。例如，雷山西江苗族银发簪，数十朵连枝银花呈扇形展开，绿、黄、红、白四色料珠装饰花蕊，扇心有五只银凤昂首欲鸣，其排列疏密有致，发簪平伸在后，如雀尾般散开，很是美丽。凯里苗族的银蝶发簪三支为一套，五花银簪插在头顶，双花银簪分插左右。施洞苗族银凤发簪造型生动，凤头冠雄嗓秀，凤颈用银丝编织，质感极强。王司苗族银凤簪的造型则略有夸张。银凤背上满布银花，翅腹密垂灯笼穗、叶片穗。整簪以鸟身为中心，辅饰的银片、垂穗呈辐射状向四周伸展，恰似一团锦绣花簇。

苗族银饰所显示出的不同风格及特征，在极大程度上同当地服装绣染纹饰相关。如与王司苗族属同一文化地域的丹寨苗族，其蜡染纹饰中也常见鸟背生蔓、蔓头长鱼、鱼口吐枝、枝头绽花的形象，表达了当地苗族笃信生命不灭、循环无穷的观念。假若盛装的苗族姑娘会聚在一起，那一定会变成一个美丽的银色世界。苗家姑娘盛装的服饰常常有数千克重，有的是几代人积累传承下来的，素有“花衣银装赛天仙”的美称。苗家银饰的工艺华丽考究、巧夺天工，充分显示了苗族人民的智慧和才能。

惠安女服饰的价值

惠安女服饰（图 4–3）是中国服饰精华的一部分，服饰组合造型美观、色彩协调，堪称奇而不俗、艳而有韵，它以适应生活和劳动为基调，并严格遵循自身的审美观念，以“称体、入时、从俗”为追求目标。惠安女服饰在汉族服饰中独树一帜，被誉为“巾帼服饰中一朵奇葩”，具有较高的实用艺术价值和民俗文化研究价值。

图 4–3　惠安女服饰

斗笠、头巾、短衣、宽裤构成了奇特的惠安女服饰，其实用价值是显而易见的。惠安女性长年从事渔耕生活，除了干农活、忙家务，还得帮助出海归来的丈夫搬运海鲜。惠安女性的服饰很适合这种劳动方式：斗笠既可以遮挡炎热的太阳，也可以遮挡雨水；头巾既可以挡风防沙，又可以御寒保暖、保护发型；短衣和短袖在干活时不易被海水弄湿，干起活儿来也利索；宽裤脚有利于在海滩上挑担快步行走，即使被海水浸湿，也干得快。可见，惠安女服饰是惠安女性在长期的劳动中形成并保留下来的，是惠安女性勤劳智慧的产物。惠安女服饰整体样式定型于唐朝，至宋代渐趋成熟，明末清初惠安女服饰有了比较明显的变化，特别是老年人的服饰颜色都以黑色调为主，其他红、蓝、绿只在装饰上少许运用。

惠安女服饰在清末至20世纪二三十年代主要是大袄衫和接袖衫，裤宽围大折，着装时裤头折叠于臀上部，系上裤带及一条一股三垂的银裤链。盛装时必穿的礼节性服饰是百褶边裙（俗称肚裙），秋冬两季加在上衣外面作保暖用的贴背和褡裢。做家务或外出劳动时常用的腰巾，还有结婚时或婚后回夫家或逢节日才穿的凤冠鞋（又叫鸡公鞋）和踩跷（轿）鞋，为礼节性用物。自20世纪20年代起，惠安女服饰的色彩与汉族服饰形成一定的差异，黑、红、蓝、绿、银灰成为这个时期的主色调，具有十分和谐的搭配效果。至20世纪五六十年代，惠安女性使用黄斗笠、花头巾和塑料手工艺品如裤带、凉鞋等，色彩产生了一个巨大的变化。进入20世纪七八十年代，惠安女服饰的色彩变化达到鼎盛时期，妇女的服饰更为讲究，每件饰品都精雕细刻。

惠安女服饰是汉民族服饰中最具视觉冲击力的个性服饰，独特的造型加上自然的色彩，显得奇而不俗、艳而有韵，体现了惠安女性特有的审美情趣。黄色是沙滩的颜色，红色是花儿的色彩，蓝色是大海的色调，惠安女服饰已与大自然融为一体；金黄的斗笠折射着太阳的光辉，丰润的腰肢衬托着礁石的坚韧，裤子的皱褶随着大海的波浪飘荡，惠安女服饰是大自然美的化身。然而，惠安女服饰之美不单单美在外表，更美在勤劳、善良的内在品质。惠安女服饰款式独特，装饰讲究，色彩协调，融民族、民间、地方和环境特征于一体，既有民族的特点，又具有地方特色。惠安女服饰造型的基本特征为“封建头，民主肚，节约衫，浪费裤”，惠安女性的服饰组合造型美观、注重比例，适合自身体形，即衣短裤长，紧束的上衣、肥大的裤脚，形成上紧下松的视觉效果，极具个性魅力。惠安女服饰发展至今，其固有的色彩主框架仍然是“黄头笠、黑绸裤、蓝上衣”这种鲜明的象征色彩。黄、黑、蓝、绿组成了惠安女服饰的主色调，它在色彩学的配搭上呈现出和谐、鲜明的整体效果。

自古以来，惠安地瘠民贫，为了生计，男人只好外出谋生，家里的生产劳动和一切家务活都落在了惠安女性的肩上。长期的磨炼，造就了惠安女性勤劳、坚韧、善良、灵巧、自强自立的品格，极具中国女性的传统美德。她们在家侍候公婆子女，在外做粗活累活。不论是下海、耕田、抬石头，还是雕石、锯木、织网，不论是做买卖，还是做针线活，事事能干，样样出色。“在田间地头有她们挥锨洒汗劳动的身影；在风浪扑打的甲板上有她们拉网捕鱼的身影……她们是拉起大锯可以左右开弓的女性；是扛起岩石可以步履如风的女性；是挥动锤凿可以巧夺天工的女性。”正是她们撑起了“半边天”。可见，是生产劳动塑造了惠安女性绰约美丽的风姿，惠安女服饰也正是因为惠安女性精神才显得更加光彩耀眼。

惠安女服饰纹样是一种附着在服装载体上的主体美，它与当地民俗风情、宗教祭祀及人们的生活情趣、伦理道德是分不开的，大多寄予着对美好生活的向往，寓情于景，带有渔家生活气息。通过具体生动的形象，运用象征寓意等艺术手法，使其吉祥意念与表现形式不断地融合，故具有很强的内涵性、象征性、寓意性。

惠安女服饰还是古代百越遗俗与海洋文化、中原文化碰撞交融的民俗文化遗产。惠安女服饰有着古代闽越族的遗存信息，惠东人群可能是来自古百越民族的一个分支，但经过千百年来的交流相处，已与汉族融合为一体，成为汉族的一部分。无论是服饰的色彩，还是奇特的造型，惠安女服饰处处烙上了海洋文化的印迹，无不体现了海洋文化的包容和开放。但惠安女性终究是汉女，中原的传统观念已在她们心中扎下了根，并一代代地传承着。惠安女服饰的奇就奇在它是多元文化的综合体，是在百越文化、中原文化和海洋文化等多种文化互相冲击、融合的过程中不断演绎而形成的，因而具有很高的民俗文化研究价值。

江南地区的饮食特点

总体说起来，中国人饮食上的南北差异明显，人们总是用八个字精辟地概括——“南米北面，南甜北咸”，还有人进一步得出结论，即东辣西酸。以秦岭淮河为南北地区的分界线，南方地区，地处半湿润或湿润区，降水丰沛，水稻生长旺盛，能一年多熟。因此，南方人的主食为米饭，并用米线、米粉取代了面条，还有米糕、粽子、汤圆等特色食品。

为什么会形成南甜北咸的情形呢？究其源头，最初并非如此，北宋文人沈括在《梦溪笔谈》中，将中国当时的口味分布概括为“大抵南人嗜咸，北人嗜甘”。与今天的南甜北咸格局完全相反。例如，浙东地区和太湖平原同为吴语区，多数风俗习惯类似，但是宁波人嗜好的各种咸鱼和虾酱，却因味道奇咸，在太湖平原很难为人接受。如扣肉在苏锡常是著名的甜味菜，在绍兴加入霉干菜后就成了咸味食品。在沈括生活的时代，江南确实是嗜咸的。而当时的北方，根据沈括记载则爱好“蜜蟹”“糖蟹”等甜味的食物。对于当时来说，食盐尚且是官家专卖的东西，而食糖更是十分珍稀，人们喜爱吃糖类食品，似乎有些奢侈了。宋代东京流行的甜馃子以及粽子，迄今仍有。后来却发生了逆转，这是因为什么呢？两宋之交，中原被金国攻陷，大批中原人跟随宋朝王室移居江南地区。他们不但把自己习惯的甜味带到江南，更让江南地区的经济发展突飞猛进。富裕起来的江南人也学着北方移民吃起甜食，自从江南地区转化为甜味重要地区以后，甜味菜肴层出不穷。红烧肉、松鼠鳜鱼、樱桃肉等菜肴烹饪过程中都使用大量糖调味。在江南菜肴变甜的同时，长期战乱的北方正在经历内卷和贫困的浪潮，人口也有激增。在这些因素的影响下，吃糖在北方变成一种奢侈的事情。相比而言，食盐生产并不占耕地，用盐调味即成为次优选择。

南北的差异，造成了饮食的地方性特色，即不同地方在饮食民俗上所表现出的不同的特征。首先，各异的地理特征必然产生各异的生态饮食民俗。《黄帝内经》记载：“故东方之域，天地之所始生也。鱼盐之地，海滨傍水，其民食鱼而嗜咸”；“西方者，金玉之域，沙石之处……水土刚强……其民华食而脂肥”；“北方者，天地所闭藏之域也。其地高陵居，风寒冰冽。其民乐野处而乳食”；“南方者，天地所长养，阳之所盛处也。其地下，水土弱，雾露之所聚也。其民嗜酸而食胕”；“中央者，其地平以湿，天地所以生万物也众。其民食杂而不劳”。所谓东辣，即湖南、湖北、江西、贵州、四川等地居民多喜辣，中国流传有“贵州人不怕辣，湖南人辣不怕，四川人怕不辣”之说。辣味菜自然应以川菜及湘菜为首。贵州人平生所吃的辣椒极多，朝天椒、野山椒均不在话下。在川北，听说有一种辣椒本身不能吃，用一根线吊在灶上，汤做好后，辣椒在汤里涮涮，就辣得不得了，因此叫作涮涮辣。四川的麻辣烫全国闻名，可以说，没有不辣的四川名吃。如今，人们除了管四川女子叫川妹子，还称其为辣妹子，原因大概也基于此。喜辣的食俗多与气候潮湿的地理环境有关。我国东部地区沿海，四川虽不处于东部，但其地处盆地，更是潮湿多雾，一年四季少见太阳，因而有“蜀犬吠日”之说。这种气候导致人的身体表面湿度与空气饱和湿度相当，难以排出汗液，令人感到烦闷不安，时间久了，还易使人患风湿寒邪、脾胃虚弱等病症。吃辣椒浑身出汗，汗液当然能轻而易举地排出，经常吃辣可以驱寒祛湿，养脾健胃，对当地人的健康极为有利。湖南大部分地区地势较低，气候温暖潮湿，古称卑湿之地。而辣椒有提热、开胃、祛湿、祛风之效，故深为湖南人民所喜爱。久而久之，便形成了地区性的、具有鲜明味感的饮食习俗。湖南菜的共同风味是辣味熏腊肉；口味偏重咸、辣、酸、香；用料多是猪、牛、羊、鸡、鸭、河鲜和湖产品；烹法以煨、炖、腊、蒸、炒、熏、焖为主。不同地区的不同生产发展状况生成不同的饮食民俗。如，汪曾祺的小说《异秉》就描写了江浙地区的一幅风俗图：

“这地方一般人家是不大吃牛肉的。吃，也极少红烧、清炖，只是到熏烧摊子去买。这种牛肉是五香加盐煮好，外面染了通红的红曲，一大块一大块地堆在那里。买多少，现切，放在送过来的盘子里，抓一把青蒜，浇一勺辣椒糊。蒲包肉似乎是这个县里特有的。用一个三寸来长直径寸半的蒲包，里面衬上豆腐皮，塞满了加了粉子的碎肉，封了口，拦腰用一道麻绳系紧，成一个葫芦形。煮熟以后，倒出来，也是一个带有蒲包印迹的葫芦。切成片，很香。猪头肉则分门别类地卖，拱嘴、耳朵、脸子——脸子有个专用名词，叫‘大肥’。要什么，切什么。到了点灯以后，王二的生意就到了高潮。只见他拿了刀不停地切，一面还忙着收钱，包油炸的、盐炒的豌豆、瓜子，很少有歇一歇的时候。一直忙到九点多钟，在他的两盏高罩的煤油灯里煤油已经点去了一多半，装熏烧的盘子和装豌豆的匣子都已经见了底的时候，他媳妇给他送饭来了，他才用热水擦一把脸，吃晚饭。吃完晚饭，总还有一些零零星星的生意，他不忙收摊子，他端了一杯热茶，坐到保全堂店堂里的椅子上，听人聊天，一面拿眼睛瞟着他的摊子，见有人走来，就起身切一盘，包两包。”

不同地区的社会风尚生成不同的饮食民俗。饮茶是闽南人极普遍的生活习惯，许多人晨起第一件事就是泡茶饮用。闽南人将饮茶叫作泡茶，泡茶的程序非常讲究，所费的时间、功夫多于喝茶，故称工夫茶。闽南人喜欢喝乌龙茶，且以铁观音为上品，黄旦次之。泡茶的技艺也十分讲究，包括关公巡城、韩信点兵等十多道技艺。除烫壶、烫杯外，第一遍茶是不喝的，全部倒入茶洗中，作为洗杯用。这岂不是一种浪费？非也。闽南有句俗语“头遍脚湿，二遍茶叶”。这是因为旧时制茶有道工序为“走脚球”，即将过了头遍火的茶叶装在布袋中，扎好布袋口，然后打赤足的人在上面踩，将茶叶踩卷起来，所以认为第一遍茶是沾了脚汗的。虽然现在机械制茶不存在此工序，但不喝头遍茶的习俗一直流传下来。再如，明代民间百姓以节俭为主要风尚，陆容在《菽园杂记》中记载有江西民间崇尚节俭的食风。他说，江西人吃饭时，第一碗饭不许吃菜，第二碗才可吃，称为“斋打底”。吃荤一般只买猪内脏等下水，因为没有骨头可扔给狗吃，所以称为“狗静坐”。酒席宴上虽摆有不少果品，但大多是用木头雕刻而成的，只有一种时令水果可供食用，称为“子孙果盒”，意为可代代相传。

由此可见，地理环境还在潜移默化间影响着人们的口味。

如今南方人的菜肴，多以精致见长，并格外讲究情致，最大的特点就是选料讲究。也许是因为南方山清水秀、色彩丰富的缘故，南方人的美学理念也多以柔和淡雅为主。南方的菜肴自然也打上这鲜明的地域烙印，不但色香味俱全，而且盛放的器具花色、菜盘的细节装饰以及就餐的环境，格外讲究，一切都让人赏心悦目。如今国内各大城市内稍有档次的中餐馆，装潢大多是南方风格。就烹饪方法来讲，无论烤、焖、蒸、炖、炙、熘、炒、拌，南方人都有一套繁杂而讲究的程序，追求的是鲜、嫩、香、滑，以求满足味蕾的各类微妙体验。

生于明万历三十八年（1610 年），卒于清康熙十九年（1680 年），祖籍浙江兰溪，生长于江苏如皋的清代戏剧家李渔所著的我国最早的系统的戏曲论著《闲情偶寄》，包含戏曲理论、饮食、营造、园艺、养生等内容。其中的“饮馔部”，是李渔讲求饮食之道的专著。他主张于俭约中求饮食的精美，在平淡处得生活之乐趣。其饮食原则可以概括为 24 字诀，即重蔬食，崇俭约，尚真味，主清淡，忌油腻，讲洁美，慎杀生，求食益。这正表现了中国传统文化对饮食的美的追求。如他对“谷食”之妙用的阐述甚为详之：“食之养人，全赖五谷。使天上生五谷而不产他物，则人身之肥而寿也，较此必有过焉；保无疾病相煎、寿夭不齐之患矣。试观鸟之啄粟，鱼之饮水，皆止靠一物为生，未闻于一物之外，又有为之肴馔酒浆、诸饮杂食者也。乃禽鱼之死，皆死于人，未闻有疾病而死，及夭年自尽而死者，是止食一物，乃长生久视之道也。人则不幸而为精腆所误，多食一物，多受一物之损伤，少静一时，少安一时之淡泊。其疾病之生，死亡之速，皆饮食太繁，嗜欲过度之所致也。此非人自误，天误之耳。天地生物之初，亦不料其如是，原欲利人口腹，孰意利之反以害之哉！然则人欲自爱其生者，即不能止食一物，亦当稍存其意，而以一物为君。使酒肉虽多，不胜食气，即使为害，当亦不甚烈耳。”那么，江南的饮食习惯不为此尔，随着时代的变迁已经发生了极大变化，从南方闻名全国的菜系就可知道，它是多么的精细，讲究小而精，先汤后饭，下面对南方菜系进行说明。

淮扬菜

作为四大菜系之一，淮扬菜（图 4–4）是唯一以非省级区域命名的菜系。准确地说，淮扬菜并非因扬州一地而得名，淮扬菜系是淮安、扬州、镇江三地风味菜的总称。广义上的淮扬菜之说，即由长江以南，江、浙、皖、湘等地菜系组成。淮扬菜系的发展得益于隋炀帝下江都，带来了北方烹饪手法，融合了江南本土鲜美的食材，最终在广陵（今扬州）起源发展，唐朝扬州富甲天下，淮扬菜可以说融合百家，又经过千百年各地演绎，形成了诸多小菜系，从中衍生出皖菜、浙菜等，形成后来的八大菜系。在淮扬菜里，最著名的菜莫过于狮子头了。淮扬菜制作之特点：其一是原料以鲜活为主、菜肴选料严格。淮安位于“日出斗金”的洪泽湖东畔，古老的京杭大运河和“年轻”的京沪高速公路在这里交会，璀璨的历史和灿烂的文明在这里共辉。相传大禹曾至境内治水，“使淮水永安”，市名即淮水安澜之意。“春有刀鲚夏有鲴鲥，秋有蟹鸭冬有野蔬”，一年四季，水产禽蔬野味不断。所以，淮

图 4–4　淮扬菜

扬菜的原料以鲜活为主，这也为其在烹法上擅长炖焖，调味注重本味提供了物质基础。其二是刀工精细、菜肴形态美观。都说扬州有著名的“三把刀”，厨师的切菜刀即为其一。可以说，四大菜系中数淮扬菜刀工最精细，一块 2 厘米厚的方干，能切成 30 片的薄片，切丝如发。冷菜制作、拼摆手法要求极高，一个扇面三拼，抽缝、扇面、叠角，虽寥寥六字，但刀工拼摆难度极大。精细的刀工，娴熟的拼摆，加上精妙的色彩配搭，使得淮扬菜如同精雕细凿的工艺品一般。其三是注重本味、清淡适口。淮扬菜既有南方菜鲜、脆、嫩的特色，又融合了北方菜咸、色、浓的特点，形成了甜咸适中，咸中微甜的风味。由于淮扬菜以鲜活产品为原料，因而在调味时追求清淡，从而能突出原料的本味。其四是讲究火工、擅长炖焖烧煮。淮扬菜肴根据古人提出的“以火为纪”的烹饪纲领，鼎中之变精妙微纤，通过火工的调节体现菜肴的鲜、香、酥、脆、嫩、糯、细、烂等不同特色。淮扬菜擅长炖焖烧煮，因为这几种方法能较好地突出原料本味。如著名的蟹粉狮子头、清炖圆鱼、砂锅野鸭、三套鸭、大煮干丝等淮扬名菜都是以炖焖烧煮为主的。这也正应了吴松德所说："热度三分鲜。淮扬菜对温度的要求很高，不同的菜肴、菜品的要求都不一样，炒菜要在 70~80℃、炖菜和汤煲要求 100℃，如果菜肴的温度达不到要求，菜的口味、口感就会大打折扣。"淮扬菜中有著名的"三头"宴：蟹粉狮子头、扒烧整猪头、拆烩鲢鱼头。

川菜

川菜是中国汉族传统的四大菜系之一、中国八大菜系之一（图 4–5）。川菜发源于我国古代的巴国和蜀国。它的发展经历了从春秋至两晋的雏形期，隋唐到五代有了较大的发展，两宋出川传至各地，至清末民国初年形成菜系四个阶段。其后，从辛亥革命到抗战，中国烹饪各派交融，给川菜烹调以深刻影响，使之更加丰富。新中国成立后，厨师地位提高，人才辈出，硕果累累，为川菜的进一步发展开辟了无限广阔的前景。川菜历史悠久，口味独特，清香醇浓与麻辣鲜香并重，并且具有丰富的文化内涵。随着川菜的传播发展以及人们对饮食健康的日益关注，川菜的合理烹饪成为人们研究的重要问题。川菜烹饪过程中需控制油和盐的用量，并注重营养均衡。同时不同地域对川菜的烹饪可适当改良，使川菜更加贴近当地人的饮食习惯。

川菜取材广泛，调味多变，菜式多样，口味清鲜醇浓并重，以善用麻辣调味著称，并以其别具一格的烹调方法和浓郁的地方风味，融汇了东南西北各方的特点，博采众家之长，善于吸收，善于创新，享誉中外。如自贡井盐、内江白糖、阆中保宁醋、德阳酱油、郫县豆瓣、茂汶花椒、永川豆豉、涪陵榨菜、叙府芽菜、南充冬菜、新繁泡菜、成都地区的辣椒等，都为各式川菜的烹饪及其变化无穷的调味，提供了良好的物质基础。以家常菜为主，取材多为日常百味，其特点在于红味讲究麻、辣、香，白味咸鲜中仍带点微辣。据史学家考证，古代巴蜀人早就有"尚滋味""好辛香"的饮食习俗。贵族豪门嫁娶、待客会友，无不大摆"厨膳""野宴""猎宴""船宴""游宴"等名目繁多、肴馔绮错的筵宴。到了清代，民间婚丧寿庆，也普遍筹办"家宴""田席""上马宴""下马宴"等。讲究饮食的传统和川菜烹饪的发展与普及，造就了一大批精于烹饪的专门人才，使川菜烹饪技艺世代相传，经久不衰。代表菜品有鱼香肉丝、宫保鸡丁、夫妻肺片、麻婆豆腐、回锅肉、东坡肘

图 4–5　川菜：口水鸡

子等。小吃种类也很多，如四川炸元宵、蜜汁苕枣、油炸麻圆、钟水饺、醪糟小汤圆、赖汤圆、酸辣粉、清汤抄手、龙抄手、钵钵鸡、怪味花生仁、醪糟蛋、椒盐锅盔、牛肉小包、酿藕、小笼粉蒸鸡、蒸饺、双色米糕、八宝粥、八宝甜粽、担担面等。川菜的特点是清鲜醇浓，麻辣辛香，一菜一格，百菜百味。川菜有麻、辣、甜、咸、酸、苦六种口味。在六种基本味型的基础上，又可调配变化为多种复合味型，在川菜烹饪过程中，如能运用味的主次、浓淡、多寡，调配变化，加之选料、切配和烹调得当，即可获得色香味形俱佳的具有特殊风味的各种美味佳肴。川菜的特点是突出麻、辣、香、鲜、油大、味厚，重用“三椒”（辣椒、花椒、胡椒）和鲜姜。调味方法有干烧、鱼香、怪味、椒麻、红油、姜汁、糖醋、荔枝、蒜泥等复合味型，形成了川菜的特殊风味，享有“一菜一格，百菜百味”的美誉。

粤菜

粤菜源于岭南，由广州、顺德、潮州、东江客家、中山等地方风味特色菜发展而来。早在远古时期，岭南古越族就与中原楚地有着密切的交往。随着历史变迁和朝代更替，许多中原人为逃避战乱而南渡，汉越两族日渐融合。中原文化的南移，使得中原饮食制作的技艺、炊具、食具与百越农渔丰富的物产相结合，这就是粤式饮食的起源。南宋以后，粤菜的技艺和特点日趋成熟。至明清两代，粤菜、粤点、粤式饮食进入真正的成熟和发展时期。粤菜集南海、番禺、东莞、顺德、中山等地方风味的特色，兼京、苏、淮、杭等外省菜以及西菜之所长，融为一体，自成一家。粤菜取百家之长，用料广博，选料珍奇，配料精巧，善于在模仿中创新，依食客喜好而烹制。烹调技艺多样善变，用料奇异广博。在烹调上以炒、爆为主，兼有烩、煎、烤，讲究清而不淡，鲜而不俗，嫩而不生，油而不腻，烹制粤菜，讲究的是火候，尤重“镬气”，做出的菜肴注重色、香、味、形。口味上以清、鲜、嫩、爽为主，并有“五滋”（香、酥、脆、肥、浓）、六味（酸、甜、苦、辣、咸、鲜）之别。力求清中求鲜、淡中求美。时令性强，夏秋尚清淡，冬春求浓郁。

粤菜著名的菜点有鸡烩蛇、龙虎斗、烤乳猪、太爷鸡、盐焗鸡、白灼虾、白斩鸡、烧鹅、蛇油牛肉等。粤菜在国外是中国的代表菜系。粤菜系的形成和发展与广东的地理环境、经济条件和风俗习惯密切相关。广东地处亚热带，濒临南海，雨量充沛，四季常青，物产富饶。故广东的饮食，一向得天独厚。早在西汉《淮南子·精神训》中就载有粤菜选料的精细和广泛，可以想见千余年前的广东人已经对用不同烹调方法烹制不同的野味游刃有余。在此之前，唐代诗人韩愈被贬至潮州，他的诗中描述了潮州人食鲎、蛇、蒲鱼、青蛙、章鱼、江瑶柱等数十种野物。但到南宋时，章鱼等海味已是许多地方菜肴的上品佳肴。在食用方式方面，采用生食的方法。到后来生食猪牛羊鹿已不多，但生食鱼片如生鱼粥等的习惯保留至今。而白切鸡以仅熟，大腿骨带微血为准，至今仍是如此，将粤菜的刀工精巧、配料讲究相得益彰、口味注意清而不淡诸特点表现得淋漓尽致。粤菜还善于取各家之长，为我所用，常学常新。苏菜系中的名菜松鼠鳜鱼，饮誉大江南北，但不能上粤菜宴席。虽粤人喜食鼠肉，但鼠辈之名难登大雅之堂。粤菜名厨运用娴熟的刀工将鱼改成小菊花形，名为菊花鱼。如此一改，便能一口一块，用筷子及刀叉食用都方便、卫生，苏菜经过改造，便成了粤菜。

此外，粤菜烹调方法中的泡、扒、烤、川由北方菜的爆、扒、烤、氽移植而来。而煎、炸的新法是吸取西菜同类方法改进之后形成的。但粤菜的移植并非生搬硬套，乃是结合广东原料广博、质地鲜嫩，人们喜食清鲜常新的特点，加以发展，触类旁通。如北方菜的扒，通常是将原料调味后，烤至酥烂，推芡打明油上碟，称为清扒。而粤菜的扒，却是将原料煲或蒸至腻，然后浇芡扒上，表现多为有料扒。代表菜品有八珍扒大鸭、鸡丝扒肉脯等。

广东的饮食文化与中原各地一脉相通，其中一个很重要的原因是历史上曾有多个另立王朝的内地人。历代王朝派来治粤和被贬的官吏等，都带来了北方的饮食文化，其间还有许多官厨高手或将他们的技艺传给当地的同行，或是在市肆上各自设店营生，将各地的饮食文化直接介绍给岭南人民，使之成为粤菜的重要组成部分。汉代以后，广州成为中西海路的交通枢纽，唐代外商大多聚集在羊城，商船结队而至。当时广州地区的经济与内陆各地相比，发展较快。除了正式菜点，广东的小食、点心也制作精巧，而各地的饮食风俗也有其独到之处，如广州的早茶，潮州的工夫茶，这些饮食风俗已经超出“吃”的范畴，成为广东的饮食文化。粤菜食谱特点鲜明，绚丽多姿，烹调技艺精良，并以其用料广博而杂著称。据粗略估计，粤菜的用料达数千种，举凡各地菜系所用的家养禽畜、水泽鱼虾，粤菜无不用之；而各地所不用的蛇、鼠、猫、狗、山间野味，粤菜则视为上肴。早在南宋时期，周去非在《岭外代答》中就有精辟的记载：“深广及溪峒人，不问鸟兽蛇虫，无不食之。其间野味，有好有丑。山有鳖名蛰，竹有鼠名猷。鸧鹳之足，猎而煮之；鲟鱼之唇，活而脔之，谓之鱼魂，此其珍也。至与遇蛇必捕，不问长短，遇鼠必捉，不问大小。蝙蝠之可恶，蛤蚧之可畏，蝗虫之微生，悉取而燎食之；蜂房之毒，麻虫之秽，悉炒而食之；蝗虫之卵，天虾之翼，悉炒而食之。”粤菜杂食之风，常令一些外人瞠目结舌。唐代韩愈被贬至潮州时，见到当地群众嗜食蚝、鳖、蛇、章鱼、青蛙、江瑶柱等几十种异物，大为惊异，害怕得“臊腥始发越，咀吞面汗骍。”发展至今，鲍、参、翅、肚、山珍海味已是许多地方菜之上品，而蛇、鼠、猫、狸等野味仍为粤菜中具有独特风味的佳肴和药膳。

湘菜

湖南地处长江之南，气候温暖潮湿，雨水充足，土地肥沃，适合水稻的栽培与生长。由考古发掘证实，在湖南道县玉蟾岩蛤蟆洞内发现了我国目前年代最早的稻谷遗存，距今已有一万多年。在澧县彭头山文化遗存中，发现了距今七八千年的古稻田。这些考古发现证实水稻的栽培在湖南已具有悠久的历史。据《史记·越王勾践世家》载，在战国时期，长沙为楚国的粮仓，另据长沙马王堆一号汉墓中出土的籼、粳、粘、糯等稻谷品种可知，稻谷一直是湖南的主要粮食作物，居住在湖南地区的人们以稻米为主食。而在中原地区，人们常吃麦面，尽管稻谷在中原地区位列在五谷之中，但它排在黍、稷、麦、菽之后。楚越人除栽培稻谷外，也种植稷、麦、粟、大豆、小豆等旱地作物。在饮食次序上，楚越人将稻谷排在前位，而中原地区则将稻排在饮食的末位，湖南人以米饭为主食，中原地区的人们以麦、粟为主食。这种主食上的主次之分，是饮食习俗上的差异，并且传承至今。根据自身的饮食特点，逐渐形成了湘菜，湘菜又称湖南菜，因湖南简称湘，故名。湘菜以其独特的文化底蕴和品位风格闻名于世，与浙菜、闽菜、淮扬菜、徽菜、粤菜、川菜、鲁菜齐名，并列为中国著名的八大菜系之一。湘菜菜系之下根据地域、物产与风格特色，大致可分为湘江流域、洞庭湖区及湘西山区三大流派：

湘江流域以长沙、湘潭、衡阳为中心，以长沙为代表。这一地区因政治、经济、文化相对发达，加之交通便畅，物产富饶，饮馔业较为发达，厨师中大师辈出，湘菜中的特色酒宴大菜，大都出自这一地域派系中。其特点是用料广泛，制作精细，特别注重刀工火候，所烹制的菜肴浓淡分明，色彩清晰；烹饪常用煨、炖、腊、蒸、炒、熘、烤、爆等方法；口味则多以酸辣、软嫩、香鲜、清淡、浓香为主。代表性的菜肴有火方银鱼、松鼠桂（鳜）鱼、瑶柱蒜球、麻辣仔鸡、鸭掌汤泡肚、砂锅炖狗肉、炒细牛百叶、红煨鲍鱼、清炖牛肉、酱汁肘子等。在湘江流域的湘菜流派中，属于传统佛教斋食系列的南岳素食亦因其独具特色而闻名遐迩。南岳衡山为中国佛教圣地之一，历代各寺庙对素食的制作格外讲究，其原料均为野生或者种植的瓜菜，以及经过加工的豆类制品等，有些还仿制成鸡、鱼、肉、蛋等形状，办成与荤食同名的酒席，其形色几乎可以以假乱真，为湘菜增添异彩。南岳素食形成系列的名品有：一品香（单盘素菜）、二度梅（“梅”“霉”同音，霉豆与腐乳）、三鲜汤（取时令三种鲜菜开汤）、四季青（四种不同时令青菜）、五灯（炖）会（五种炖品，佛教典籍中有《五灯会元》一书，此菜即以该书命名）、六子连

（通常指烧茄子、炒笋子、炖菌子、油辣子、豆干子、藕丸子）、七层楼（假肉、丸子、馒头、子面筋、菜心、玉兰片、香菇等七种菜层叠而成，犹如荤菜中的“全家福”或“狮子头”）、八大碗（八种素菜仿荤成席）、九如意（按不同时令、客人多寡配菜，使食者如愿满意）、十样景。

洞庭湖区以常德、益阳、岳阳等地为中心，素有“鱼米之乡”的美誉，水产品资源特别丰富。唐代诗人李商隐在其《洞庭鱼》一诗中咏叹道：“洞庭鱼可拾，不假更垂罾。闹若雨前蚁，多于秋后蝇。岂思鳞作簟，仍计腹为灯。浩荡天池路，翱翔欲化鹏。”所谓“靠山吃山，靠水吃水”，水产资源的丰富，导致这些地区的鱼馔历史源远流长，民间以鱼待客蔚然成风，故以烹制家（水）禽、野味、河（湖）鲜最为拿手。以至于方志中留下了“湖湘间宾客燕集，供鱼清羹”（见《岳州府志》）的记载，民间也素有“无鱼不成席”的俗谚。全鱼入馔古称“屠龙之技”，早在三国时期，就有吴国专诸在太湖向太和公学习制作“全鱼炙”；唐代诗人杜甫曾有“青青竹笋迎船出，日日江鱼入馔来”的诗句，对鱼馔倍加赞赏；宋代文豪苏轼亦经常亲自“煮鱼羹以设客，客未尝不称善”。这些人文历史的积淀，无疑促进了湖湘鱼馔的发展并进一步丰富了其深厚的文化内涵。滨湖菜肴的烹制惯用炖、烧、腊、煨、蒸、汆（烫）的方法；菜品往往色重、芡大、油厚，口感则以咸辣香软为主。代表性的菜肴有潇湘五元龟、武陵水鱼（甲鱼）裙腿、洞庭野鸭、莲蓬虾茸、青龙戏珠、蝴蝶飘海等，其中最有特色的是蝴蝶飘海。

湘西山区以吉首（湘西土家族苗族自治州）、怀化、大庸（今张家界）等地为中心，亦含湘南山区。这些地区的物产多为山珍野味，汉族与其他民族杂居，民间习惯制作各种烟熏腊味和腌制肉品，烹制的菜肴大都以此为主，主要的烹调方式为蒸、炖、煨、煮、炒、炸等。例如“腊味合蒸”“重阳寒菌炖肉”“焦炸鳅鱼（泥鳅）”“麻辣泥蛙腿”等，口味咸香酸辣，佐以山区民间传统特酿的米酒，令人回味无穷。最能够全面反映山区风味特色的是大型地方风味宴席“湖南熏烤腊全席”，席面包括了湖南山区（少部分其他地区）的主要风味菜肴美点，以熏、烤、腊特色著称。其中包括一彩碟：洞庭君山；入围碟：熏腊肚片、金银炙肝、酸藠头、焦麻炸胗、盐焗牛肉、五香熏鱼、葱烤斑鸠、芝麻腐竹；四甜果：蜜汁菱角、无核湘橘、酸甜莲藕、挂霜杨梅；四热炒：韭黄鸡丝、嫩姜鸭条、芹菜腊肠、腊肉冬笋；六大菜：腊味合蒸、笔筒鱿鱼、虾仁参丁、红煨腊羊、腊肠菜菇、红烧全狗；一汤菜：雪山藏宝；二咸点：鸳鸯酥盒、珍珠油饼；二甜点：双喜蛋糕、芙蓉糍粑；一茶食：姜盐黄豆芝麻茶。

湘菜的主要特点有：①口味丰富，门类齐全。据统计，湖南现有不同口味的地方菜和风味菜达2000多种。②烹饪技法多样，传统的煨、烤、煎、炖、熘、焖等方法几乎达到炉火纯青的地步，更发展了多种复合烹调方法，如蒸、煮、卤、炸、烧等方法的有机结合。③擅长调味，湘菜十分讲究原料间的互相搭配，滋味的互相渗透和交汇融合。湘菜调味尤重酸辣，湘菜的酸，主要是泡菜的酸，醇厚柔和，不同于醋；湘菜的辣，有开放的辣，收敛的辣。酸与辣结合成多种味别，使菜肴盖味而不抢味。④广泛选用熏制腊品。由各种家畜、家禽及野味制成的腊味，或蒸，或炒，或炖，其异香扑鼻，为湖湘一大特色佳肴。⑤刀工精妙。湘菜的基本刀法有十几种之多，因料而异，具体运用，演化参全，切劈斩剁，游刃有余。

总之，湘菜味别多样，尤重酸辣，鲜香软嫩，熏腊清香，口味适中。在制作技术上，湘菜选料认真，用料讲究；切配精细，造型美观；烹制精致，注重火候；调味多方，味别多样。日益受到更多人的喜爱。

除此之外，江南地区还有饮茶的习惯。以黎川县为例，擂茶（图4–6）是黎川山乡人民家家户户都会的传统手艺。擂茶的主要原料是茶叶，制作时将茶叶置于陶盆，用尺许长的木梓擂茶棍反复研磨成茶糕，加盐腌制，放入罐中贮藏。食用时倒少许置于碗中。旧时殷实富裕的人家，还要加上炒熟的芝麻、油炸黄豆、花生仁、猪排骨等作料，这样冲开的擂茶呈鸡汤色，清香扑鼻，沁人肺腑，不仅有茶叶的淡雅芬芳，更因吃时偶有几粒芝麻、黄豆、花生仁嚼碎，一股奇香入口，令人心旷神怡。擂茶有清热解毒的功效，常年饮用可消炎祛疾，同时，它也是山村农户招待客人的上等饮料。喝擂茶时，桌上摆着用盘碟装着的油炸锅巴、米面皮、馓子、油坨、盐腌菜茎、豆子、花生、瓜子、板栗、红薯片等，这些食杂果品被人们称为“搭茶”。这些搭茶酸甜咸辣，五味俱全，别有风味，人们边喝擂茶，边吃搭茶，谈笑风生，饶有兴趣。喝擂茶成了村民交往和待客的一个重要方式。

图 4–6　黎川擂茶

黎川擂茶习俗自成体系，形成了一个比较完整的习俗。黎川擂茶的习俗主要有待客、擂茶份、烧茶三种形式。一是待客。黎川人热情好客，只要家里来了客人，无论是春夏秋冬还是白天晚上，无论是来自东南西北的领导干部还是平民百姓，无论是亲戚还是邻居都会准备擂茶给他吃。黎川擂茶为什么要用吃，而不像喝龙井茶、铁观音、碧螺春等名茶一样用喝呢？吃，是把食物等放到嘴里，经过咀嚼咽下去（包括吸、喝）。喝，是指不经过咀嚼，直接把液体喝下去，如喝茶、喝酒等。黎川擂茶中有芝麻等香料，要经过咀嚼才能咽下去，所以黎川擂茶叫吃擂茶。人们在品尝黎川擂茶独特风味时，享受擂茶文化带来的温馨、祥和、文雅、快乐，畅谈国事、家事、天下事、身边事，事事关心、事事都谈。擂茶的美味使人通心舒畅，国强家富使人愉悦。这就是黎川擂茶、和谐盛世的独特魅力。二是擂茶份。黎川擂茶的擂茶份形成年代不详，由老祖宗代代相传。擂茶份是指每天上午十时左右，下午四时左右必须吃擂茶。擂茶份到了，就是一个人在家也会吃擂茶，慢慢品尝。吃完擂茶时间还早，到邻居家走走。这时邻居家还在吃擂茶，等你一坐下来，邻居家主妇就会汤一碗擂茶给你吃。你很自然就会说："我在家刚吃完擂茶，就到你家玩，我真的吃不下。"女主人就会说："你忘了，黎川人不是有句俗话，过个门槛吃三碗，你今天最少得吃二碗。"盛情难却的你只好吃擂茶。在 20 世纪 80 年代前，有很多做手工的师傅上户（主人请做手工的师傅到家里）做工。如请木工师傅做结婚用的家具，请建筑师傅建新房，请裁缝师傅做衣服等。到了擂茶份，家庭主妇就会装好糕点、瓜子、花生，汤好擂茶，请师傅们休息吃擂茶。现在很多用品都是在商场、超市购买，上户做手工的越来越少，只有在农村建新房时，才有木工、泥工上户。擂茶份，人们仍沿袭了传统习惯，必须请师傅们吃擂茶。在知识青年接受贫下中农再教育的年代，无论是春插还是“双抢”，生产队的干部，贫农大伯、大妈、大哥、大嫂们，每天到了擂茶份，必须回家吃擂茶。他们也会很热情地请知青到家里吃擂茶，他们没有刻意安排，很自然地今天张家，明天、后天邓家、李家轮流叫知青吃擂茶。农村实行联产承包责任制后，不管农事再忙，到了擂茶份，人们都遵循擂茶份这一古老习俗，回家吃擂茶。三是烧茶。黎川擂茶有烧茶的习俗，就是家里有好事、喜事，就得请亲戚、朋友、邻居们吃擂茶。请吃擂茶，黎川人称烧茶。烧茶一个显著的特点，除了“烧发始茶”白天请女客，晚上请男客外，其他烧茶习俗都是请女客，不请男客。这是为什么？是不是母系社会流传下来的女性的一种特权呢？黎川擂茶的这些奥秘，还有待我们进一步探索和研究。黎川擂茶的习俗很完善，随着社会的进步发展，有的习俗成了历史，新的习俗又不断地产生。黎川擂茶习俗主要有发始茶、七朝茶、落地茶、坐栏茶、踟（qi，站）栏茶、学步茶、发蒙茶、升学茶、参军茶、生日茶、进屋茶、杀猪茶、来会茶、思乡茶、新年茶等。

周边

民族服饰特点

服饰是一个民族文化的象征，也是人民思想意识和精神风貌的体现。一个民族服饰的形成除受传统意识的影响外，更重要的是受其地理条件、气候环境等多方面因素的影响。地理环境与服饰有着极其密切的关系，各地自然条件的差异，形成不同的生产特点和生活习惯，也孕育了各具特色的服饰。我国是一个统一的多民族国家，除汉族外，少数民族有 55 个，虽然人口约占全国人口的 8%，居住面积却占全国面积的 50%~60%。由于他们居住的地区地形、气候、植物、矿产资源、农业生产，以及宗教信仰存在差异，随之形成的服饰既有共性也有个性，共同组成了中华民族丰富多彩的服饰艺术。

青藏高寒地区民族的服饰

青藏高寒地区由于地势高、空气稀薄、气压低、日照强，高原形成了气温低、日夜温差大，干湿季节分明，干季多大风，湿季多夜雨的特点。为了适应这样的高寒气候，这些民族的服饰利用高原牧区丰富的动物皮毛制成皮袍、皮靴、皮帽用于防寒。同时，在皮袍的制作上多采用开胸、长袖连接下身摆裙的设计，以应对高原地区温度变化大、天气变化无常的恶劣气候。以藏族男子服饰为例：袍内着布衣或袒胸，中午炎热时褪下缠于腰间，早晚寒冷时穿好，只露出右臂便于劳作。藏东康巴服饰大气而粗犷，在头、颈、耳、手等处佩戴金、银、象牙、珊瑚、玛瑙、玉石等首饰，腰间挂藏刀、火镰、钱包、鼻烟壶、针线盒等生活用具，既方便实用，又富有装饰效果，整套装束浩气凛然，尽显康巴人桀骜不驯的民族性格（图 4–7）。

图 4–7　藏族服饰

藏北是广阔的草原和砾石戈壁，那里盛产的羊皮是制作藏袍的主要原料。这种羊皮袍宽大厚重，白日作衣，夜晚当被，凭借这种藏袍，人们抵御了藏北高原上严酷的高寒气候。羊皮袍大多是光皮的，有的在袖口、衣襟、下摆等处缝制黑平绒的镶边。夏季牧民们戴着红缨毡帽，腰间佩挂制作精美的火镰、鼻烟壶和腰刀、火枪、护身符等。这些物品既是他们赖以生存的用具，也是他们的装饰和财富的体现。羊皮袍也是藏北牧女们的主要服装。她们的羊皮袍上还缝制红、蓝、绿三色绒条作为装饰，平时腰间挂满奶桶钩、针线盒和牧鞭之类的物件，遇到节日喜庆的时候，还挂起串串项链和金银饰品，头发梳理成多股小辫，戴上缀满绿松石、贝壳、银币等的呢绒或氆氇长披。在蓝天、白云的衬托之下，整套服饰色彩鲜艳动人，极富民族特色。

青藏高原是我国四大牧区之一，为了方便放牧和抵御猛兽，他们的服饰上采用了短腰带、长刀、火石等饰品，由于深受佛教影响，藏族和门巴族服饰上多戴佛珠，依靠丰富的矿产资源，这些民族腰间挂有银饰和铜饰，品种形式繁多，走动时会发出有节奏的声响。

拉萨地区气候宜人，长期以来是西藏地区政治、宗教、经济、文化的中心。该地区的装束以严整规范著称。拉萨民间女子以毛料或布帛制作短袖夏装，里面穿藏式衬衫，已婚妇女腰间围各色毛线或丝线织成的彩色帮典。冬季穿羔皮长袖藏装，头戴“杨夏帽”。装饰品有珍珠、珊瑚、绿松石等制成的“巴珠”冠及各种耳坠、项链、戒指。世袭贵族夫人头戴“人”字形的珍珠巴珠和珍珠冠，一般的贵妇人只能戴珊瑚巴珠，至于绿松石的大耳坠、胸饰和各种质地的项链则是根据自家的财力而佩戴的。拉萨地区的贵妇人，装扮得珠光宝气，饰物精致而小巧。男子夏季穿毛料或布帛制成的袍子，里面穿藏式衬衫，头戴礼帽，脚蹬皮靴。贵族服装从样式上看，与普通藏袍没有大的区别，但质地和花纹都有严格的等级规定，从服饰上可以看出其社会地位的高低。西藏僧人因其教派不同，装束也有所不同，但服饰颜色大致相同，除噶举派穿白裙外，其余教派均着黄色及红色僧服。

柯尔克孜族的先民，史称“鬲昆”“坚昆”“契骨”“纥骨”“黠戛斯”“辖戛斯”“吉利吉思”“乞儿吉思”“布鲁特”“纥里迄斯”“纥迄斯”“黠戛司”等。2000多年前，柯尔克孜族的先民就居住在叶尼塞河上游流域，后来逐渐向西南迁至天山地区，并与当地的突厥、蒙古部落相融合。居南疆者通晓维吾尔语，居北疆者通晓哈萨克语。居住在黑龙江省富裕县的柯尔克孜族通用汉语、蒙古语。柯尔克孜族的服饰，男子常戴用皮子或毡子制作的高顶方形卷檐帽和两侧有突出护耳式样的帽子，穿无领“袷袢”长衣，内着绣有花边的圆领衬衣，外束皮带，左佩小刀等物。夏天穿立领短袷袢，春秋喜穿条绒缝帛的宽脚裤。女子通常穿连衣裙，外套黑色小背心，南部妇女穿小竖领衬衫。妇女包头巾，喜戴装饰品。饮食主要为奶制品和牛、羊、马、骆驼等肉类食品，辅以面食。常饮牛、羊、马奶和酸奶，喜喝茯茶。

生活在藏南地区的民族——珞巴族，是中国人口最少的一个民族，其服饰另有特色。他们居住在广袤的珞巴地区的数十条江河流域，南北相距三百多千米，东西长约千米，从热带到温带，从平原到山区，由于地域气候因素的差异，加之接受外来影响的不同，就出现了着装形式上的差异。尽管不同性别和不同年龄对服饰的形式、颜色和装饰有不同的需求，但珞巴族是一个爱美的民族，尤其妇女更是如此。

在珞渝北部山区，男子夏穿自织的土白短上衣，长袖，大对襟，两个布扣在右边，下穿自织的带纹花短裤；冬穿从藏区购回的氆氇长袍或自制的野牛皮大披挂。妇女夏穿带花纹的上衣，下穿白布短裤；冬穿用氆氇拼成长方形、中间留有一个圆口的披肩。男子右侧腰间挂小弯刀、火镰，腰前横拴一把利刀。男女都有许多银器装饰品，每逢节日吉庆，戴上所有的银器。腰带相当讲究，宽四指，有各种图案，龙、蛇是不能缺少的，五种颜色，上挂小串珠、铜铃、贝壳，走动时发出悦耳的响声。男女四季赤脚，茧厚刺扎不进。富裕男女都戴银镯、银项链，一般珞巴人只戴藤镯，为刮汗之用。男女都扎耳孔，戴环式金银藤品，以示贫富。男子外出都手持强弓，身背箭筒，腰挎长刀，头戴熊皮帽，显得相当威武。

在珞渝腹心地带和南部，交通闭塞，衣着还保留着古老的样式，衣服形式还十分简陋，男女夏穿白布汗衣，裸露大部分身躯，冬穿短袖无领上衣。被称为“土著人”的果布、日嘎等东贡部落的不少村寨，男人用一尺来宽、三尺来长的自织布围腰遮羞。

在珞渝山区东部，男穿无襟花布上衣，下穿红绿色短裤。妇女上穿两个布扣的衣服，下部用花布围腰遮羞，也有用棕毛遮羞的。男戴大银耳环，一般只戴三串，每串20个珠。还有戴铅耳环的，婚龄妇女视此最为美丽。珞巴族的发式多种多样。有的部落剪短发；有的长发散披背后，女的梳几条辫子垂于肩后；有的男女均蓄长发，发置于头顶，穿一根竹签；热带地方全为光头。有戴圆形礼帽的，有戴氆氇圆形帽的，有戴自编藤帽的，有戴熊皮帽的，帽前两边各固定一个野猪獠牙，有的部落还在帽上插若干根鸟翎，十分美观。

珞巴人非常重视丧衣，不管近亲还是远亲，不能穿戴带毛的衣服。丧服多为白色，以示死者清白。猎人服装独具特色，表现出珞巴族兼营狩猎生产的特点。兽皮披肩，既轻巧又暖和，不渗水抗湿性能好。头戴熊皮帽，挡雪遮雨。脚穿“里木”（统靴），鞋帮和鞋底全部用“阿努”（瑞香树皮）纤维编织而成，它比现代胶鞋还结实数倍。一个健康男子一生狩猎40年左右，四双“里木”足够穿了。小刀、火镰是狩猎不可缺少的工具，用黄羊皮当鞘，不易透水。兽皮短裤，柔软保暖。猎人狩猎时穿戴的衣物都离不开兽皮，这充分说明这个民族赖以生存的对象之一是野兽。

多数部落的婚后妇女自觉画脸，互相画，在额头两侧三刀边画两个圆点，嘴下唇画三条横道，小腿肚画“＝”形图案。用木炭画后，再用针轻扎，使黑色渗入肤内，作为记号。珞渝腹心地带的珞巴妇女视此图案最为漂亮。相传，这也是格萨尔王惩罚不虔诚者之痕迹。

西北干旱区民族的服饰

西北干旱区是广阔的欧亚大陆草原、荒漠区的一部分，地处内陆，四周多山，夏季风的影响微弱，气候属于半干旱、干旱和极干旱，气候长期干燥，冬夏气温变化剧烈，大陆性气候显著。这一地区服饰的共同特点在于服装在样式上设计简洁，服装饰品较少，服装面料多采用适于夏季高温干燥天气的绸子和冬季保暖性能好的土布。女装多为裙装，自胸间捏多褶，下裳宽大；男装多为长裤、长筒革靴（回族除外），裤腿扎进长筒靴，有防寒的功效。

由于地理环境的不同，新疆地区的民族男子多配长袍，女子多配各种绣花坎肩，这种服装既适宜昼夜温差大的气候，又能在极为干燥高温的夏季充当“鼓风机”。内蒙古高原地区生活的蒙古族，男女服装均为大襟长袍，腰间束带，与新疆地区相比，无纽扣对襟长袍更能抵御北方的寒风侵袭。

以甘肃东乡族的服饰为例，东乡族的服饰与回族服饰有相似之处，但其特点也颇为明显。东乡族妇女上穿有“假袖”的上衣，下穿“过美”花裙，足蹬木底高跟绣花鞋；男子则穿宽大长袍，束腰带、挂腰刀，与蒙古族男子装束相似。改革开放之后，东乡族在服饰上也发生了一些变化，其特点主要表现在头饰上，即青少年妇女戴绿色盖头，中年妇女戴青色盖头，老年妇女戴白色盖头。男子喜欢头戴“号帽”，号帽是一种平顶无檐软帽，有黑、白两色，多用布缝制而成。

婚姻是人生中的一件大事，因而新娘服饰的符号特征尤为醒目。东乡族妇女从少女成为新妇，服饰的变化往往十分明显。如“盖头”的颜色是区分东乡族妇女年龄以及婚否的重要标志。东乡族男子多穿宽大长袍，束腰带，挂腰刀、烟荷包。妇女多穿圆领、大襟、宽袖的绣花上装，下穿套裤，裤筒后面开小衩，裤筒、裤脚有镶或绣的花边。喜庆节日则穿绣花裙、绣花鞋。男子戴平顶无檐白、黑软帽。妇女在家戴绣着花纹的便帽，外出戴遮住全部头发的丝绸盖头。少女和新婚者戴绿色，婚后及中年妇女戴黑色，老年妇女戴白色。妇女的首饰以银质耳环及手镯、玛瑙珠子为主。

东乡族是由多个民族融合而成的，其服饰必然会受多种来源的影响。东乡族至今仍保留着不少古代游牧民族的传统和生活习惯，其服饰中也保留着过去老年妇女头戴的名为“脑帽”的帽子。其式样类似于蒙古族的高筒帽，顶端合拢，后面再做一个圆扇。东乡族男青年喜欢系一种两边窄细、中间宽大、有囊可装钱物的绣花腰饰。这种腰饰被称为“鞑子花腰带”或“鞑子花裤带”，也源于蒙古族。

东乡族服饰也反映了进入阶级社会以后的等级差别和一些特殊的财产观念。伊斯兰教众多的社会伦理规范中最首要的一条规定，就是人人平等。伊斯兰教反对人们通过穿着豪华名贵的服饰来显示自己的身份和地位，表现自己的高贵。因此，东乡族服饰中不崇尚贵重华丽的服饰，不虚荣、不炫耀，穿着尽量普通化、大众化，这是平等观念在服饰中的一种体现。

北方蒙古族的服饰

蒙古族服饰包括长袍、腰带、靴子、首饰等。但因地区不同而在式样上有所差异。以女子长袍为例，科尔沁、喀喇沁地区的蒙古族受满族影响，多穿宽大直筒到脚跟的长袍，两侧开衩，领口和袖口多用各色套花贴边；锡林郭勒草原的蒙古人则穿肥大窄袖镶边不开衩的蒙古袍；布里亚特妇女穿束腰裙式起肩的长袍；鄂尔多斯的妇女袍子分三件，第一件为贴身衣，袖长至腕，第二件为外衣，袖长至肘，第三件为无领对襟坎肩，钉有直排闪光纽扣；而青海地区的蒙古族人穿的长袍与藏族的长袍较为相近。除了青海，男子的服饰各地差别不大。春秋穿夹袍，夏季着单袍，冬季着棉袍或皮袍。蒙古族平时喜欢穿布料衣服，逢年过节或喜庆一般都穿织锦镶边的绸缎衣服。男装多为蓝、棕色，女装喜欢用红、粉、绿、天蓝色。腰带是蒙古族服饰重要的组成部分，用长三四米的绸缎或棉布制成。男子腰带多挂刀子、火镰、鼻烟壶等饰物。蒙古族靴子分为皮靴和布靴两种，蒙古靴做工精细，靴帮等处都有精美的图案。佩挂首饰、戴帽是蒙古族习惯。各地区的帽子也有地方特色。内蒙古及青海等地的蒙古族的帽子顶高边平，里子用白毡制成，外边饰皮子或将毡子染成紫绿色作装饰，冬厚夏薄。帽顶缀缨子，帽带为丝质，男女都可以戴。呼伦贝尔的巴尔虎、布里亚特蒙古，男戴披肩帽，女戴翻檐尖顶帽。玛瑙、翡翠、珊瑚、珍珠、白银等珍贵原料使蒙古族的首饰富贵华丽。男子的颜色多为蓝、黑褐色，也有的用绸子缠头。女子多用红、蓝色头帕缠头，冬季和男子一样戴圆锥形帽。蒙古族男子穿长袍和围腰，妇女衣袖上绣有花边图案，上衣高领。

西南季风区民族服饰

西南地区深受来自印度洋的西南季风和来自太平洋的东南季风的影响，大部分地区属中亚热带，西南季风活跃西部，干湿季节变化明显，东南季风活跃东部，气候终年湿润，湿度大，冬雨多，因处于三大板块相对运动的地区，山地高原多，河流纵横交错，地貌类型多样，这里聚居生活着的民族较多，如黎族、壮族、瑶族、苗族、布依族等数十个民族，这些民族的服装共同的特点首先是紧身、轻巧、利落，便于平时农业繁忙时提高劳动效率；其次是无领、赤脚、裸露部位多，戴斗笠或缠包头可以适应湿润、降水多的气候环境，最具代表性的是男子的服装，各民族几近一致，变化较少；最后是在服饰用料上采用自织布或彩绸、运用矿物和植物染料工艺加绣自己熟悉的山水、花鸟、树木等图案，明显体现出山乡的苍翠与水乡的秀美。当然，这些民族服饰也有不同，如彝族的披风“擦尔瓦”，蹲着休息时自然形成小围帐，可以遮风和避雨防寒；还有羌族，因为祖先以畜牧业为主，所以男女皆穿毛皮朝里的羊皮坎肩，其肩部与前襟下摆等处均露出长的羊毛，敞开搭在肩上，这可以看成羌族古代服装的衍化物；除此之外还有基诺族的尖顶帽等明显反映了西南民族在服装上的个性。在饰品的选择上，有的民族比较简洁，有的民族非常重视，如佤族所居住的沧源和西盟地区，蕴藏着金、银、石英、云母等矿藏，女子习惯在小腿和腰间绕藤圈，上臂及手腕处戴银饰，项间还要戴上银项圈、项珠，有的挂上多串彩珠；此外，景颇族的银饰、苗族的银凤冠都表现出西南少数民族丰富的想象力。尤其值得一提的是，同一个民族因散居几处而形成各自不同的特点：居山里者，裙略短，便于攀登；居平原者，裙略长，踏草行垄；居水边者，衣简洁，适于洗涤。

东北冷湿区民族的服饰

东北地区从自然地理条件上看是我国较为完整的地域单元。由于其纬度较高，紧邻亚洲北部寒冷的冬季风源地，因此该地区冬季漫长且寒冷，夏季短暂而温暖。冻土广布、森林资源相当丰富，野生动物种类繁多。居住偏北的民族，由于气候条件与青藏高原地区有相似之处，其服饰也就地取材，脚下踩靴，用皮毛制服装，宽大遮体以求御寒。如鄂伦春族人头戴的狐皮大帽，能遮住半个身体，适宜零下40ºC 的寒冷天气；赫哲族，由于久居江河沿岸的原野以捕鱼为生，穿的是鱼皮制成的长衫，脚踩鱼皮乌拉。不同的是由于东北地区昼夜温差不大，没有藏族制皮袍将一袖褪下缠于腰间的习惯。居住位置偏南的民族，如朝鲜族和满族，其服饰线条分明，多用绸缎和土布，冬夏服装分明，衣着比较宽大。在饰品上东北地区民族除了佩戴银饰，一些源于渔猎部落的民族还爱以羽毛、兽头作饰品显示其勇猛无畏。

朝鲜族服装比较独特，呈现出素净、淡雅、轻盈的特点。其实朝鲜族的服饰发展有着一定的历史渊源，在初期，朝鲜族人民多居于偏僻的山村，服饰的原料以自种自织的麻布和土布为主。这些材料质地粗糙，夏季凉爽，但冬不保暖。随着织布工艺技巧的不断改进，麻布越织越好，不仅纹细且少有斑点，颜色亦经漂洗由黄变白。在相当长的时期，麻布、土布一直是朝鲜族传统服装的主要面料。朝鲜族人喜爱穿素白衣服，故有“白衣民族”之称。朝鲜族服装的特点是斜襟，无纽扣，以长布带打结。传统的朝鲜族女装，其特点是袄短裙长。短衣（朝鲜语称：“则羔利”）以黄袄粉裙为典型。袄长及至现在上衣三个纽扣之上，裙长及膝盖或脚面不一。袄袖呈圆弧形且较为肥大，左右衣襟以两根长长的结带在右胸前打成一个蝴蝶结，长长的飘带给人以飘逸的美感。袄的领口、袖口多以不同颜色的布条镶边。老年妇女喜着素白服饰。未婚女性穿鲜红的裙子和黄色的上衣，衣袖上有色彩缤纷的条纹；婚后则穿红裙子和绿上衣。年龄较大的妇女，可在很多颜色鲜明、花样不同的面料中选择。年轻女子和少女多爱穿背心式的带褶筒裙，裙长过膝，便于劳动。中老年妇女则多穿缠裙、长裙，冬天在上衣外加穿棉（皮）坎肩。朝鲜男子爱穿“灯笼裤”，这种裤子裤长腰宽，而且白色居多。“巴基”是指传统的朝鲜族服饰“裤子”，其裤裆、裤腿肥大。由于朝鲜族传统房屋都有火炕供暖系统，人们常常坐卧在地面的垫子或席子上，穿这种裤子便于在炕上盘腿而坐，随便轻松，裤腿系有丝带，外出时可以防寒保暖。朝鲜族儿童服装主要是七彩衣，是用七色绸缎给儿童做成的衣服，好像彩虹在身。朝鲜族人认为彩虹是光明和美丽的象征，或出于审美心理，或出于辟邪的目的，意在让儿童美丽幸福，使孩子们显得更加聪慧、活泼可爱。还有的认为是过去朝鲜妇女善于保存各种颜色的布块，用来给孩子做衣服等。

海南黎族服饰

据考古资料证实，黎族先民早在一万年以前就已在海南岛上劳作生息。在长期的繁衍、迁徙发展过程中，黎族形成了几个方言群体。按习惯沿用的五个支系方言群的称呼是：侾、杞、赛（加茂）、润、美孚。五个支系的服装各不相同，即使是同一个支系，由于居住的地理位置不同，不同乡镇的服装也有所区别。但总体上不失其共同特征：女子服装上装色彩基本上是黑、蓝两种，平面直线裁剪，无领无纽，对襟或贯头式。下装为织花筒裙，由于居住的地理环境不同，筒裙的长度从短在膝上到长及脚踝而各具特色。如沿海平原地区妇女多着长筒裙，深山地区妇女多穿中筒裙或短筒裙。这正反映出服装形制的确立是与生活环境和生产方式的需要相关联的。

黎族妇女的服装有几个突出的特色，在裁片分割上十分讲究。以比较典型的杞黎和润黎妇女的服装为例。杞黎妇女的上衣为开襟，前片在胸下用横线分割，分割线下缀方形绣片装饰。润黎的贯头衣前片有两条纵向分割线，将前身衣片分为三部分，中间部分相当于整个前片宽的二分之一。两条横向分割线又将两边的裁片分割，分割线下边的方形裁片用刺绣装饰，刺绣的面积比杞黎的要小。中间衣片的下摆边缘和袖口部分刺绣二方连续图案。裁片分割的长宽比例适度，各裁片的分割配置也十分均衡匀称。黎族妇女喜欢在上衣裁片分割线上补缀花边，或者用彩色绣线沿着分割线绣网格纹样，这样就将破缝线变成了装饰线，变不利为有利，从而改变了接缝的性质。黎族妇女讲究服装与饰物整体搭配。

黎族妇女上衣的前胸部位都不加刺绣，这样在盛装佩戴饰物时，银项圈、胸牌等饰物就可以被深色的上衣底布衬托出来，从而更加突出饰品的闪亮效果。筒裙纹样宽窄相间错落有致，与上衣配搭相得益彰。杞黎妇女穿紧身及膝中筒裙，筒裙的横向织纹宽窄相间，一般是数条窄横纹隔一条宽花纹。色彩最亮丽的宽花纹在臀围处，这样行走起来会产生很强的动感。润黎妇女穿紧身超短筒裙，由于筒裙的腰部可以被上衣盖住，因此在腰部织简单的窄条纹，腰以下露出的部分是三条宽花纹，宽花纹之间用一条窄纹分隔。三条宽纹的色彩十分绚丽，图案精美，与装饰较少的贯头上衣形成互补。黎族的传统服饰为自纺、自织、自染、自绣。黎族刺绣最常见的针法有直针、戳针、铺绒、挑花。刺绣图案多为菱形、三角形等几何图案，组织形式有单独纹样、二方连续和四方连续。黎族妇女盛装时喜欢佩戴首饰。从头钗、耳环、项圈到手镯、脚环样式很多。

服饰是一个民族的标志，也代表了一个地区的形象。它的功能一是遮风祛寒，二是装饰美观。但是，由于受不同地理环境的影响，各地的服饰千差万别，各具特色，无不打上这一地区的烙印。因此，从某种意义上讲，是地理环境造就了民族服饰。

边疆民族的饮食特点

饮食文化是一个民族的重要文化表征，研究饮食文化的恒定和变迁对于理解民族文化具有十分重要的意义。通过观察不同民族的饮食习俗，我们可以进一步了解各民族的生活情感、情趣，掌握一个地区的生活状况、精神信仰以及理想追求，从而促进民族团结、繁荣。

藏族

藏族有着自己独特的食品结构和饮食习惯，其中酥油、茶叶、糌粑、牛羊肉被称为西藏饮食的“四宝”，此外，还有青稞酒和各式奶制品。西藏的饮食随着社会经济和文化生活的改善，在菜肴烹制技术和用膳形式上也在不断地改进和丰富。藏餐是中国餐饮系列中的流派之一，历史悠久，品种丰富。藏餐分为主食、菜肴、汤三大类。藏餐的口味讲究清淡、平和，很多菜式除了盐巴和葱蒜，一般不放辛辣的调料。藏族以麦、米、青稞等谷物为食粮，尤其以适宜在高原生长的青稞为主要食物。藏族种植青稞的历史悠久，早在距今 3500 年的新石器时代晚期，贡嘎昌果沟遗址就已存在古青稞的碳化颗粒。糌粑是藏族的一种重要食品，制作很简单，将青稞炒熟后磨成面便成了糌粑。糌粑有脱麸的精制糌粑和未脱麸的粗制糌粑之分。糌粑里加入少量的酒、酪浆便可与肉、菜、酥油茶等一同食用。若糌粑内放入适量的酥油、糖、奶渣，味道更佳。食用方式多样，最常见的是用手在小碗中把茶汁、酥油与糌粑、奶渣拌匀并捏成小团而食。风干肉是西藏非常有特色的一种食品。初冬时节，将牛羊肉割成小条，挂在阴凉通风处，任其冷冻并逐渐自然风干，到来年二三月份食用时，不仅肉质松脆，口味也独特。

藏式宴席上食品的烹制及摆席方式很多。最古老的方法是根据客人社会地位的高低来决定用膳形式，还有素宴、荤宴之别。在食肉方面，藏族禁忌较多。一般只吃牛羊肉，不吃马、驴、骡，尤忌吃狗肉。鱼、虾、蛇、鳝等水产海鲜类食品，除部分城镇居民外，农牧区群众一般不习惯食用。酥油是藏族人民日常生活中不可缺少的食品，它从新鲜牛奶中提炼而成，为高蛋白、高热量食品，有增加热量、抗缺氧之功效。

藏民族有饮茶之习俗，酥油茶为主要饮品。酥油茶的原料为酥油、茶和食盐，三样缺一不可。藏族的饮品还有清茶、甜茶、鲜奶和青稞酒。茶叶深受藏族人民的热爱，在西藏被加工成许多不同的品种。在世界屋脊的高原环境中，无论是饥肠辘辘，还是精疲力竭，只要喝上一碗酥油茶，就会浑身充满力量。尤其在狂风怒吼、滴水成冰的冬天，喝上几杯酥油茶，便觉得全身温暖，再冷的日子也能熬过。不论是远方来客，还是常来常往的友人，一踏进主人家的门，首先递到客人面前的就是香喷喷的酥油茶。主人先从彩色的藏柜中取出最干净的瓷碗摆到客人面前的茶几上，然后手捧一把装满酥油茶的茶壶或暖瓶，放低部位轻轻摇晃几次，倾倒在茶碗中，双手捧奉于客人。客人饮茶时，主人恭立一侧，或在几个客人中轮转。客人喝一次，主人添一次，随喝随添，细心周到，做到碗常满，茶常温，才算尽到主人的责任。客人喝茶前，要用右手无名指在茶碗中蘸少许茶，手指举起，在空中弹洒三次，表示奉献给神、龙和地祇。饮茶不能太急太快，要轻轻吹开茶上的浮油，分饮数次，留一半左右，等主人添上再喝。喝茶不能喝出声响，要轻轻饮啜。喝得很急，会被主人视为没有教养，被戏称为“毛驴饮水”。饮茶不能一饮而尽，更不能喝一碗就走，一般以三碗为最吉利，拉萨有句谚语：一碗成仇人。

青稞酒是用青稞发酵后酿成的低度酒，其味甘甜爽口。藏族群众无论男女老少都喜欢喝，是喜庆过节所必备的。藏族饮酒的礼仪和习俗极为丰富，每酿新酒，必先以“酒新”敬神，然后依循“长幼有序”的古训首先向家中的长者敬酒，其后家人才能畅饮。在节日婚庆或众多人聚会的场合，饮酒一般是先向德高望重的长者敬献，然后按顺时针方向依次敬酒。敬酒者一般应用双手捧酒杯举过头顶，敬献给受酒者，特别对长者更是如此。而受酒者先双手接过酒杯，然后用左手托住，再用右手的无名指轻轻地蘸上杯中的酒，向空中弹一下，如此反复三次，表示对天、地、神的敬奉和对佛法僧三宝的祈祝，有时口中还要轻声念出吉祥的祝词，然后再饮。聚会饮酒时，歌是必不可少的。藏族酒歌曲调悠扬，优美动听，内容多为祝福、赞美之辞。一般酒宴上，男女主人都会唱着酒歌敬酒，盛大宴会上，有专门的敬酒女郎，她们穿着华丽的服饰，唱着迷人的酒歌，轮番劝饮，直到客人醉倒为止。

门巴族

在喜马拉雅山南坡的东端，门巴族人居住在珞瑜地区，这里西毗门隅，广阔的地域养育着数万门巴族人。珞瑜地区沟深谷狭，雨量充沛，气候炎热，刀耕火种，耕地适宜种植玉米，因此，玉米和鸡爪谷成了墨脱门巴族人的主食。他们一般将玉米和大米掺和煮成混合饭，或将玉米细粉煮成面团。玉米也是酿制白酒的主要原料，另加部分玉米糙和鸡爪谷。鸡爪谷是热带作物，在我国海南省有种植，大小颜色和油菜籽相似，它是酿造“邦强”（一种甜酒）的主要原料，人们也喜欢吃鸡爪谷粉煮成的面团。水田多的地方，以吃大米饭为多。

西部门巴族人多以荞麦饼和青稞为当家粮食。常见的蔬菜有木耳、香菇、竹笋、茄类、瓜类、辣椒、豆类和萝卜。灶具主要是皂石锅、铁锅等，人们喜欢用石锅煮饭煮菜，石锅传热和散热慢，炖出的饭菜鲜美可口，这是金属锅所不能媲美的。门隅地区的门巴族人食用荞麦饼，制作时用一块圆形薄石板放在火塘三脚架上，然后把荞麦粉调成糊状，摊在石板上翻烙烤成，吃的方法是在烤好的荞麦饼上抹上奶渣、盐、辣椒糊，趁热卷着吃。

由于宗教观念不同，饮食禁忌各异。西部门巴族人不杀牛，不食耕牛和奶牛，不养猪，不食猪肉，养鸡但不杀鸡，不吃鸡，老年人连鸡蛋也不吃，不打猎，许多人不食兽肉。墨脱门巴族人则相反，养牛、养猪又养鸡，吃牛肉、猪肉和鸡肉，个个都是好猎手，人人吃兽肉、鱼肉和鼠肉。

门巴族别具特色的酱菜——豆酱，是门巴族饮食中不可或缺的主要调料。酱是由煮熟的黄豆加工、发酵而成的。待豆子冷却到不烫手约 25℃时，将食盐、辣椒粉、胡椒粉、蒜泥、茴香等调味品均匀拌和，然后装入直径 30 厘米、长 50 厘米左右的竹桶里，顶部塞一把蕉叶，糊泥封顶，置于灶台的后部，保持一定温度，一般一个月即可食用，但置放时间越久，色泽越鲜艳，略呈紫黑色，超过一年的则为黑色。此酱味道辛辣，口感浓香，细细品味，不咸不淡，香辣适口，特别能增强食欲，辣味中透出浓郁的清香，青辣椒蘸之，清香可口，别具一番味道，真是越吃越想吃，能多吃一碗饭。家家户户都有几桶豆酱备用。

门巴族的饮食特点：门巴族人烹饪简单，汤菜是主菜，汤汤水水和单调的米饭相配，食用方便可口，颇受人们青睐。汤菜中的主要作料是豆酱，一般五口之家的半锅汤菜中要投放 80 克左右的豆酱。经过发酵的豆酱成了酱泥，投入锅中后自行分解。门巴族烹饪技术中，万不能离开豆酱。

酥油茶每天必备，夏天还饮一种自制的酸奶。男女老少普遍嗜好饮酒。自制的青稞、大米酒多装入大葫芦、大竹筒里，客人将至，男的做菜陪客，女的敬客，客人喝一口，女主人便在一旁随时添加，客人醉，被视为看得起主人，主人才高兴。

维吾尔族

新疆维吾尔族的饮食文化资源，积淀深厚、种类多样、特色鲜明，是我国饮食文化体系中不可或缺的组成部分。它不仅包含了丰富的民族传统文化，还囊括了美学、养生学、文学、历史学等内容。维吾尔族一日食三餐，早饭吃馕和各种瓜果酱、甜酱，喝奶茶、油茶等；午饭是各类主食；晚饭多是馕、茶或汤面等。维吾尔族的饮食以面食为主，喜食牛、羊肉。主食的种类有数十种，最常吃的有馕、羊肉抓饭、包子、面条等。维吾尔族喜欢饮茯茶和奶茶，夏季多伴食瓜果（图 4–8）。

新疆盛产绵羊，因此维吾尔族便有了烤羊肉串的习俗。讲究的羊肉串肉质鲜嫩，味道咸辣，孜然的香味浓郁。与羊肉串相媲美的手抓饭，也是维吾尔族的传统风味食品。在新疆维吾尔族、乌孜别克族等民族，逢年过节、婚丧嫁娶等重要时刻，都必备手抓饭待客。按照传统习惯，请客人围坐在桌子旁，桌上铺有一块干净的餐巾。随后主人一手端盘，一手执壶，逐个让客人净手，并递给干净毛巾擦干。然后主人端来几盘抓饭置于餐巾上（习惯是二至三人共用一盘），请客人直接用手从盘中抓吃，故取名为手抓饭。维吾尔族手抓饭的种类丰富，不同做法在味道和食材搭配上各具特色。

图 4–8　维吾尔族饮食

馕（图 4–9）作为维吾尔族饮食中的传统主食，不仅伴随着这个民族世世代代的生存发展，也承载着这个民族变迁的历史，反映着维吾尔族的精神信仰、民族凝聚力和生活态度。它已远远超越了它的物质性，而被赋予了深刻的文化内涵。

图 4-9　维吾尔族的主要食品——馕

锡伯族

锡伯族多数居住在中国新疆各县，锡伯族人喜爱骑马射箭，能歌善舞。早期的锡伯族人世代以狩猎、捕鱼为业，信仰多神。锡伯族是以粮食为主食的民族，包括小麦、稻子、玉米、高粱、黄米、小米等，这和本民族的生产形式有关。锡伯族的饮食种类较丰富，面食有发面饼、死面饼、锅盔、馒头、面条、拉面等；馅食有包子、饺子、菜合子、肉馅饼等；米食有大米干饭、抓饭、大米（小米）稀饭。发面饼（发拉哈喀分）是锡伯族人每天都离不开的日常主食，面需和得较柔软，面团发酵透后擀薄，贴在锅底，三翻九转即熟。其大小因铁锅的大小而异，一般直径三四十厘米，厚度为1厘米左右。烙发面饼，一般用生铁锅，掌握火候是关键，把握住火候，烙出的发面饼才会酥软可口。肉食来源主要依靠家庭饲养，多以牛、羊、猪肉为主。冬闲时锡伯族人还常进行狩猎，野猪、野鸭、野兔、黄羊等均是冬季餐桌上常见的野味。锡伯族人在吃猪肉方面，有一个特殊的方法。每当宰猪，将清炖的猪肉、杂碎都切成碎块或碎片后与灌肠煮熟的猪血拌在一起，同时调以佐料（蒜泥、葱花、盐等），其味道鲜美，再肥的肉也不会腻。这种吃法，称作“猪血拌肉”。锡伯族有一种别有风味的咸菜，叫哈吐浑索吉或花花菜。它是用韭菜（要老的）、红椒、青椒、芹菜、黄萝卜与包心菜做成的。由于及时拌以盐并盛入瓦缸里，各种蔬菜原有的红、绿、白、黄等颜色截然分明，在冰天雪地的隆冬、饭桌上有那么一小碟由夏季各种蔬菜组成的色调俱全的花花菜，会激起人们强烈的食欲。米顺是锡伯族调味用的具有民族特色的面酱。每年阴历四月十八日前，锡伯族家家户户都将数十斤发芽的小麦制作为面酱，刚发芽后的小麦倒入开水锅煮熟，盛进瓦缸里，放在火炕最热处捂起来，等待几十天便发酵成酒曲状且有甜味（这时不可食用），在发酵过程中有时会被厌氧的肉毒杆菌污染，过去，人们不知道这个原理而误食，导致许多人患病，甚至丧失生命。熬各种果酱、制作罐头食品是锡伯族妇女的拿手技艺。每年夏天妇女会制作各种果酱、西红柿酱及其他食品罐头。常做的是杏子酱、草莓酱、桃子酱、苹果酱、糖水葡萄、糖水海棠果等。蔬菜类罐头有西红柿酱、虎皮辣子、烧茄子等。其做法是将做好的成品盛入玻璃罐头瓶内，把有密封圈的瓶盖盖在上头，置于开水锅中蒸半小时左右，蒸完立即将瓶盖拧紧，这样就可起到密封的作用。家庭制作的罐头可谓是绿色食品，不放任何添加剂，原汁原味，别具特色。

塔塔尔族

生活在新疆北部的塔塔尔族是自外迁移而来的民族。塔塔尔族的传统饮食十分丰富，独具民族风味。肉食的原料有马、牛、羊、鸡、鸭、鹅、鱼肉；面食的原料主要是小麦和大米；蔬菜类有土豆、豆角、豇豆、黄萝卜、洋葱、包心菜、南瓜等；鸡蛋、清油、牛羊奶、奶皮、砂糖、蜂蜜、各种干鲜瓜果也是重要的原料。日常食品很丰富。塔塔尔族饮食种类很多，主要有肉汤饭、克孜杜尔玛（一种烤制的食物）、沙里玛阿西（一种煮制的食物）、白里西（烤制的饼）、古拜底埃（大米加奶酪等做成的食物）、帕热玛其（煎蒸包子）、布坎（油炸饼）及饼干、酱汁、饮料等。还有各种炒菜和酿制的饮料。

塔塔尔族一日三餐，早晚多用茶点，中午吃正餐。日常饮食以面、肉、奶为主，也食用大米、蔬菜和水果。塔塔尔族妇女以高超的烹饪手艺，及精于制作各种烤饼和糕点而闻名。她们做出来的糕点，不仅美味可口、品种繁多，而且形状也很美观。用鸡蛋、面粉做成的小馕，以灵巧精致、口味鲜美而驰名全疆。制作糕点的原料与内地基本一样，为面粉、鸡蛋、奶油和白糖等。在节日、婚礼或宴请宾客时，都要精心制作各种精美的糕点食用。

塔塔尔族最具特色的传统风味食品是“古拜底埃”和“伊特白里西”。“古拜底埃”是用洗净晒干的大米，上覆奶油、杏干、葡萄干等放在火炉中烤制而成的一种糕饼，其特色是外皮酥脆，内芯松软，香甜可口；“伊特白里西”的做法与“古拜底埃”基本一样，不同之处在于原料以南瓜为主，再加入肉和大米。塔塔尔族有一首描写饮食的民歌，歌词生动有趣：“古拜底埃嗡嗡响，哈巴克白里西（南瓜烤饼）哈哈笑，烤炉内的斋比白里西（烤包子）熟后待吃嘣嘣跳。”

其他美食还有用面粉与鸡蛋、奶油、砂糖、鲜奶、可可粉、苏打制成的“去买西”；用牛肉、土豆、大米、鸡蛋、盐、胡椒粉制成的“卡特力特”（抓饭）；以及“帕拉马西”馅饼、带土豆泥的油煎饼、饺子、面条、拌面、油煎肉等。

副食主要有肉食和奶类食物。肉类食物有“开西米日”、“克孜都日米拉”、奶油酥鸡等。“开西米日”即把羊肉、马肉或牛肉块和胡萝卜煮熟后食用；“克孜都日米拉”则是把熟肉块（牛、鸡、鸭、鹅肉块）和煮熟的土豆放在平底锅烧烤，然后将肉块和土豆片混合食用。奶油酥鸡别有风味，把酥油、鸡蛋和牛奶灌入鸡膛内，把口缝紧，用慢火炖熟即可食用。果酱也是塔塔尔族的重要副食之一。伊犁地区塔塔尔人常用苹果、海棠果、杏子、红枣、葡萄干、草莓果等制作果酱。最为有名的是以野生马林（树莓）为原料制作的“唐古来酱”和草莓酱。苹果酱的制法是：将优质苹果摘除果柄，用清水洗净，按一千克白糖配一千克水果的比例投料。先将白糖放入铜锅内以微火煎熬，待白糖全部融化后，放入苹果并不住地搅动，煎熬 4~5 个小时即成。草莓果酱只需煎熬 15~20 分钟即可。冷却后舀入容器储存，并可随时取出食用。一般可存放 3~5 年。

塔塔尔族的点心有饼干和“巴哈力”两种。制作饼干大多以面粉、砂糖、牛奶、鸡蛋为原料，其形状丰富多样，有核桃状、娃娃状和动物状。“巴哈力”是将蜂蜜、鸡蛋、砂糖、清油、面粉和在一起，放在烤盘上摊开，上面点缀核桃仁、杏仁及葡萄干，经火烤而成，味道香甜酥松。日常饮品多样。塔塔尔族的饮料除茶外，还有牛奶、羊奶和马奶。最富民族特色和最受欢迎的是用蜂蜜发酵制成的“克尔西麻”；用野葡萄、砂糖和淀粉酿制的“克赛勒”；用茶叶、枸杞、杏仁、冰糖炮制的五香茶。奶茶是塔塔尔族人生活中不可缺少的饮料，烹制奶茶很有讲究，不同民族、不同地区、不同时代，烹制的原料和方法也不尽相同。塔塔尔族人一般多用茯茶作原料烹制奶茶。烧制奶茶时，先将茶水熬至适宜浓度，撇去茶渣，将熟奶掺入混匀，使其沸腾，待茶乳交融后加适量食盐即成。饮奶茶时，把奶茶盛入碗中，稍加奶油或酥油，然后将小片的馕泡入奶茶食用，可谓最简单的一餐。奶茶又是塔塔尔族人待客的常备饮料。待客时，主人坐在客人的下方给客人敬茶。塔塔尔族很注重用餐礼节。全家人按长幼顺序就座，每人面前放置一块手巾，用于擦嘴、揩手，防止饭菜溅污衣服。饭前洗手，人各一份刀叉、勺子。主妇端送食物，先长后幼，秩序井然，有些人家有饭后吃水果的习惯。吃饭时不可有失礼行为，不能剩饭剩菜，并向主妇致谢。

塔塔尔族的婚宴食俗亦颇有情趣。夕阳西下时，新郎来至女方家，先按教规举行仪式，然后夫妇共饮一杯糖水，表示生活甘甜似蜜。从当晚开始，新郎要在女方家留住一段时间，有的地方要一直住到孩子出生，才双双回到男方家。新娘回到夫家，亲友们还要向她身上撒糖果，举行宴会，以示欢迎。

壮族

广西壮族自治区以壮族人口居多，他们的饮食习惯自成一体。多数地区的壮族人习惯于一日三餐，也有少数地区的壮族人会吃四餐，即在中、晚餐之间加一小餐。早、中餐一般比较简单，以吃稀饭为主，晚餐则为正餐，多吃干饭，菜肴也较为丰富。大米和玉米是壮族地区盛产的粮食，自然而然成为他们的主食。

日常蔬菜有青菜、瓜苗、瓜叶、京白菜（大白菜）、小白菜、油菜、芥菜、生菜、芹菜、菠菜、芥蓝、蕹菜、萝卜、苦麻菜，豆叶、红薯叶、南瓜苗、南瓜花、豌豆苗也可以作为菜。以水煮最为常见，也有腌菜的习惯，如腌成酸菜、酸笋、咸萝卜、大头菜等。在快出锅时加入猪油、食盐。壮族人对任何禽畜肉都没有禁忌，如猪肉、牛肉、羊肉、鸡肉、鸭肉和鹅肉等。不过，有些地区不吃狗肉，也有些地区却酷爱吃狗肉。猪肉也是整块先煮，后切成一手见方的肉块，回锅加调料即成。壮族人习惯将新鲜的鸡、鸭、鱼和蔬菜制成七八分熟，菜在热锅中稍煸炒后即出锅，可以保持菜的鲜味。壮族人喜爱猎食烹调野味、昆虫，对三七的食疗颇有研究，利用三七花、叶、根、须做菜很有特色。壮族人还擅长烤、炸、炖、腌、卤等多种烹饪方法，嗜酒，口味麻辣偏酸，喜食酥香菜品。主要特色菜有辣血旺、火把肉、壮家烧鸭、盐风肝、脆熘蜂儿、五香豆虫、油炸沙虫、皮肝糁、子姜野兔肉、白炒三七花田鸡、岜夯鸡等。壮族人自家还酿制米酒、红薯酒和木薯酒，度数都不太高，其中米酒是过节和待客的主要饮料，有的在米酒中配以鸡胆称为鸡胆酒，配以鸡杂称为鸡杂酒，配以猪肝称为猪肝酒。饮鸡杂酒和猪肝酒时要一饮而尽，留在嘴里的鸡杂、猪肝则慢慢咀嚼，既可解酒，又可当菜。

壮族有许多著名的菜肴和小吃，主要有马脚杆、鱼生、烤乳猪、宁明壮粽、状元柴把、白切狗肉、壮家酥鸡、清炖破脸狗、龙泵三夹等。五色糯米饭则是壮族地区的传统风味小吃，因糯米饭呈黑、红、黄、白、紫等五种色彩而得名，俗称五色饭，又称乌饭、青精饭或花米饭。每逢清明节、农历三月三、四月八、牛王节、端午节等民间传统节日，壮族群众家家户户都喜欢做五色糯米饭吃，家家户户都要做五色糯米饭，以作赶歌圩食用，或祭祖祭神之用。壮家人十分喜爱五色糯米饭，把它看作吉祥如意、五谷丰登的象征。制作时选用优质糯米，并采集紫蕃藤、黄花、枫叶、红蓝草浸泡出液体，分别拌入糯米，然后合而蒸之，不仅色彩斑斓，而且味道香醇，象征生活美好。四月初八，早稻已插完返青，人们用五色糯米饭揉成小团团，黏附在竹枝上，插于祖宗神龛，又从田中取回一株生长旺盛的禾苗，以南瓜叶包根，放在碗里，一并祭祀祖宗，祈求祖宗保佑五谷丰登。这种风味食品与祭祖娱神活动融在一起，充满着民族、地方情趣。家人、戚友、情人往往共尝五色糯米饭，味道特别鲜香。这一习俗沿袭久远，据清代《武缘县图经》记载：“三月三日，取枫叶泡汁染饭为黑色，即青精饭也。”

仡佬族

仡佬族人生活的地区大多位于云贵高原向四川盆地过渡的斜坡地带，那里地形复杂，气候潮湿。仡佬族人的经济生活以农业为主，山地种植玉米，平地种植水稻，因此，这两种作物是仡佬族人最主要的粮食。农忙季节日食三餐，农闲时多食两餐，除了正餐，尚有“过早”“歇闹（歇劳）”“消夜”等习俗。肉食以猪肉为主，鸡、鸭、羊肉次之，多数人不吃牛马肉和病死的禽畜肉。仡佬族人嗜吃酸味和辛辣食品，有“三天不吃酸，走路打蹿蹿”之说。糍粑常作祭祀祖宗神灵的供品，亦为待客和节日食品。仡佬族人习惯把玉米粉放在蒸笼里蒸熟，叫作玉米干饭，这是他们一年四季餐桌上的主食。在节日或有远客临门时，他们就在玉米面里加上等量的白米蒸熟，称为混合饭。为了祛潮取暖，仡佬族人每餐都少不了一锅辣椒汤；仡佬族人的辣椒有多种吃法，如辣椒粥、霉豆腐辣椒、豆辣椒等，不过，最受他们喜爱的要数骨粉与辣椒加工腌制而成的辣椒骨。

仡佬族人喜爱饮酒，多为自酿。以前有咂酒，以糯米、高粱、玉米、小米、小麦等为原料，发酵后贮坛密封，预置竹管，用时含管吸饮。后多为甜酒、烧酒。甜酒俗称“醪糟”，用糯米或玉米、小米酿制，多用于煮汤圆、鸡蛋，或用凉水冲饮。烧酒亦称火酒，用玉米或高粱酿制，其味浓烈，是平常待客和筵席必备的饮品。仡佬族男性喜抽土烟（亦称叶子烟），亦有中老年妇女抽叶子烟，近年来青年中吸香烟者增多。

仡佬族人喝的茶分为清茶和油茶。清茶多用老鹰茶、藤茶、家茶或苦丁茶熬制。油茶是将家茶用油煎炒后加水煮沸，将干时用木瓢背反复揉成浆状，称为“茶羹”，再加油煎羹，添水煮沸，加盐，佐以芝麻、核桃仁、花椒调味，即可饮用。油茶可以搭配粑粑、粽子、麻糖、瓜子等佐食，亦可煮“油茶鸡蛋”“油茶汤圆”“油茶稀饭”等食用。大多数地方的仡佬族人都有“吃油茶”的习惯，并视之为待客佳品，有的地方日食三餐不离，否则精神不振。居住在旧城、隆兴一带的仡佬族人多无“吃油茶”的习俗。

筵席常以酥扣（亦称烧白）、糟扣为主肴，配以滑肉（亦称酥肉）、粉条、黄花、木耳、豆类制成品等凑满“八大碗”或“十大碗”，俗称“大水席”。一些地方还盛行“三幺台”，即筵席分三台吃完，先酒次茶后饭，或先茶次酒后饭。油茶佐以糕、糖、干果、葵花子，酒佐冷盘热炒，饭加蒸碗汤菜。座席多为每桌 10 人（上下席各 2 人，左右席各 3 人）。

仡佬族的饮食文化以酸辣为特色，仡佬族以大米、玉米为主食，兼食面食、杂粮及薯类。喜食糯米糍粑，一般农家饮用泉水，待客用茶。仡佬族善酿酒，著名的茅台酒就是近代企业家开发古老“爬坡酒”形成的产品。仡佬族以玉米、大米为主食，兼食小麦、红薯、马铃薯、土豆、豌豆、蚕豆等，喜食酸、辣味。讲究宴席饮食，习惯要求是“二幺台”或“三幺台”。第一台是“茶席”，以糖食果饼、核桃、板栗、花生、白果、葵花子等配饮清茶；第二台是酒席，用盘盛香肠、盐蛋、咸菜、凉拌菜等下酒。第三台是正席，有大菜（即扣肉烧白）、各种炒茶、薏米、粉条、滑肉、豆腐丝等。仡佬族大都喜欢把鲜菜做成酸菜和腌菜再吃，如用青菜、辣椒、大蒜、生姜混合腌制的酸辣菜，用香椿芽腌制的腌香椿，不仅可以凉拌，单独做菜，而且还可用来做成大菜。肉类主要有猪肉、羊肉和牛肉、马肉，其中较有代表性的风味菜肴是用猪骨头、鸡肉加大量的辣椒粉舂碎，加各种作料做成的辣椒骨，食用时既可单独做汤，又可与其他菜相配，制成各种风味菜肴。仡佬族很喜欢吃辣食，吃法很多，如将嫩辣椒放在干锅内爆成半熟，然后用油炒煳；或将嫩辣椒煮成半熟，晒干，吃时再用油炸，直接用来下酒。

仡佬族善酿酒，以“爬坡酒”最富特色，酒用玉米、高粱、毛稗、稻谷等酿制而成，常用作礼品赠送亲友。酒酿成后，盛于缸内，用紫灰拌黄泥密封缸口。密封时，将两根一弯一直的空心细竹竿插入缸内，外露一段。有的还将此酒窖在地下，两三年后作嫁女酒宴之用，又称“嫁女酒”。饮用时，打开空心竹竿塞，客人们轮流咂饮。他们的特色饮食有以下几种。油茶：一些地区的仡佬族人家喜欢吃油茶。制法是用猪油放于铁锅内加热，拌以蛋、肉，再掺水，放些盐、糖熬成，以作饮料，配以玉米花、米花、酥食、麻饼、花生、糯米粑，干、稀相配，作待客之用。百合：“百合肉丝”是仡佬族地区味道别具一格的名菜。务川百合粉，加工精细，粉质松散，光滑细腻，清香可口。务川牛肉干：具有民族风味，色棕红，味鲜美，因为这里的山区牛多肉嫩，务川牛肉干销往广西、广东、湖南、浙江、福建等省区。道真旧城灰豆腐果：以黄豆为原料制成豆腐，再辅以桐壳灰、草木灰、荞秆灰等，用传统方式加工而成。质地绵酥，色灰白，鲜香可口。

侗族

侗族人民的饮食以大米为主要食物，平坝地区以粳米为主，山区则多食用糯米。普遍喜食辣椒和酸味。自行加工的“醅鱼”“醅肉”，储藏十数年不坏。用油茶待客是侗族人民的一种好客习惯。侗族的村落依山傍水，以南部地区最富有特色。村头寨尾多蓄有古树，溪流上横跨“风雨桥”，寨中鱼塘四布。侗族按族姓聚居，鼓楼耸立其间。居住“干栏”式房屋，楼上住人，楼下关养牲畜和堆置杂物。大部分地区日食三餐，也有部分地方有日食四餐之习，即两茶两饭。两茶是指侗族民间特有的油茶。油茶是由茶叶、花、炒花生（或酥黄豆）、糯米饭，加肉或猪油下水、盐、葱花等原料（有的地方还加菠菜或茼蒿），制成的汤状稀食，既能解渴，又能充饥，故常称“吃油茶”。日常蔬菜十分丰富，除鲜食南瓜、苦瓜、韭菜外，大部分蔬菜会腌成酸菜。如酸黄瓜、酸萝卜、酸刀豆、酸蕨菜等。侗族日常菜肴以酸味为主。不仅有酸汤，还有用酸汤做成的各种酸菜、酸肉、酸鱼、酸鸡、酸鸭等。相传腌酸菜始于宋代。制作酸菜有坛制和筒制两种，坛制是指将淘米水装入坛内，置于火塘边加温发酵，制成酸汤，然后用酸汤煮鱼虾、蔬菜，作为日常最常见的菜肴。民间经常食用的虾酱也多以坛制作。腌鱼、腌猪排、腌牛排及腌鸡鸭则以筒制为主。筒有木桶和楠竹筒两种。制作腌鱼以入冬最佳，腌渍时间越长，其味越醇。鱼虾除大量酸食外，亦常鲜食。侗族成年男子普遍喜爱饮酒，所饮酒类大多是自家酿制的米酒，度数不高，淡而醇香。

彝族

云南民族饮食文化具有历史悠久、地域性强、品类多样、文化内涵丰富、烹饪技艺灵活、肴馔制作独特、区域风格历史传承性和多元复合性等特点。云南民族菜肴是中国饮食优秀文化遗产之一。

彝族是西南民族中人口最多的民族，分布于中国西南部的几个省份。云南彝族占总人口的2/3，由于居住的地理环境和丰富的自然资源，以农业为基础的彝族人多种植玉米、土豆、大麦、小麦和荞麦。蔬菜也较为丰富。居住在山区、半山区的彝族人喜欢养羊，尤以小凉山的彝族人养羊数量最多。羊肉是其主要的食源，吃羊时有一些特殊的习俗：羊肝、羊胃首先用来祭祀祖灵，然后进行烧食，也有的选择生食；羊脑留给老人食用；处于生育期的妇女忌吃公羊；牧羊人不能食羊尾巴；羊血用萝卜丝拌后腌作咸菜，放在饭上蒸熟吃，味道特别鲜美。彝族吃鸡也有一些讲究。一般吃清炖，用陶锅煮制，不用刀切。煮熟后用手将鸡撕成条块，蘸辣椒、花椒汁食用。鸡头由老人食用，并要看卦（鸡脑的形状）。

彝族人喜欢喝酒，酒分甜、辣两种，过去都是在家自酿。甜酒用糯米酿制，辣酒用高粱或玉米酿制。有“客人到家无酒不成敬意”的传统。彝族在过年过节时会宰牛杀羊，宰猪宰鸡，而平时一般很少动牲，除非款待客人。彝族有杀年猪的习俗，一半留给自己吃，另一半送给岳父岳母。年猪多用来腌制，挂起来阴干制成腊肉或火腿。逢年过节时还要吃砣砣肉、糍粑，喝坛坛酒、泡水酒、酒茶。

农历六月二十四日火把节时，家家户户宰羊杀鸡，煮新荞麦饭。用羊肉拌和后向四周泼洒，表示祭祀，祈求庄稼好，无灾无病。晚上，点燃火把，载歌载舞以驱散虫蛇和害虫。广西彝族在九月初一过打粑节时有“尝新”的习俗，即食用新稻谷。这些都是节日喜庆的食俗。

彝族有一套社交礼仪习俗。彝家好客，凡家中来客皆先以酒相待。宴客规格或大或小，以椎牛为最高礼遇，打羊、杀猪、宰鸡渐次之。打牲时，要将牲口牵至客前以示尊敬。以牛、羊待客皆不用刀，而是用手捏死或捶死，故称打牲，其手法极敏捷，往往牲未死而皮已剥。宴客时的座位顺序有一定的惯制，一般围锅庄席地而食，客人一般让座于锅庄上首，彝族称此处为“呷尔果”；评价者或主人陪坐于锅庄右首，彝族称此处为“尼木”；帮忙者、妇女和亲友则坐于锅庄下首，彝族称此处为“呷基果”。客人多时，顺延至右侧。行酒的顺序依据彝谚“耕地由下而上，端酒以上而下”。先上座而后下座，“酒是老年人的，肉是年轻人的”，端酒给贵宾后，要先老年人或长辈，次给年轻人，人人有份。

在农村无论婚丧嫁娶，都有“早六晚八”的习俗。即早上六碗菜，如水豆腐、红烧猪肉、回锅肉、白菜粉条、猪血和花生米。晚上八碗菜，如黄条、红烧肉、绉沙（炒肉皮）、千张肉、凉白肉、烩腊肠、花生等，经济宽裕的还要炖上一碗鸡。

彝族擅长烤、炸、煮、拌等烹调技法，口味嗜咸、香、辣、麻，尤以制作乳饼而闻名。彝族日常饮料有酒和茶，以酒待客，民间有“汉人贵茶，彝人贵酒”之说。饮茶之习在老年人中比较普遍，以烤茶为主，彝族饮茶时每次只斟浅浅的半杯，徐徐而饮。

正因为云南饮食的特殊性和丰富性，马来西亚在饮食文化上也受中国云南饮食习惯的影响。据考证，马来人的祖先主要是来自我国云南一带种植水稻的民族，马来人的某些食俗同这些先民大有关系。例如，马来人的大米从种植到收获，都有类似中国古代的祭祀活动和礼仪。马来菜的烹制方法和中国菜相似。马来语中称作“塔夫”的中国豆腐，在当地十分受喜爱，有些地方还把豆腐的色、香、味融入本土传统的咖喱菜。

佤族

佤族主要聚居在中国南部云南省。佤族地区盛产稻谷，并普遍种植旱稻。佤族人的主食以稻米为主，玉米、高粱、小红米、荞麦、豇豆、绿豆次之。蔬菜有竹笋、辣椒、东瓜、南瓜、洋丝瓜、红豆、架豆、大豆、茄子、芋头，有的家庭在自家的园圃种植青菜、葱、蒜、韭菜和芫荽等。佤族的主食做法有三种：即熬稀饭、煮烂饭（介于干饭与稀饭之间，半干半稀的饭）、煮干饭。每日两三餐不等。煮饭的大米是临时舂成的稻米，吃多少舂多少。佤族人普遍喜欢食用烂饭。煮法是把米、青菜以及盐巴、辣椒、肉（如猪肉、牛肉）放进锅里一起煮，煮成烂饭即可，味道极为鲜美诱人。有的地区以干饭为主食，副食主要是以青菜类、瓜类、酸竹笋、盐巴、辣椒、蒜或者鲜肉熬汤菜就饭，这是佤族人平时最讲究的一种饭食。

佤族人的肉食主要来源于家庭饲养，有猪、牛、鸡。此外，也有捕食鼠和昆虫的习惯。一些地区的佤族人还有捕食昆虫的习惯，更食用竹蛹，寄生于草本植物的红毛虫、扫把虫和寄生于冬瓜树的冬瓜虫等十余种。一般把可食的昆虫与米一起煮成粥，加菜、盐，拌辣椒，香辣可口。佤族人养蜂比较普遍，但养蜂方法十分特别，先用一段掏空的圆木，两头封口，留出数个小孔，供野蜂进出，放在森林或屋檐下，使其繁殖酿蜜，每年割蜜 2~3 次，与其中蜂蛹一起食用。

按佤族习俗，主妇负责煮饭和分菜。饭熟之后，把饭盛在一个个大木盘里分给家人，每人盛给一碗汤菜，如有肉，则每人平均分得一份。全家人围蹲在主火塘边吃饭，如有外人在场，也会分给一份饭菜。佤族人重视节庆，皆有相关的食礼。如“崩南尼”（佤年）、播种节、接新水节、取新火、拉木鼓等，都蕴藏着神圣的理念，备有丰美的食品。如播种撒谷定在布谷鸟催耕之时。村村寨寨、家家户户提前备好各式饭菜，集中到山坡地上，统一交给一位长者去分配。然后青年播种，儿童送水，姑娘唱歌弹琴。待到开饭时，只见地头整齐摆放着大小一致的两行饭包，都用芭蕉叶裹好，没有碗，没有筷子，众人洗手后各取一包坐着吃，颇有情趣。它把劳动、音乐、情爱、烹调和谐地统一在一起，表现出他们淳朴的道德风尚。水酒是热情好客的佤族人民待客的最佳饮料，其用菌母发酵制成，喝后清凉益神，和胃健脾。水酒与啤酒有相似之处，度数较低，比啤酒稍甜，男女老幼皆适宜饮用。每逢喜庆佳节，家家户户都酿制水酒，尤其是农村经济体制改革后，社员生活水平不断提高，村村寨寨到处飘散着酒香。佤族的酒礼多种多样。有的是主人先饮一口再奉给客人，客人一定要喝，并且要喝光，这表示双方的诚意；有的是主客同蹲地上，主人右手敬，客人右手接后倒一点在地上，意为敬祖，然后同时喝干，这表示亲如一家。此外，还有“解冤洗手酒”用于调解纠纷。届时双方整队参加，由与双方都友好的第三寨头人和“大魔巴”（祭司）主持。首先彼此敬酒，各自诉说被对方伤害的情况，并对自己的过失自责；继而互赠牛肋骨和穿孔的黄蜡，表示今后应当同心、通气；接着主持者倒尽水，双方洗手，就地栽一块巨石表示世代友好；同时理亏的一方赔偿一定的财物；最后共同“剽牛”，吃肉喝酒，以资庆贺，积怨从此化开。

佤族一般不喝泡茶，饮的是苦茶。饮茶的方式别有特色：将自家制作的茶叶（一般是绿茶）用小铝锅烤成金黄色，待散发出香味后，放入底大口小的小型土制陶缸里；茶叶约占陶缸体积的 2/3。然后倒进清水，并在缸口内放进一块小木片，用炭火煎茶，不时用小木片把茶叶压下，以防茶叶随着茶汁沸出缸外。第一遍倒进的水快煎干时，再加进第二遍清水，煎到剩二分之一时，茶汁即可斟出饮用。

佤族男女普遍有吸烟草的习惯。各家都有一块园圃，除了种些蔬菜，还自己种植烟草。吸烟方法有两种：一种是用烟斗吸，另一种是用水烟筒吸。外出或者下田劳动时，男女总要在腰部挂上一个烟斗，还随身携带一个用竹片编成的烟盒。水烟筒是用口径六厘米，长二尺的竹筒制成，所谓水烟筒，就是往竹筒里灌入适量的净水（大约三分之一），这样能吸出烟雾，减少焦油含量。如果你到佤族人家串门或做客，主人会热情地用双手递过烟筒给你，要你品味他家自种的草烟。

佤族人大多忌食鸡蛋，不用辣椒作馈赠之物。禁止践踏剽猪石，禁止用手抹神灶，禁止带生姜进屋，禁止在神树林中狩猎。客人进寨要经过允许，并赠送酒肉或甘蔗；客人进屋，只能在外屋火塘煮饭烧水；主人杀鸡，客人须劝阻；主人献鸡，客人要回报敬鸡头。

嚼槟榔是佤族男女老少普遍的嗜好，平时劳动休息或闲谈，口中都嚼一块槟榔。所嚼槟榔都是用麻栎叶和石灰煮成的代用品，据称嚼槟榔有健齿作用。

特色食品有茶花稀饭、火烧蛇肉、青豌豆炒蚂蚁蛋、油煎柴虫等。

撒拉族

生活在青海循化的撒拉族在过去的贫困年代，食物以青稞、洋芋为主，而现在随着人们生活水平的大幅提高，食物结构也发生了很大变化，以小麦为主食，辅食以青稞、荞麦、洋芋以及各类佐食蔬菜为主。饮食品种主要分面食、肉食、小吃和饮料等。面食：精明智慧的撒拉族人学人之长，集汉、藏、回等多民族的面食技艺于一体，做出了蒸、炸、煮、烤、炒等各种面食，特点是做法精细，味道香美，具有突厥传统和高原风味。蒸制面食有花卷、各种包子、酥盘等，还有一种叫“向阿”的芽面，可用碗蒸着吃。雀舌面是撒拉族人待客敬老时特意做的一种面食，这种面食形似雀舌，薄且小巧玲珑，进口后，不拖舌，不哽噎，特别适宜老年人食用。搅团是撒拉族妇女和老人普遍爱吃的一种面食，尤其是在闲暇时节，妇女们三五成群集中到一家，大家一起动手做一顿荞麦面的搅团（在水烧开的锅里，将荞麦面徐徐撒入，一手持木棍搅拌，至稠糊状，焖十几分钟后，倒入一些开水，再焖几分钟即成，然后，将搅团捞到碗里，用勺底压平，调上佐料后即可食用）。麦仁饭是丧葬礼仪中全村人集中食用的一种食物。将麦子捣烂并吹去麦皮，倒进大锅，放少量蚕豆并开始烧火，麦仁煮烂后，再把一旁炒出来的肉丁、葱花等放进锅里，然后喊全村人来吃麦仁饭。

炸制技术是中国清真饮食文化中的传统技艺，撒拉族油炸面食富有特色，最有代表性的为馓子和月牙油香等。馓子已成为中国清真美食中的佼佼者，是撒拉族宴席上不可或缺的食品。炸馓子的那天，天不亮时，小伙子们就开始揉面，面揉好后，做成直径五尺左右，厚有三寸的圆形面团，中间挖一个孔，将手套进孔内，并用两手将其抡成圆筒状，使其增加韧性，放在案板上，切成块，表面擦点青油，放进陶缸中，盖住盖子，半小时至一小时后，一个一个拿出来，两块中间挖一小孔，先用手指抡起来，然后用手，越拉面圈越大，面棍越细，这样一直拉到比筷子还细时为止，将几根缠绕在一根提前削好的木棍上，放入煮沸的油锅中炸熟即可。月牙油香是循化孟达地区独有的一种面食，每逢开斋节或宰牲节，每家每户都炸月牙油香招待客人，共度佳节。月牙油香的制作很简单，先将罐内的稀发面倒在案板上，放少许碱搅匀。一旁生火，锅中倒入约三分之二的动植物油，待油烧熟后，顺手抓起一把面浆，在手心中交叉拍平，猛然间，将面块向两边一扯，向下轻轻一甩，放进油锅里炸熟，捞出后即可食。

面食中还有烤、煎、焜制食品。如焜锅，原为当地藏族的一种食物，后来，被撒拉族学之食用。做法是：将发面揉好，放进直径约 20 厘米烧热的带盖铁锅内，然后将铁锅埋入灶口或炕洞的火灰堆中，约 5 分钟转一下铁锅位置，大约焖 20 分钟即可食用。玉米面球，撒拉族语称“苞谷疙瘩”，是撒拉族传统的焜制食品。做法是：把烫好的玉米面捏成婴儿拳头般大的球体，而后入锅与土豆块、白菜片等焖熟后即可食之。

在饮食中，小吃用料讲究，做法精细，品种繁多。撒拉族的小吃有炒面、甜醅、杂碎、牙尔玛等，尤以炒面颇有特色。炒面是突厥民族的传统食品。它是用炒麦或芽麦磨成的粉，也有炒麦配以各种果干、芝麻，磨成甜炒面。吃法可以干吃或用开水搅拌吃，它是最佳的旅游食品。

撒拉族的主要饮料为茶。平时，撒拉人一般喝清茶或是用炒麦熬成的麦茯茶。老人喜欢喝酥油茶或牛奶茶。婚丧嫁娶时，以盖碗茶待客。撒拉人很讲究盖碗茶，茶叶要鲜而色正，并配以桂圆、冰糖、核桃仁、杏干、葡萄干、枸杞等，沸水清洁无染。味甜可口，沁人心脾。俗称“八宝盖碗茶”。肉食：撒拉族深受伊斯兰文化的影响，严格遵守《古兰经》所规定的禁律，不吃死肉、血液、猪肉等。主要食用牛、羊、骆驼、鸡、鱼等。撒拉族长期兼营畜牧业，周边又与牧区毗连，为此，其肉类食物有碗菜、手抓羊肉、肥肠等，颇具突厥传统和高原风味。碗菜亦称烩菜，用料为肉块、洋芋、萝卜块等，并加少许粉条。手抓羊肉是撒拉族人最喜欢吃的一种肉食品。煮羊肉，最好的部位是羊肋巴和羊背部分，煮时，将羊肉剁成手掌大小的条块，煮熟后，捞到盘里，用手撕或用牙咬着吃。肥肠是一种用羊肉做成的独特食品，可入席，具体制法是：将刚宰的羊大肠洗净备用，洗净肝、肺、心、肾等，切碎后拌入姜、花椒粉、盐、葱末等，掺入面粉，拌匀作馅，灌入肠内两端扎口，下锅煮熟后捞出。撒拉族饮食具有突厥传统、伊斯兰特色和高原风味，在与其他民族饮食相互影响、交融相汇的过程中，形成了自己独特的饮食文化。

高山族

高山族的族源具有多源性，主要为中国大陆东南沿海的古越人中的一支。自汉族居民移居台湾地区后，当地民族分化为两部分：一部分定居平原，与汉族融合，称为平埔人；另一部分仍定居山区，受汉族影响较少，至今保留着当地民族的语言、风俗和习惯，现在所说的高山族一般指这一部分族人。他们大多分布在中央山脉和东南部的岛屿上。

高山族的饮食以谷类和根茎类为主，一般以粟、稻、薯、芋为主食，并配以杂粮、野菜、猎物。山区以粟、旱稻为主粮，平原以水稻为主粮。除雅美人和布农人外，其他几个族群都以稻米为日常主食，并以薯类和杂粮为主食的补充。居住在兰屿的雅美人以芋头、小米和鱼为主食，布农人以小米、玉米和薯类（当地称地瓜）为主食。平埔人还特产香米、喜食“百草膏”（鹿肠内草浆拌上盐即食）。昔日饮食皆蹲踞生食，现在饮食、烹饪、享用十分考究。

高山族人嗜烟酒、嗜嚼槟榔。高山族蔬菜来源比较广泛，大部分靠种植，少量依靠采集。常见的有南瓜、韭菜、萝卜、白菜、土豆、豆类、辣椒、姜和各种山笋野菜。高山族人普遍爱食用姜，有的直接用姜蘸盐当菜；有的用盐加辣椒腌制。肉类的来源主要靠饲养的猪、牛、鸡，在很多地区捕鱼和狩猎也是日常肉食的一种补充方式，特别是居住在山林里的高山族人，捕获的猎物几乎是日常肉类的主要来源。山林里的野生动物很多，如野猪、鹿及猴子等的肉都可入菜。

高山族的十个族群中各自都有自己独特的食品，其中典型食品有：腌肉，为高山族泰雅人、阿美人储存肉类的方法，其中泰雅人腌的猴肉和阿美人腌的鹿肉与野猪肉别具一格；咂酒，为高山族排湾人、布农人土法酿制的一种米酒。在主食的制作方法上，大部分高山族人都喜把稻米煮成饭，或将糯米、玉米面蒸成糕与糍粑。布农人在制作主食时，将锅内小米饭打烂成糊食用，排湾人喜用香蕉叶子卷黏小米，掺花生和兽肉，蒸熟作为节日佳肴，外出狩猎时也可带去。但作为狩猎带去的点心，馅里一般不加盐巴等咸味调料。泰雅人上山打猎时，喜用香蕉作馅裹上糯米，再用香蕉叶子包好，蒸熟后带去。排湾人喜欢将地瓜、木豆、芋头茎等掺和在一块，煮熟后当饭吃。泰雅人喜用生姜或辣椒泡的凉水作为饮料。据说此种饮料有治腹痛的功能。过去在上山狩猎时，还有饮兽血之习。不论男女，都嗜酒，一般都是饮用自家酿制的米酒，如粟酒、米酒和薯酒。

雅美人喜欢将饭或粥与芋头、红薯掺在一起煮熟作为主食。外出劳动或旅行，还常以干芋或煮熟的红薯及类似粽子的糯米制品为干粮。排湾等人狩猎时，不带锅，只带火柴，先将石块垒起，用干柴火烧热，再在石块底下放芋头、地瓜等，取沙土盖于石块上，熟后食用。食用芥菜时先将正在生长中的叶掰下来，用盐揉好，放两三天后再吃，留在地里的芥菜根继续生长。排湾人不吃狗、蛇、猫肉等，吃鱼的方法也很独特，一般都是在捞到鱼后，就地取一块石板烧热，把鱼放在石板上烤至八成熟，撒上盐即可食用。排湾小孩被禁食鳗鱼，甚至连其他鱼的鱼头也不让吃，认为吃了鱼头不吉利。

家庭与社交生态

婚姻

婚姻的沿革与生态

婚姻是社会的最基本形态之一，也是生态平衡的重要内容。自人类进入氏族社会以后，婚姻形式就存在了。婚姻是为当时社会制度所认可的，男女两性互为配偶的结合，强调两性、配偶身份及“婚姻是家庭产生的前提”。婚姻是家庭和社会的总开关，是子女成长、成才的基石，婚姻会涉及经济、人事等多种问题，婚后会涉及计划生育、抚养子女成人的主体责任。好的婚姻需要精心谋划，从实际出发，根据个人的身份做出调整，也要防止在婚姻中因为经济和机遇问题，丧失理智，弱化自己的社会功能，导致子女遗传人格变质。好的婚姻可使家庭和谐，事业顺利。婚姻是牵扯多方面且长期经受考验的问题，并非单单的两个人的生理或生活上的结合。追溯到原始时代，就有了所谓的婚姻，这是一种群居高等生命的本能属性，自然法则会用异性相吸的力量，使哺乳类生命得以繁衍生息。从科学意义上讲，如果没有婚姻，很多血统就会出现混乱，不利于人们的优良繁衍。由此足见婚姻与社会生态的重要关联。

原始人类起初并不需要婚姻，这与今天的灵长类动物相似，难以详述。后来有了氏族社会，实行集体群婚制，即一个氏族的男性或女性集体嫁到另一个氏族。这是在进化过程中为促进族群繁衍、防止近亲通婚导致族群退化而形成的习俗。再后来进入私有制社会，才有了一对一或一对数的固定夫妻关系，婚姻制度由此产生。

值得一提的是，由于婚姻产生于私有制，所以它一直与人的财产关系密切相关。由于男子是私有制社会的主体，女子常被看作男子的财产，因此多数古代社会是一夫多妻制，抢婚、买卖妻妾等现象也源于此。

至于在自然小农经济社会中，婚姻则是一种劳动的分工组合，即所谓“男耕女织”“男主外女主内”。而在现代社会中，对于普通百姓而言，婚姻则是为了组成一个家庭，在满足人的正常生活需要的同时，承担为家族和社会养育后代的责任和义务，也是人的一种归宿。

综合看来，婚姻是自然的法则，违背这一法则的人，会给自己带来一些烦恼。人类的婚姻发展史大约经历了如下几个阶段：杂乱性交时期、群婚（血缘群婚、族外群婚）、对偶婚、一夫一妻制。

男人的力量优势开始挑战母亲的权威，同时挑战父亲的权威，这必定在性的分配上产生冲突。而大的冲突，如争夺性伴侣，甚至会导致群体灭亡。人类学家发现，十几万年前，欧洲有一个被称为尼安德特人的种族，根据骨骼化石显示，其身材高大，体魄强健，后来却神秘消失。他们是否就是在这样的内部争斗中相互残杀而亡的呢？一方面是生存的本能和性的本能促使力量强大者要获得权力和地位，从而瓦解现有的族群；另一方面则是人类的发展要求维持稳定的群体。该怎么办？苏联史学家谢苗诺夫在《婚姻和家庭的起源》中认为，原始人依靠“性禁忌”来维持相对一段时间的稳定。

恩格斯认为，人类最古老的家庭形式是群婚，他将群婚阶段分解为：一是血缘家庭，即仅仅排斥祖先和子孙之间、双亲和子女之间互为夫妻，其他兄弟姐妹皆可。二是普那路亚家庭，即同胞（母方的）姐妹和兄弟间，不可性交。他没说明为什么要有这样的限制。至于限制嫡亲间的通婚是为了保证后代质量的说法也被证明是不科学的。而谢苗诺夫所说的为了避免内部的混乱和冲突的提法是可以认同的：第一种形式是为了防止犯上作乱；第二种形式是维持成年雄性的相互宽容，消除忌妒。

普那路亚家庭，必定会使得族群分化为一些氏族。在同一个氏族中，姐妹与兄弟之间，不可通婚。这就开启了不同氏族之间的通婚，进入了族外的群婚阶段。一群男人，共同地与另一氏族的一群女人通婚，反之亦然。族外婚，维持了本氏族的和谐，消灭了忌妒，发展了族群。族外群婚发展到新阶段，就是对偶婚，即一个男子以一群女子为妻子，其中有一个主妻；反之，一个女子也有一群男子为夫，其中有一个主夫。现代中国云南摩梭人在正常的一夫一妻制下，还维持“走婚”的形式，其实就是对偶婚的残留形态。但是，随着历史的发展，男性在生产活动中的地位越来越高，必然要挑战母权，久而久之，女人从属于男人，成为男人的财产。这是为了确保人类社会关系的生态平衡。

婚姻的形式与生态

一夫一妻制是指一名男性与一名女性结为夫妻的婚姻制度，双方同时只有一名配偶，是现时世界上多数国家奉行的婚姻制度。

随着父权的确立，财产的私有化，为了保证后代子嗣能够继承父亲的财产，要求子息血脉的纯洁性，同时孩子须确认父亲的身份。这就意味着对偶婚中，将以一夫多妻的形式存续；也对女子的贞洁性提出了要求。而血脉的正统性要求，即便在一夫多妻制中，也需有个主妻，像亚伯拉罕的妻子撒拉，为了让儿子以撒继承财产，将使女夏甲及其孩子赶走。而一夫一妻制的家庭，是这种要求的最终结果。

所以恩格斯说，一夫一妻制是不以自然条件为基础的，而以经济条件为基础，是私有制对原始公有制的胜利。家庭就是一个经济结合体，女人是男人的从属物，是财产。因而，不存在婚姻的离异性。但是，现代的婚姻家庭，要求以爱情为基础，而男女的独立，尤其是经济的独立，消解了经济结合体之必需的形式，女性也不再从属于男性，同时，爱情也不一定能够长久维续。这就是为什么现代家庭离异现象日趋严重。那么，这是否意味着，应该解体一夫一妻制，寻求以爱情或性本能维持的婚姻关系呢？值得讨论。

原始社会结束后，最先出现的是偶婚制，即一男一女按照婚姻形式结成配偶，但并不排斥与其他人保持关系的可能性。双方都可以随意离婚或分居。到了奴隶社会和封建社会，出现了多偶制，包括一妻多夫制和一夫多妻制。在某些文化中一个妻子同时存在多位丈夫，或者一个男子同时娶多个女子为妻。例如，藏族曾经存在这种婚姻模式。单一配偶制（又称单偶制或专偶制），指的是男女双方仅与对方建立婚姻关系，并排斥与外人同居，这是这一制度的根本要素。近代文明社会普遍采用这种婚姻制度（图 5-1）。

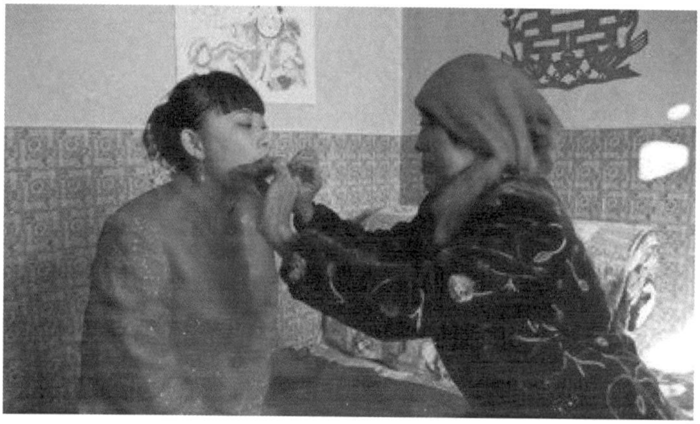

图 5-1　婚俗

结婚年龄与生态

中国现行法定结婚年龄为男性 22 周岁，女性 20 周岁。西周时期，通行的是“男三十而娶，女二十而嫁”的婚龄。古人认为：男 30 岁筋骨坚强，可以做父亲，女 20 岁发育成熟，可以做母亲。

此后，历代王朝关于婚龄的规定逐渐降低。春秋时期，齐桓公规定：男子 30

岁成家，女子 15 岁出嫁。越王勾践规定：男子 20 岁不婚，女子 16 岁不嫁，罪及父母。这是诸侯间为了争夺霸权，而采取加快人口增殖、增加劳动力和兵源的早婚政策。汉代规定：女子 15 岁以上不出嫁者需缴五倍的赋税。强迫人民早婚，以致许多父母不懂得怎样抚养教育儿女，造成婴儿死亡率增高。西晋规定：女子年满 17 岁，父母若不为其出嫁，则由地方官吏择配。北齐时规定：杂户中子女年 20 岁以下、14 岁以上未婚嫁者全部征集服役。北周规定：男 15 岁、女 13 岁以上都要婚嫁。唐初为缓和社会矛盾采取休养生息政策，对婚龄有所放宽，规定男 20 岁娶，女 15 岁嫁。唐中叶时降低为男 15 岁以上、女 13 岁以上皆听婚嫁，否则官府干预。此后，由宋至清，法定的婚龄都在男 16 岁、女 14 岁左右。近代以后，法定婚龄逐步提高。新中国成立初期，我国婚姻法规定男 20 岁，女 18 岁，始得结婚。现行的新婚姻法规定：男不得早于 22 岁，女不得早于 20 岁。

世界主要国家和地区的法定结婚年龄如下：伊朗特殊情况下法定结婚年龄 9 岁；荷兰法定结婚年龄 18 岁；俄罗斯法定结婚年龄 14 岁；法国法定结婚年龄 15 岁；菲律宾法定结婚年龄 16 岁；韩国法定结婚年龄 18 岁；日本法定结婚年龄男 18 岁、女 16 岁；巴西法定结婚年龄 16 岁；中国香港法定结婚年龄 16 岁；中国台湾法定结婚年龄 16 岁；美国各州不一，部分州规定，如双方未达到成年人年龄，须经父母同意方可结婚，有的州规定男子不满 18 岁、女子不满 16 岁者，即使父母同意也不能结婚。如爱达荷、密西西比、新泽西和华盛顿等州则允许年满 14 岁的男孩、年满 12 岁的女孩结婚。这些结婚年龄的不同规定反映了不同社会生态的需求。法定年龄的降低往往发生在人口减少、需要人口增加的情况下。尤其是在历史上的战乱时期。对于当代社会来说，主要原因除了宗教因素，还有经济和社会政治，以及思想认识的因素，不愿意多生多养，导致人口下降。于是，国家适当降低婚龄，希望能刺激生育率。反之，提高结婚年龄，提倡晚婚晚育，也多是因为本国人口增加，需要控制人口。我国自 20 世纪 70 年代以来，便实行计划生育政策以控制人口增长。

从婚俗中看生态

婚俗是人类在几千年的生活中积累下来的，它的存在与自然生态和社会生态存在很大的关系。中国古时男家去女家迎亲，均在夜间。《仪礼·士昏礼》谓：“昏礼下达。”郑玄注曰：“士娶妻之礼，以昏为期，因而名焉。必以昏者，阳往而阴来，日入三商为昏。”并且，“主人爵弁，纁裳，缁袘。从者毕玄端，乘墨车，从车二乘，执烛前马”。迎亲的人均穿黑衣，车马也用黑色。此俗与后世在白天迎亲、穿红色服饰的婚俗迥然不同。自唐代开始，始将迎亲的时间改为早晨。据唐代段成式的《酉阳杂俎》记载：“礼，婚礼必用昏，以其阳往而阴来也。今行礼于晓。”晓即拂晓。自此，清晨迎亲相沿至今。古代对刚入门的新妇姿态也很有讲究。据《吕氏春秋》记载：“惠子出，白圭告人曰：‘人有新娶妇者，妇至，宜安矜烟视媚行。’”尚秉和注曰：“安矜烟视媚行，形容新妇之状态，可谓入微矣。然可意会，难以言诠。安者，从容；矜者，谨慎；烟视者，眼波流动不直睨；媚行者，动止羞涩柔媚安徐也。是皆新妇初入门之状态，反是则失身份。”汉代结婚时，均以青布幔搭成帐篷，用以举行交拜之礼。《世说新语·假谲》篇记载：“魏武少时，尝与袁绍好为游侠。观人新婚，因潜入主人园中，夜叫呼云：‘有偷儿贼！’青庐中人皆出观。魏武乃入，抽刃劫新妇。”这种在青庐中成婚的习俗，一直延续到清代，在蒲松龄的《聊斋志异》中就有多处提及。

据史料记载，两汉之际已经有贺婚的习俗和新婚之夜听房的习俗。据《汉书·宣帝纪》记载：“五凤二年，诏曰：夫婚姻之礼，人伦之大者也。酒食之会，所以行礼乐也。今郡国二千石或擅为苛禁，禁民嫁娶不得具酒食相贺召，由是废乡党之礼，令民无所乐，非所以导民也。”汉宣帝这一诏书的目的，就在于提倡老百姓在婚礼上设酒宴庆贺。又据《后汉书·袁隗妻传》记载，袁隗与妻子进入洞房后，夫妻俩在说悄悄话，隗又曰：“弟先兄举，世以为笑。今处姊未适，先行可乎？”对曰：“妾姊高行殊邈，未遭良匹，不似鄙薄，苟然而已。”又问曰：“南郡君学穷道奥，文为辞宗，而所在之职，辄以货财为损，何邪？”对曰：“孔子大圣，不免武叔之毁；子路至贤，犹有伯寮之诉。家君获此，固其宜耳。”隗默然不能屈，帐外听者为惭。可证汉代已有听房的习俗（图 5–2）。

图 5–2　农村婚礼

另外，古代婚俗中与后世不同的一项是，古代妇女并不忌讳再嫁，从周朝至北宋妇女再嫁是很常见的。据《礼记·檀弓》记载，孔子的儿子伯鱼死后，“其妻嫁于卫”。又载：“子思之母死于卫，赴于子思，子思哭于庙。门人至曰：‘庶氏之母死，何为哭于孔氏之庙乎？’子思曰：‘吾过矣！吾过矣！’遂哭于他室。”可见，圣人后代的子妇也不免再嫁。而魏晋、唐宋时名门之女再嫁之事也屡见不鲜。《三国志·吴书·妃嫔传》中记载：步夫人“生二女，长曰鲁班，字大虎，前配周瑜子循，后配全琮；少曰鲁育，字小虎，前配朱据，后配刘纂”。尚秉和《历代社会风俗事物考》引《随园随笔》谓：“唐时公主再嫁者二十三，三嫁者四。”并且，当时不论是前夫见到后夫，或是后夫见到前夫，均不用回避。宋代诗人陆游与前妻唐琬离婚后，有一次游沈园，巧遇唐琬及其后夫赵士程，唐、赵还将酒菜送给陆游，感动得陆游当场在墙上写了一阕《钗头凤》词（事见《癸辛杂识》）。可见，唐宋时妇女改嫁是很正常的事情。直到明清时期，妇女改嫁方为礼教所不容，因此有了守节、牌坊之说。

家族

家族是由姓氏、血缘等亲缘关系连接而成的人的集合。中国古代国君或诸侯都是依靠家族关系维系社会发展，如周朝分封制、晋国六卿等。

家庭是以婚姻和血缘关系结成的亲属集团，是社会的基本单位。家庭是由夫妻关系与亲生子女关系构成的最小的社会生活共同体。它不断维持着最直接的人类社会的延续性，并形成家族体系。在原始人群的杂交时期，不能产生家族。母权制氏族公社时期，由于男从妻居的多偶通婚，形成了母系家族，这种家族是大家族；到了父权制氏族公社时期，女从夫居的多偶通婚，又形成了父系大家族。但这时由于对偶、专偶的通婚，父系大家族之中已经包容了若干父系小家族组成的个体家庭。

家族是根据单系（父系）亲属原则组成的社群，它是家庭的扩大（家庭是其基本组成单位），是一个“社群的社群”，即家族是按父系血缘关系，以家庭为单位组合而成的群体。家族与乡村生态有重要的关系（图 5–3）。

家族与社会发展

在我国漫长的封建制度下，封建的父系家长制大家族始终存留着，不论大家族内部包罗的小家族、个体家庭有多少，始终保持着同姓一家族的观念。我国社会主义制度确立以后，从经济基础方面消灭了私有制，由私有制支撑的父系大家族中的小家族或个体家庭已从封建家长制下解放出来，形成了若干较为单纯的血统关系结合成的家族。

家族有对内和对外两种职能，这两种职能将人与人之间紧密联系起来，形成不可分割的团体。

家族对内职能：家族负有维持共同生计的使命，即同吃、同住、同劳动的家族经济职能，用以提供一个家族物质生产与消费的保障；维持家族的延续和扩大，生儿育女，配偶成家；维持家族成员间的感情融洽，管理、制约、调整内部成员行为

图 5–3　家族

的职能。

家族对外职能：向社会提供劳动力；相应地向社会提供智力、财力，包括对社会上老、弱、病、残、孤、寡的扶养义务。家族对外关系的维系是发展社会关系十分重要的机能，它所结成的错综复杂的社会关系，成为促使社会发展的纽带。家族对整个社会有一定影响和制约作用，成为左右社会行为的最小单位。

家族是后代延续的最佳展现形式。在民间，传宗接代、延续香火是最重要的事情，而这就是家族的延续和文化的传承。

家族由姓氏认同衍生而来，姓产生于原始氏族社会，若干氏族组成一个原始部落，部落内各氏族又独立存在。同时，各氏族之间又有着密切的婚姻联系，姓就作为识别和区分氏族的特定标记符号应运而生。中国最早的姓都带有“女”字，如姬、姜、妫、姒等，可以推断早在母系氏族时期，姓就已经形成，是由母权制社会中妇女的地位所决定的，其作用就是便于通婚与鉴别子孙后代的归属。

在许多家谱中都有极为详细的家族制度的资料，如家族的组织系统、家族的财产管理、家族的赈济方法等，为我们研究家族在古代社会中的地位、作用、组织形式、管理方法等提供了丰富的资料。家谱的中心部分是家族人口的世系传承，在家谱的“房派图”“支派分布图”“迁徙图”“先世考”“世系图”以及家谱的一些序跋中，记录了家族人口的数量、迁徙、分布、婚姻状况等资料，为人口学研究者提供了参考。

家族与家庭生活

家族与家族主义在我国农村社会的发展及变迁中发挥着极其重要的作用，产生着极其深远的影响。

家族是指以父系血缘关系为基础而形成的一个社群，家庭是构成家族的基本单位，家族实质上是对家庭概念的扩大，可以称为“社群的社群”。在此基础上，很多学者认为中国农村家族等同于宗族，所谓的宗族与家族之间不存在严格意义上的区别。而孙本文却认为家族是一个“大”的概念，“‘家庭’为最小的单位，限于同居共财的亲属；‘宗族’是由家庭扩充，包括父族同宗的亲属；‘家族’则更由‘宗族’扩充，包括父族、母族、妻族的亲属。‘宗族’为同姓，而‘家族’则未必为同姓，盖包罗血亲与姻亲二者”。这两种观点，本质上都是依据我国传统社会中以男系血缘为家族成员的界定标准来定义“家族”这个概念的。然而，随着时代的变迁，我国农村的家族状况也有了明显的变化。本文考虑到家族定义的灵活性、宽泛性和时代性，把“家族”解释为家族或者宗族，是指基本上按照男系血缘建立起来的一个社会群体，可以包括女儿、女婿、儿子、儿媳妇等，只要获得他们自己的认可和其他家族成员的承认，也可以包括某些拟血缘关系的亲属，前提条件是要获得双方认可。这个群体具有某种严密或松散的组织形式，进行着具有家族特色的相关活动，在内部成员之间必须得到认同，而和外部之间有着某种清晰或模糊的界限。

家族与家族主义

家族和家族主义是我国封建社会生活的主要特征之一，在农村的表现尤为突出。家族群体和家族主义思想是中国数千年来“以农立国”的封建社会长期积累的产物，而在思想上主要以儒家理论观念作为这种群体活动的理论基石。我国的家族和家族主义的主要表现，至少可以有：①祖先崇拜。②门第观念。③以数代同堂共居的大家庭为荣。④注重男系及由此而产生的宗法制、家长制与诸子继承财产制。⑤家族和家族主义的经济基础是封建主义的土地所有制。

家族中男性地位的重要性

从以上的家族与家族主义的各种定义与文献资料中“父系”“男系血缘”等词不难看出男性在家族地位中的重要性。男性对一个农村家族的作用是不言而喻的。首先，男性在农业系统中占据着主要的地位。其次，男人是乡村社会社交网络中重要的节点。最后，男丁的多少是一个家族“势”的重要依据。

“家族”与“家庭”

近代以来，随着社会的发展，人们理想中的大宗望族实际上已较少存在，在城镇中，小宗小族的存在较多；在广大农村则一般是一个家族共居一地，形成大家族小家庭结构。家庭是社会的最小单位，它在我国社会备受重视。而家族由家庭构成，“家庭是一种人类社会最根本的制度，由婚姻、血亲关系或收养关系而形成的亲属间的社会生活组织单位”。

家族中的婚姻与家庭关系

从社会意义上来说，婚姻家庭是一种社会设置；从个人意义上来说，家庭是个人置身于社会关系中的首属群体。由此可见，婚姻对于一个人来说是何等重要。中国农村的婚姻和家庭在几千年的封建社会传统荫庇下，得以绵延滋长。但在这个过程中一直存在着不少问题，如婚姻的不自主、男女的不平等（重男轻女）。大家庭对小家庭的组成有一定的影响，首要的便是择偶的过程。

中国的家族和家族主义在历史文化中的显著地位与活动，以及渗透到中国人民，特别是农村人民生活的思想的深度，近几十年来引起了中外学者们深究的兴趣。农村家族社会现象的出现有其必然性，至少社会发展到现阶段，还不具备使家族制度和家族主义彻底消亡的条件。家族主义作为旧时代的产物，具有二重性。家族制度和家族主义中消极的东西，必须加以剔除，绝不可以放任自流。

总之，家族对乡村生态影响全面而深远，从自然生态到政治生态，无所不包，值得深入研究。

亲戚

追溯亲戚的起源

在历史的长河里，人类在大地上繁衍生息，很多民俗一代一代地传承下来。亲戚，是一个汉语词汇，基本字义是指和自己有血亲和姻亲的人。用比较简单的话来说明，“亲戚”是连用、结构紧密的词语，现今看来这两字没有什么分别，但这两个字在最初的本义上是有不同的：

先秦时可指至亲，如父母、妻、嫂及叔伯兄弟、子侄等。《墨子·非命上》：“是以入则孝慈于亲戚，出则弟长于乡里。”《左传·昭公二十年》：“谓其弟员曰：‘……闻免父之命，不可以莫之奔也；亲戚为戮，不可以莫之报也……’伍尚归。”又《左传·僖公二十四年》：“昔周公吊二叔之不咸，故封建亲戚以藩屏周。”《战国策·秦策一》：“说秦王书十上而说不行……归至家，妻不下纴，嫂不为炊。父母不与言……将说楚王，路过洛阳，父母闻之，清宫除道，张乐设饮，郊迎三十里。妻侧目而视，倾耳而听。嫂蛇行匍伏，四拜自跪而谢。苏秦曰：‘嫂，何前倨而后卑也？’嫂曰：‘以季子之位尊而多金。’苏秦曰：‘嗟乎！贫穷则父母不子，富贵则亲戚畏惧。人生世上，势位富贵，盖可忽乎哉？’”《大戴礼记·曾子疾病》：“亲戚既殁，虽欲孝，谁为孝？”后来两词渐渐习惯连用。但由我们古往今来的用法，可见“亲”较强，“戚”属弱。也可见我们对“亲”的概念在转变，以前有血缘才算亲，但渐渐连夫妻对方的血缘也算在内。泛指内外亲属。《孟子·公孙丑下》：“寡助之至，亲戚畔之；多助之至，天下顺之。”《礼记·曲礼上》：“兄弟亲戚称其慈也，僚友称其弟也。”孔颖达疏：“亲指族内，戚方族外。”晋陶渊明《归去来兮辞·并序》：“悦亲戚之情话，乐琴书以消忧。”《红楼梦》第六回：“凤姐笑道：‘亲戚们不大走动，都疏远了……’”

由此得知，亲指有血缘关系，如父母亲、双亲、慈亲。《礼记·奔丧》：“始闻亲丧。”因而引申至泛称和自己有血缘关系的人，如近亲。戚指因婚姻而引来的关系，如外戚。这样一来，“亲戚”古今意思演变的脉络就比较清楚了：先是指以血缘关系维系的族内人。后来“亲”和“戚”有了分别，亲指父亲一系的，戚指母亲一系的。到现代，亲戚则用来指家庭成员以外的关系较亲的人（图 5–4）。

图 5–4　亲戚

亲戚的关系和称谓

人类的繁衍生息是相通的，各民族都具有表示家庭成员关系的亲属称谓系统。亲属称谓指的是以本人为中心确定亲族成员和本人关系的名称，是基于血亲姻亲关系的亲属之间相互称呼的名称、叫法。它是以本人为中心的确定亲属与本人关系的标志。中国人由于姻亲而产生的亲戚关系相当庞杂，其派生出的各种称谓也是中华文化的一大特征。

在“二孩政策”放开前推行“一对夫妻一个孩”的现实社会里，除直系亲属父母、祖父母和外祖父母外，便没有其他亲属了，称谓很是简单。可是在多子女的时代，亲戚之间的关系就更加系统化、复杂化。

生己者为父母，父之父为祖父，祖父之父为曾祖，曾祖之父为高祖，高祖之父为天祖，天祖之父为烈祖，烈祖之父为太祖，太祖之父为远祖，远祖之父为鼻祖。即父、祖、曾、高、天、烈、太、远、鼻。书中说：因人怀胎，鼻先受形，故鼻祖为始祖。

父之子为子，子之子为孙，孙之子为曾孙，曾孙之子为玄孙，玄孙之子为来孙，来孙之子为晜孙，晜孙之子为仍孙，仍孙之子为云孙，云孙之子为耳孙。即子、孙、曾、玄、来、晜、仍、云、耳。

序次由小及大：耳、云、仍、晜、来、玄、曾、孙、子、（自己）、父、祖、曾、高、天、烈、太、远、鼻。

中国骂人最狠的或许要属骂祖宗十八代，这是传统俗语。所谓祖宗十八代是指“自己”上下九代的宗族成员。“自己”是上九代与下九代的分水岭，不包含在“祖宗十八代”之内。

八辈祖宗是戏称，实为九辈祖宗，若略去父辈（父辈不含祖字），则为八辈。四世同堂家庭，辈分最轻者为曾孙。五世同堂中辈分最轻者为玄孙，由于五世同堂极少，所以多见曾孙，而罕见玄孙。至于来孙及之后辈分，当代社会几乎没有这些称谓。

八辈祖宗：上四辈为鼻祖、远祖、太祖、烈祖，下四辈为天祖、高祖、曾祖、祖父。

曾祖称为曾祖王父、曾祖父、皇考、府君、太翁、次长祖、曾翁、曾门、曾大父、曾父、曾太公、大王父、王大父等。

曾祖母称为曾祖王母。

曾祖的兄弟及兄弟之妻称为族曾王父、族曾祖父，族曾王母、族曾祖母。

祖父称为王父、大王父、祖王父、大父、祖君、祖翁、公、太公等。

已故祖父称为亡祖、亡考、皇祖考、府君、先祖、先子、先亡丈人等。

祖父的兄弟称为从祖祖父、从祖世父、从祖叔父、从祖王父、伯翁、叔翁。

祖母称为王母、大母、太母、祖婆等。

已故祖母称为皇祖妣。

祖父之妾称为季祖母、妾祖姑。

从祖祖父之妻称为从祖祖母、从祖世母、从祖叔母、从祖王母、从祖母、季祖母、伯祖妣。

称人祖父为家公，称人之祖为尊祖父，称人已故祖父为大门中，称人祖母为尊祖母。

古有“满门抄斩，诛灭九族”之说（“九族”说法一是指父族四、母族三、妻族二；说法二是指上四辈、下四辈。如今的“九族”之意有了很大变化，其亲属之意已经淡出，变成了对与之有关的一切人的泛称），而祖宗八辈与之同出一处，为自己直系亲属的泛称，即所有的直系亲属。又一说是九辈、上九辈：鼻祖、远祖、太祖、烈祖、天祖、高祖、曾祖、祖、父，下九辈：子、孙、曾孙、玄孙、来孙、晜孙、仍孙、云孙、耳孙。

直系血亲是一个范围明确的法律概念，指具有直接血缘联系的亲属，即生育自己和自己所生育的上下各代亲属间的称谓，包括父母、（外）祖父母、（外）曾祖父母、（外）高祖父母等及子女、（外）孙子女、（外）曾孙子女、（外）玄孙子女等。

直系

父系

高祖父—曾祖父—祖父—父亲。

高祖母—曾祖母—祖母—父亲。

母系

高外祖父—曾外祖父—外祖父—母亲。

高外祖母—曾外祖母—外祖母—母亲。

儿子：夫妻间男性的第一子代。

女儿：夫妻间女性的第一子代。

孙：夫妻间的第二子代，依性别又分孙子、孙女。有时孙子是一种不分性别的称呼。

曾孙：夫妻间的第三子代。

玄孙：夫妻间的第四子代。

通俗地讲，直系血亲指不分岔的垂直血亲，是没有前者就没有后者的关系，而兄弟姐妹是典型的旁系血亲。口语中所谓的“亲兄弟姐妹”，在法律上的称谓为“全血缘兄弟姐妹”（同父同母的兄弟姐妹）和“半血缘兄弟姐妹”（同父异母或同母异父的兄弟姐妹）。

至于养兄弟姐妹、继兄弟姐妹，因没有生物学意义上的血缘关系，而由法律拟制为兄弟姐妹，不在“亲兄弟姐妹”范围内。

旁系

父系

伯：父亲的兄长，也称伯伯、伯父、大爷。

大妈：大爷的妻子。

叔：父亲的弟弟，也称叔叔、叔父。

婶：叔叔的妻子。

姑：父亲的姊妹，也称姑姑、姑母。

姑父：姑姑的丈夫。

母系

舅：母亲的兄弟，也称舅舅。

舅妈：舅舅的妻子。

姨：母亲的姐妹，也称阿姨、姨妈。

姨父：姨的丈夫。

姻亲

丈夫：结婚的女人对自己伴侣的称呼。

媳妇：结婚的男人对自己伴侣的称呼。

公公：丈夫的父亲，也直称爸爸。

婆婆：丈夫的母亲，也直称妈妈。

丈人、岳父：妻子的父亲，也直称爸爸。

丈母娘、岳母：妻子的母亲，也直称妈妈。

儿媳：对儿子的妻子的称呼。

女婿：对女儿的丈夫的称呼。

嫂子：对兄长妻子的称呼。

弟妹、弟媳：对弟弟妻子的称呼。

姐夫：对姐姐丈夫的称呼。

妹夫：对妹妹丈夫的称呼。

妯娌：兄弟的妻子间互相间的称呼或合称。

连襟：姐妹的丈夫间互相间的称呼或合称，也称襟兄弟。

大姑子：对丈夫姐姐的称呼。

小姑子：对丈夫妹妹的称呼。

大舅子：对妻子哥哥的称呼。

小舅子：对妻子弟弟的称呼。

年俗专家呼吁，中国人由姻亲而产生的亲戚关系相当庞杂，其派生出的各种称谓也是中华文化的一大特征，应该将“亲戚关系称谓”的教育和普及纳入中华文明礼仪教育，将民俗称谓弄准确并代代传承下去。

亲戚之间的相处方法

“良言一句三冬暖，恶语伤人六月寒”，在人际交往中，语言是重要的沟通工具，做人不能咄咄紧逼，得饶人处且饶人。亲戚之间的相处更加需要注意这些细节，只有关系融洽才能家和万事兴。

所谓的亲戚存在，就是血脉相连。但是亲戚之间的相处之道，往往堕入以下这四种俗套。

（1）有能力的巴结，没能力的躲避。

亲戚中，谁有能力，有钱有势，身边的亲戚都会围着转悠。因为以后有困难了，这些巴结的亲戚就会借助亲戚的名义来寻求帮助。如果你没有能力，平常想要亲戚来探望，那你就多虑了。

（2）要借钱可以，得看你有没有偿还能力。

你以亲戚名义借钱，寻求亲戚的帮助。但是不要天真地以为，亲戚帮你是因为跟你的感情，而是你有偿还能力，他才会借给你。比如做生意的周转，亲戚是因为看到了你的实力，知道借钱给你不用担心你不还或者还不起，所以他们会借，甚至主动借。但是如果你落魄至极，大部分亲戚只会用各种理由推托。

（3）聚餐聚会，离不开攀比炫耀。

平常大家都忙，到年底了，亲戚们都要串门聚一聚。但是聚在一起的时候，免不了各种炫耀攀比。看谁开的车好，谁在外面做什么生意，谁的收入高。

（4）尊强欺弱。

亲戚中有排行和辈分。如果你在亲戚中是强者，那么大部分亲戚都会对你表示尊重。即使你的辈分不高，也能获得长辈的尊重。他们会对你点头哈腰。但如果你没半点实力——既没钱，也没有实力，亲戚在你这里得不到任何帮助，那么在亲戚的圈子里，你就会成为那个最可能寻求别人帮助的人。这种情况下，亲戚对你的态度肯定好不到哪里去。有时候帮你，只是举手之劳，以此彰显自己多么有能力。如果遇上大的困难，他们根本不会帮你。以前的亲戚关系，大家同吃同住，简单而紧密，没有高低贵贱之分，只有辈分的差异。现在的社会是现实社会，不要天真地以为亲戚都会因为血脉相连而无条件地帮你。真正的亲戚，就好像真正的朋友，有一两个就够了，不需要太多，因为大部分的亲戚关系都是表面的。如果你身边有真心相待的亲戚，希望你不分尊卑地好好珍惜。

亲戚朋友虽然比同事、同学或邻居的关系更为亲近，但是，这种关系也是极其脆弱和需要维护的，如果在一些事情上稍不注意的话，关系也容易遭到破坏。每家都有自己的私事，这些事有的是不愿让人知道的，以维持家庭成员的尊严。因此，即使是跟你关系很好的亲人，也不要去过问人家的私事。有些人出于好意而介入别人的家庭事务，其实这是一种冒犯，天长日久的话，会导致别人对你的言行产生排斥，最终影响你们的关系。希望所有的人与人之间的相处，都能够融洽、和谐、真诚、美好！希望人与人之间，都能够善待对方，真诚交往。

走亲戚的风俗

走亲戚的由来

走亲戚是古老的汉族民俗文化，是亲戚之间交流感情的活动。春节走亲戚、回娘家，是中国人祖祖辈辈传承下来的习俗。它是亲戚间联络感情、互相慰问的一种亲情大交流。有些地区把走亲戚说成是“逛亲戚”。走亲戚是我小时候农村盛行的一种民俗，记得一位亲戚对我们说：“亲戚嘛，就是要恒走，越走越亲。”那时，还不知“恒走”是怎么个走法。现在才知道，这个“恒走”，就是亲戚间经常、长期来往的意思。

那时走亲戚的记忆首先是美食。那时的美食做得很精致，可以用“小家碧玉”来形容。如今的美食却越吃越没味道。那时的美食是专门为亲戚客人准备的，精选食材加上精湛的手艺，令人回味无穷。农村的佳肴，除了豆花，还有猪肉等。猪肉煮熟后，切得薄薄的，满满的一碗堆成了尖状，半肥半瘦，用来下饭。酒喝完了，这时猪肉已经冷了，碗里的猪油已经凝结了。这时，主人就会很热情地去换一碗滚烫的汤来，客人拈起一块猪肉在滚汤里一泡，就可以下饭了。还有坨子肉，一大块四四方方的猪肉，煮熟后横竖各切 2 刀，切成 9 坨，皮连着。吃的时候，拈来在红红的辣椒蘸水里一滚，香气扑鼻！现在，这道菜在农村是再也寻不到了！还有用盐水泡的鸡蛋，一个鸡蛋切成 2 块或者 4 块放在盘子里，色泽诱人，口味不咸不淡。还有烈酒，让人陶醉。美味佳肴，让人心向往之。

走亲戚是乡村最重要的文化礼仪之一。因为，除了亲情的成分，它还体现着孝心、面子、名声等。而其中，送礼是走亲戚最重要的环节，礼物的选择和数量颇有讲究。以前，农村人并不富裕，为了准备走亲戚的礼物要费一番思量。走亲戚这种习俗从正月初二持续到正月十六，几乎家家户户都在醇酒中泡着，在香味中浴着，尽享节日的快乐和亲情的温暖。

过去，人们等到送了年才能出门访亲，并有“初三姥娘初四姑，初五初六看丈母”的说法；如今，趁着正月初二年味正浓时，就拉开了走亲戚的大幕，而且多是“先看丈人再看舅，姑父姨父排在后”。从这种演变上看，生活节奏在加快、妇女地位在提高。正月初二、初三，出嫁的女儿们纷纷带着丈夫、儿女回娘家拜年。

亲戚拜年顺序

大年初一，晚辈向长辈拜年。初一早晨，晚辈起床后，要先向长辈拜年，祝福长辈健康长寿、万事如意。长辈受拜以后，要将事先准备好的“压岁钱”分给晚辈。在给家中长辈拜完年以后，人们在外出相遇时也要笑容满面地恭贺新年，互道“恭喜发财”“四季如意”“新年快乐”等吉祥话语。

走亲戚的大致顺序是：外甥先走姥姥家，闺女携婿走娘家，然后是去姑、姨、姐家。除特殊情况外，都要回拜。民间有“初一初二娥眉月，初三初四好拜节”之说。大年初一，晚辈向长辈拜年。大年初二，女婿必须到岳父母家拜年。从大年初三才开始走其他亲戚。

过年期间走亲戚这种习俗从正月初二持续到正月十六，这期间几乎家家户户都在享受节日的快乐。

按照民俗，初五、十四、二十三不宜走亲戚串门。因为农历每月初五、十四、廿三被认为是月忌日。根据传统观念，每日紫白九星会入中宫：初一日一白入中宫，初二日二黑入中宫，初三日三碧入中宫，初四日四绿入中宫，初五日五黄入中宫……十四日五黄入中宫……廿三日五黄入中宫。五黄是君象，世俗都要回避，不避则祸生。每月初一起始，为一星入中宫，到初九最后一星入完，初十双开始，到十四、二十三，正好都是五黄，即象征天子或龙入中宫，在天地间主事，常人不宜外出生事、做事或出行。故说：就是至亲有好事叫你去，你也最好不要去。尤其是以婚嫁、起屋、做生意、动工最为忌讳这三日。不过，民俗终归是民俗，随着现代人的生活节奏加快，有时候也不必太计较。例如初五不走亲戚的民俗，在很多城市已不再是民俗了，初五走亲戚变得极为常见。

走亲戚的注意事项

①登门拜年的时间别太早，礼尚往来已经不是越早越好，要确保不影响别人的休息，找好适当的拜访时间非常重要。②在家里拜年时，忌说不吉利的话，如“死”“病”等字眼，不要过分渲染不好的事情，如离婚、疾病等。③最好穿上新衣，以暖色调为主，红色更佳，不仅渲染喜庆氛围，还带有传统意义上的趋吉辟邪的意思。忌讳穿一身黑或一身白。④拜年时接物要有礼貌：主人送茶时，要起身双手接住，并道谢。主人招待食品，可先让给小孩，然后自己取少量食用。⑤中国是“礼仪之邦”。春节期间，父母带孩子走亲访友、外出游玩，正是对孩子进行礼仪教育，让孩子学习中国传统礼节的大好时机。⑥着新装的同时，别忘了理发，俗话说“有钱没钱，剃头过年”，拜年时，必须将头发收拾得干净整洁。⑦“吉利话”要说得

适宜：对不同的人，应有不同的祝贺语。交谈时，要选择双方愉快的话题，避免提及悲哀、伤感的事情；不要高谈阔论，不要信口开河，避免激烈的争论；要在轻松愉快、亲切自然的气氛中，把道喜贺新的真情实意表露出来。

走亲戚的礼物变迁

以前走亲戚时会送一点点心，然后自己再加个礼物盒子，除了农村上岁数的人还沿用老辈子那种细篾筐篓，中青年人都时兴携带一种提篮子，上档次的用一种木质点心盒子。如今，更多的人选择直接在超市选购礼物，并由店员用塑料袋包装好。

说到礼物，要单独说说走“新亲戚”的礼物。新亲戚，即订婚和新婚第一年的亲戚，准女婿或者新女婿都被称作“新客”。以前，农村订婚早，十六七岁订婚，而结婚在二十来岁。一般，刚订婚是不用走亲戚的，而是到了临近娶亲的两年开始走亲戚，至少要走满一整年，女方家庭才会应允把姑娘出嫁。此时走亲戚，在一定意义上也是向准岳父或岳父家证明家底殷实、为人大方的机会。因为嫌礼物少、小气而产生一些摩擦的情况时有传闻，但大多数情况下这只是面子上的事，抱怨几句就过去了。如果真有因为嫌礼物少而退婚的，十有八九早有退婚之意，礼物不过是个借口。“新亲戚”带的礼物是最特殊的：礼物不仅要拿得多，而且要有特色。比如春节期间，男方一般要拿20斤果子，另外还得拿个“礼条”——一块大概10~20千克的带骨猪肉，用红纸盖上。有的还会拿“一大一小”两个“礼条”。此外，在小麦成熟时节，男方至少要拿两件啤酒、100~200只变蛋以及其他礼物若干。中秋节时，则准备10斤以上的月饼，另加整箱的苹果、4~5千克的熟牛肉或其他贵重礼物。所以，新亲戚一年走下来，是要花费不少的，娘家也十分看重这种礼物，街坊邻居也有兴趣谈论谁家的“新客”（即新女婿或准女婿）拿的礼物多，拿的“礼条”大。

有一种配角叫作“担篮子”的。由于礼物较多，以前走亲戚要么步行，要么骑自行车，一个人拿不了那么多的礼物，所以得有一个人陪同走亲戚。此人的主要职责是负责用扁担挑着礼物或骑着自行车、三轮车运输，因此得名“担篮子”的。我们可以想象这样一幅画面：20 世纪 90 年代，在泥泞的乡间小路上看到两个衣着光鲜的男人一起走亲戚，而其中一人挑着两筐礼物，毫无疑问，这人就是“担篮子”的。新客去准岳父家走亲戚不亚于一场面试。以前，农村订婚大部分是靠媒人撮合的，双方了解不多。所以“新客”去准岳父家走亲戚，是很重要的事情。往往岳父家还要邀请几个陪客，既是陪着喝酒说话，也是一种“面试”，通过聊天观察准女婿怎么样，如果出了岔子，如透露了自己的“老底”或者喝多了酒出言不逊，这门亲事可能就要黄了。在我们乡下广为流传着这样的故事：一位刚订婚的“新客”春节去准岳父家走亲戚，陪客是女方的叔叔—— 一位老师。席间，为了考察这位准姑爷的智力，准岳父给出了一道题：河的一边有狼、羊和白菜三样东西，需要运到对岸去，而河上只有一条摆渡小船，每次只能运一样，如果无人看管，狼会吃羊、羊会吃白菜，该如何安排？这题目，在读者看来也许不难，但足见这是一场“面试”。所以，这位配角可不是随便挑个力气大的浑小子就行。因为除了拿礼物，他还有另外一项职责：要替主角挡酒、说话。而这准女婿，往往是十七八岁的小年轻，懂事不多，甚至怯场。所以，走亲戚之前，老爸自然要好好嘱托一番。但这还不够，因此需要一个好的陪同角色，即“担篮子”的。这个角色一般是从本村精心挑选的配角，或是叔叔，或是堂哥、堂弟，但按照规矩不能是自己的爸爸。此人不仅要能说会道，替“新客”把很多问话给圆过去，而且要能喝酒，能挡酒。这天，“担篮子”的可以喝多，但主角万万不可喝多，喝多了就会出岔子，至少会被人笑话没分寸。也许你想不到，请“担篮子”的也有风险。如果“担篮子”的表现得太优秀，很容易喧宾夺主。假如这人恰好未婚，弄不好主角未过门的媳妇会看上这配角，要退婚，这叫看上“担篮子”的。这种故事在乡间有颇多传说。所以，请个已婚的堂哥去“担篮子”，或许是最稳妥的选择。

有一种礼仪叫作“回篮子”，即不论礼物多少，不能全部留下，这是豫东乡村走亲戚的一种礼仪。回给客人的礼物或者新增加的礼物，叫作“回礼”。比如，篮子里放了六斤果子、八个蒸馍，一般留下两斤果子、两个蒸馍是常规做法，如果留下四斤果子，可能被称作“下手狠”。再如，“新客”来走亲戚带了一大一小两个“礼条”，一般会把大的留下，小的回回去。把礼物全部留下的几乎没见过，如果礼物留多了，又没有其他礼物回给人家，会被称为“下作”，意即贪婪、吃相难看，有道德批判的意味。

除了把原来的部分礼物回回去，有时还会新增一些礼物。前些年，春节“回篮子”，娘家会把蒸馍切开，夹上两片熟的大肉（类似广东的梅菜扣肉那么大的肉片，有肥有瘦）作为回礼——意即今晚回去不用做饭了，热热就能当饭吃。有的回枣花，即花馍——把面做成花样造型、插上大枣蒸熟，以陕西的花馍最为典型。花馍据说是留在正月十五吃的，尤其要给小孩子吃。在麦收前后、中秋这样的节日，有时回礼还另外加上娘家自家果园的苹果、地里产的红薯、自己做的“豆神”（扶沟县特产，大豆做的一种耐保存的咸菜），算是亲戚之间的一种互通有无吧。

在城里人看来，“回篮子”或许是一种“虚礼”，但在以前物资匮乏的年代，它却有着重要的现实意义——花较少的钱，买较少的礼物，把这许多家亲戚走一遍。比如八月十五，家里有四家亲戚要走，买六斤月饼，先把两家“新亲戚”走完，每家留下一斤月饼，还剩下四斤，再配上其他礼物或者收到的月饼，也就把其他两家亲戚走了。最后，走完所有亲戚，月饼可能还剩下两斤——这两斤，就是八月十五当天，一家老小要吃的月饼。细细想来，这种“回篮子”的做法，既有经济实惠的考量，客观上也避免了浪费。试想：如果每家都把礼物全部留下，走完这轮亲戚要买 24 斤月饼，要花不少钱；从主人家来看，假如收了 24 斤月饼——月饼很容易吃腻，要这么多做甚？所以，即便后来物质条件普遍好转了，谁都不在乎那几斤果子、月饼，走亲戚的礼物也是一箱子一箱子地拿，但“回篮子”作为一种风俗一直传承着。有时，你还会看到主、客之间为了“回篮子”互相劝说和撕扯。一个说：“家里都有，没人吃，都留下吧，不要来回拿了。”坚持要把礼物全部留下。另一个说：“你家里有老人、孩子呢，老人家在乎，再说，咱家也有很多。”越是不太熟悉的亲戚，这种推让就越多。当然，最后谁也不会憨到把礼物全部留下。

有一种“共享”叫作“趁篮子”，由“回篮子”的风俗衍生而来。比如，姐姐大年初二要来娘家走亲戚，娘家弟弟也要去自己的岳母家走亲戚，这样双方商量好，姐姐早点来，弟弟就带着姐姐这一篮子礼物去把岳母家这门亲戚走了，然后早点回，篮子再还给姐姐——趁着姐姐的礼物篮子把自己的亲戚走了，即“趁篮子”。但显然，这需要两个前提：一是大家都遵循“回篮子”的礼仪，姐姐带了八斤果子，弟弟的娘家留下两斤，自己娘家再留下两斤，还有四斤给姐姐“回篮子”；二是被“趁篮子”的姐姐，必定是新亲戚，带的礼物比较丰厚才好，否则礼物少，不值得“趁”。农村人这种机智的做法，套用一句时髦的话，也算一种“共享经济”吧！

斗转星移，世事变迁，乡下走亲戚的风俗也在变化，这首先体现在礼物的变化上。在 20 世纪 90 年代中期之后，蒸馍、煎托儿、油条等带有手工色彩的传统礼物逐渐从走亲戚的篮子中淡出，只有月饼和果子这些具有典型节日色彩的礼物被继续保留。曾经有一段时间，方便面成为走亲戚礼物的主角。对，就是那种常见的方便面，牌子有北京、南德、白象等，一箱大概 24~30 包，也就十几块钱，最贵的白象方便面也不超过 20 块钱。那几年，不论什么节日走亲戚，方便面或独立担当，或搭配其他，总能“不辱使命”。有时就连去看望病人，也会拿一箱方便面。一个中秋节下来，亲戚之间你来我往，家里可能积攒了好几箱方便面。这些，都将在随后的日子里被大人当作农忙时的正餐或者小孩子的零食消灭掉。许是到 2010 年之后，方便面也逐渐被人嫌弃。随着外出务工群体的增多，农村人走亲戚开始追求礼物要好、要多、要实惠。此时，人们走亲戚不再是几样礼物拼一篮子，而是一箱箱、一件件，包括牛奶、绿豆糕、沙琪玛、蛋黄派、营养快线、咸鸭蛋、新鲜水果等，几乎与城里人走亲戚所拿礼物无异。礼物数量也显著增加，走一次亲戚通常要带好几箱。有时，为了省事，都是空手出门，走到亲戚所在的村子，就近在超市买礼物。此时，农村人追求的是实惠。在跨过温饱线多年之后，越来越多的人认为，有些礼物比如果子、月饼等这些东西并不好吃，主要是用来“看”的礼物，而不是用来“吃”的礼物，既耗费钱财，又没有几个人愿意吃。于是，人们喜欢吃什么，走亲戚就拿什么。

如今，又到走亲戚的节日，那种炸油条、炸馃子以及一个篮子打天下的场景，再也见不到了，只有“回篮子”的礼仪一直被保留。应该说，不仅是走亲戚的礼物向城市看齐，整个乡村的生活观念、生活方式也正在城市的带动和裹挟下发生天翻地覆的变化（图 5–5）。

图 5–5　走亲戚

在 20 世纪六七十年代及之前，由于经济条件落后和交通不便，道路都是土路，人们走亲戚都靠步行，遇到雨雪天要穿着胶鞋、球鞋蹚泥巴路走，远的亲戚要步行十多千米。20 世纪七八十年代以后不少人家有了自行车、架子车、手扶拖拉机，走亲戚就方便多了，即使自家没有也能从邻居家借来。那时经常见到男的开着三轮拖拉机，女的抱着小孩，围着被子坐在车斗里走亲戚，同村顺路的还可以顺便搭车。有的亲戚多的人家走到初八、初九才能走完。

这几年，随着城乡经济的快速发展，以及“村村通”工程的实施，农村主要道路都修成了水泥路，交通状况有了根本改变，虽然修的水泥路面窄了一点，但毕竟平坦了，雨雪天也不用再走泥巴路了。如今人们走亲戚都是骑摩托车、电动车或老年机动三轮车，私家小汽车也进入了农村寻常百姓家，比以前方便多了，也有些人家为了省事或节后有其他事要办，在春节前就把亲戚走过了。

时代在发展，观念在更新，传统走亲戚的习俗也在随着社会的进步而不断演变，现在的姑娘们一般结婚三天就回府省亲了，回门礼也不再是“四色礼”，而是用现金代替。在省亲宴会仪式上，为了增添热闹气氛，原本给新郎抹花脸也变成了给姑娘的父母抹花脸、戴喜帽，有的喜宴主持人还特意将此纳入酒宴流程，名曰“画喜妆”。同时，春节走亲戚的礼物也从以前的一个小礼条、两盒果子变成了现在整箱的鸡蛋、牛奶、水果、白酒；压岁钱也由以前的五角、一元、五元，变成了如今的 50 元、100 元。但无论如何更新、演变，每年的春节亲戚还是一定要走的，尽管是你来我家、我去你家，换换礼物而已，但走亲戚的习俗所承载的精神文化内涵远远超出了礼物本身，亲戚之间相互来往所体现出的亲情也是无法替代的。

以前，走亲戚是农村的一道情意盈盈的风景。在过节的时候，路上都是走亲戚的。现在呢，很多人都外出打工、做生意去了，有的甚至过年都不回家，走亲戚自然就渐渐式微了。亲戚之间的互相关心、惦念，也越来越少，越来越淡。现在的“90 后”“00 后”们，已经无法理解作为一种民俗的走亲戚了。走亲戚作为一种在农村曾长期兴盛的民俗，似乎已经走到了尽头。

邻里

邻里在地理学中，是指城市社会的基本单位，是相同社会特征的人群的汇集。个人交往的大部分内容都在邻里内进行，这种交往只需步行即可完成，其形式以面对面接触为主。住地毗连的人们，认同特定的一组角色，据此形成密切的互动关系，有着显著的认同感和感情联系，由此构成相对独立的小群体，即邻里。邻里的概念，也为地理学、经济学、人种学、行政学所应用。非社会学的定义虽与社会学的定义有一些类似之处，但二者有严格的区别：所有非社会学定义只注重地缘关系，忽视对邻里的社会互动的分析；社会学则认为邻里是一个互动体系，即地缘相邻并构成互动关系的初级群体（图 5–6）。

图 5–6　邻里关系

邻里主要有相互支持的功能和社会化的功能，有时邻里还具有社会控制的功能。相互支持功能主要指在小范围区域内提供合理的相互保护和相互帮助，使邻里间有安全感和信任感，在生活中互通有无，共同解决生活难题等。社会化功能，指邻里提供一套价值观与规范体系，并以此教化邻里的居民和儿童；邻里还为居民提供多方面的社会交往，是居民与外界社区交往的媒介。邻里的社会控制功能则通过有关活动与规范来约束居民的行为，调整居民的关系，维持社区的一致性。在农村社区中，邻里的功能比城市更为人所重视，也更为完整。

邻里的结构、规范与活动，受所在社区的制约。较大社区一般只把限制置于邻里群体可能接受的范围内。如果限制超过接受范围，就会引起邻里的反对。社区作为一个较大的体系，应对各方面的利益加以调节，理顺区内各邻里之间的关系。

邻里互动与亲戚、朋友之间的互动有显著差别。亲戚之间的互动，基于社会的亲属制度和相互认同的传统规范。朋友之间的互动，依靠个人之间相互确认的契约或承诺。邻里之间的互动，首先需要住在左邻右舍的地缘条件，其次基于地方性的共同承认的文化规范，农村的邻里互动还带有血缘关系。随着工业化与都市化的发展，邻里的内涵、构成、互动与凝聚力等都在发生变化。例如，邻里内的人群可能关系不密切，而不是近邻的人们，可借助通信与交通设施加强联系。

邻里的行动体系由要素群体与夹缝群体相联系而构成。要素群体指家户或与家户相符的核心家庭。夹缝群体有如下两类：①志愿群体，如儿童游戏群、主妇相约活动群等。②形式化的群体，如中国居民委员会或村民委员会下属的居民小组与村民小组。

邻里行动的主要根据是认同一套义务。个人自愿承担或扮演邻居的角色。邻里关系超越了家庭关系。家庭是一个封闭的排他性群体。邻里则是一个目标明确，欢迎参与的开放型群体。

我国古代的邻里关系具有如下特点：以农业社会和乡村中国为背景；大多与家族关系密切相连，并受家族文化精神的影响；是一种基于熟人社会的关系；承载了更多的社会功能和作用；受地方性的、宗族性的乡村治理模式和乡规民约的影响。传统邻里关系主要以道德作为调节手段，形成了下述道德文化传统的观念和规范：以亲仁善邻为道德态度；以乡邻和睦为价值目标；以相容相让为基本道德；以相扶相助为伦理义务。

艺术与娱乐生态

如果说艺术和娱乐生态是一个逐渐形成的崭新概念，那么它们依靠各种艺术种类的发展和变革，已经展现出繁荣兴旺的地域文化生态环境。艺术和娱乐的繁荣与政治、经济架构有着密切关联。要理解一个地区或者国家的艺术状况和娱乐生态，必须全面考量其生长的文化土壤、自然元素、历史渊源和人文风貌。

习近平总书记在文艺工作座谈会上的讲话中指出：“文学、戏剧、电影、电视、音乐、舞蹈、美术、摄影、书法、曲艺、杂技以及民间文艺、群众文艺等各领域都要跟上时代发展、把握人民需求，以充沛的激情、生动的笔触、优美的旋律、感人的形象创作生产出人民喜闻乐见的优秀作品，让人民精神文化生活不断迈上新台阶。”如此，他其实是希望不断营造适宜各种艺术门类生存生长的良好环境。《国家“十二五”时期文化改革发展规划纲要》中也明确了对于艺术升华的规范性强调：“文学、戏剧、电影、电视、音乐、舞蹈、美术、摄影、书法、曲艺、杂技以及民间文艺、群众文艺等各领域文艺工作者都要积极投身到讴歌时代和人民的文艺创造活动之中，在社会生活中汲取素材、提炼主题，以充沛的激情、生动的笔触、优美的旋律、感人的形象，创作生产出思想性艺术性观赏性相统一、人民喜闻乐见的优秀文艺作品。”所以，打造艺术和娱乐生态，对于深刻认识中国文艺的使命和责任，以坚定的道路自信、理论自信、制度自信、文化自信，努力筑就中华民族伟大复兴时代的文艺高峰、书写中华民族新史诗具有划时代的意义。

从艺术生态的角度来认识如今中国的各艺术种类规律，在历史和文化的背景下探讨中国文艺各个门类和娱乐生态现状，就有了它的时代和文化内涵。

艺术产生的不同根源

艺术的产生和发展有其规律可言，它源于一种自我对话的方式，可以给人带来思考和美的体验，更有其深刻的内涵。艺术可以满足人类情感和审美的需要，成为人类精神层面的终极关怀。真正的艺术能够使得人们内心深处的某种情感互相契合，往往会带给我们奇妙的心灵震颤，这是共鸣，更是心之期盼和向往，是一种情感上的邂逅。正如海德格尔在《艺术作品的本源》中论述的：“本源一词在这里指的是，一件东西从何而来，通过什么它是其所是并且如其所是。使某物是什么以及如何是的那个东西，我们称之为某件东西的本质。某件东西的本源乃是这东西的本质之源。对艺术作品的本源的追问就是追问艺术作品的本质之源。按通常的理解，艺术作品来自艺术家的活动，通过艺术家的活动而产生。但艺术家又是通过什么成其为艺术家的？艺术家从何而来？使艺术家成为艺术家的是作品；因为一部作品给作者带来了声誉，这就是说，唯作品才使作者以一位艺术的主人身份出现。艺术家是作品的本源。作品是艺术家的本源。两者相辅相成，彼此不可或缺。但任何一方都不能全部包含了另一方。无论就它们本身还是就两者的关系来说，艺术家和作品都通过一个最初的第三者而存在。这个第三者才使艺术家和艺术作品获得各自的名称。那就是艺术。”

艺术产生美。美的愉悦，为人民精神生活水平的提升，起到了巨大的推动作用。海德格尔认为不仅是美的问题，还是真理产生的过程，使艺术之属性上升到了真理的层面，他说：“那么，艺术的本质就应该是：‘存在者的真理自行设置入作品’。可是迄今为止，人们却一直认为艺术是与美的东西或美有关的，而与真理毫不相干。产生这类作品的艺术，亦被称为美的艺术，以便与生产器具的手工艺品区别开来。在美的艺术中，艺术本身无所谓美，它之所以得到此名是因为它产生美。与之相反，真理倒是属于逻辑的，而美留给了美学。”实际生活中，艺术的兴起和力量作用不可忽略。

戏剧

千百年来，戏剧艺术在中国得到了弘扬。在中国这个多民族融合的大家庭里，由于地域和使用语言的不同，产生了多种门派的戏剧，但总结起来，以汉民族为例，有一个基本的脉络。中国戏剧的产生、发展与特点是怎样的呢？它的发展可以追溯到奴隶社会时期。随着阶级的分化，祭祀性的歌舞成为国家祭奠仪式中的重要组成部分，并形成一系列严格的等级规定。屈原的《楚辞·九歌·云中君》，还有《史记·滑稽列传》中就有记载。从外形与神态上扮演人物，可以说是具有了表演性质，展现了戏剧艺术的萌芽。因此，登台演戏也称为“优孟衣冠”。汉代又开始盛行傩戏、歌舞、杂技、幻术等各种演出形式的“百戏”。盛唐时期，随着南北文化的融合，中外文化的大规模交流，出现了“参军戏”和歌舞戏，唐代宫廷还设有专门训练艺人的组织场所——梨园。《新唐书·礼乐志》中就有关于梨园的记载，所以后世的戏曲演员都自称“梨园子弟”，称戏曲界为“梨园行”，并把唐玄宗奉为梨园行的祖师爷。宋金年间，多种形式歌舞杂戏进一步融合产生了“宋杂剧”。

到了南宋，杂剧有了较严格的规范，剧本的结构、角色行当、演出内容和风格等都已经具备了中国戏剧的雏形，后来由于南宋受金朝的影响，因而逐渐演变为两种不同风格的艺术形式，分别是北方杂剧（金院本）和南方杂剧。

公元 12 世纪前，南方杂剧逐渐演变为南戏。南戏是“南曲戏文”的简称，因最早产生于温州等地，又名“温州杂剧”“永嘉杂剧”，它的曲调原出自南方民间小调，后在流传中不断发展，形成了包括歌、念、诵、舞蹈等的综合艺术，通过人物的表演来表现复杂而完整的故事。如南戏中的《王魁》《赵贞女蔡二郎》《张协状元》

等，它们的出现是中国戏剧成熟的标志。

元代是中国古代戏剧史上的黄金时代。元杂剧是元曲的重要门类，是在宋代北方杂剧（金院本）的基础上发展起来的，因此也被称为北杂剧、北曲。关汉卿、马致远、白朴、郑光祖通常被人们并称为“元曲四大家”，他们创作的《窦娥冤》《汉宫秋》《墙头马上》《倩女离魂》以及王实甫的《西厢记》，对后来的戏曲艺术与戏曲文学产生了深远影响。元杂剧在元朝灭南宋以后逐渐流传到南方，元代后期开始走向衰落。

明代中叶，南戏发展成为传奇戏，这标志着中国戏剧发展进入了新的发展阶段。特别是在明代中叶至清代中叶，陆续出现了大批优秀的剧作，因地域差异而产生了海盐腔、余姚腔、弋阳腔和昆山腔等四大声腔。昆山腔经过著名音乐家魏良辅的改革加工后，流向全国各地，影响了许多地方戏曲的发展。弋阳腔也在民间流传，并不断演变，形成了一些新的地方声腔剧种。在历史的演变中，被称为“雅部”的昆腔在清代中叶日渐衰落，而根植于民间的“花部”（指除了昆曲的所有声腔，包括各民族的戏曲剧种）则迎来了新的发展高潮。

清代戏剧以各种声腔所代表的地方文化特色，形成了昆腔、高腔、柳子腔、梆子腔、皮黄腔等五大声腔体系，每一体系又分为许多剧种，号称“三百声腔”。在清代中期，“四大徽班”进入北京后，形成了中国戏剧的典型代表——京剧。

戏剧的产生，催生了一种新的结合形式，即戏剧和电影的完美结合，于是中国电影与中国戏剧有了历史渊源。1895 年 12 月 28 日，卢米埃尔兄弟在巴黎成功放映自己拍摄的电影，这一事件被视为人类历史上电影诞生的标志。中国人第一次看到真正的电影，可能是在 1896 年 8 月 2 日上海徐园“又一村”的一次游艺活动上观赏到的舶来品“西洋影戏”。从此，电影的放映活动逐渐在上海、北京、广州、天津等大中城市普及开来。北京丰泰照相馆是由中国人任庆泰开设的中国第一家照相馆，并以拍摄戏装照而闻名，也是中国最早拍摄电影的制作机构。20 世纪初的中国人称电影为“西洋影戏”。影戏与电影虽仅一字之差，却深刻反映出中国人独有的电影美学观念。透过“影戏”这一看似平常的称谓，很容易让人窥视到中国人“总是习惯于从戏剧角度，沿用戏剧的观念，来谈论电影”的特点。这种电影即戏剧的观念成为中国早期电影中占统治地位的电影观念，并对中国电影产生了深远的影响。1896—1905年，长达近十年的时间，中国一直处于观看外国影片即西洋影戏的阶段，直到1905年春夏之交，中国第一部国产片《定军山》的诞生，标志着电影艺术在中国的确立。《定军山》是一部由谭鑫培主演的戏曲片，该故事取材于古典小说《三国演义》第70回至第71回，作为默片的《定军山》只选取了整出戏中“舞刀”“请缨”“交锋”等几个动作和战斗片段。

早在1894年，美国发明家爱迪生就在狄克逊的协助下制成了“电影视镜”，作为发明家的爱迪生为电影作出了巨大贡献。他对于电影机器、装置的研制，为这门新兴艺术的诞生奠定了基础。而他更大的贡献，则是为这门新艺术起了一个富有魅力、富有诗意、富有幻觉意识的名字——电影。然而，爱迪生在对待电影这门新艺术的观念上，却存在着很大的局限。首先，爱迪生为“电影视镜”提供的影片，大都是在他所设计的“黑囚车”装置中拍摄的。而事实上，他的创造本身并没有脱离“照相馆”的原有模式。在那个仅供一人观赏的“窥视镜”前，观赏者的“窥视”不过是一次次地重复摄影师的“窥视”。其次，由狄克逊完成的约50部作品，如《酒吧阁景象》《安娜贝拉的舞蹈》《拔牙》《理发师》《布发罗·皮尔》等，内容大都是简单地表现跳舞、拳击、变戏法、做游戏等娱乐性场景。这些影片中的人物是由爱迪生请来的为摄影机表演的演员，如同一张张“活动的照片”。这不过是套用了舞台剧的模式虚构的一些小节目而已。与此相反，卢米埃尔兄弟采取的是更为现实主义的态度。卢米埃尔兄弟运用他们发明的“活动电影机”摄制了最早的一批短片，在1894年末至1895年间陆续在小范围内放映。1895年12月28日，卢米埃尔兄弟的“活动电影机”在巴黎卡普辛路14号咖啡馆的地下室进行了第一次公开售票放映，引起了广泛关注，这个惊人的消息很快从巴黎传遍了全世界。于是，1895年12月28日被公认为世界电影诞生日。他们的第一部影片《工厂大门》拍的是他们自己工厂的上班情景。画面被分成两部分，工厂大门占据画面右侧的三分之二，小门占据了画面左侧的三分之一。其中头戴羽帽、腰系围裙的女工们和推着自行车走的男工们相继走出大门，接着一辆由两匹骏马拉着的马车载着厂主们驶入工厂，然后工厂大门关闭，看门人从画面左侧的小门里走了出来。事实上，卢米埃尔兄弟的这种朴素的现实主义作风也体现在其他影片中，如《木匠》《铁匠》《拆墙》等，都以他们的工厂作为题材的选择范围。此外，同其他一些业余摄影家一样，他们也喜欢表现家庭生活的乐趣。当然，这也与当时电影还未脱离照相技术、尚处在幼稚阶段有关。如《婴儿的午餐》《金鱼缸》《儿童吵架》《海水浴》《下棋》等，这些影片在客观上描写了19世纪末一个法国富裕家庭的生活，可以看作早期纪录片的雏形。然而，由于中国传统文化对电影这一外来媒介的巨大影响，《定军山》等中国早期电影又凸显出与西方早期电影的一些不同。作为中国电影诞生标志的《定军山》（图6–1），它更乐于记录舞台艺术和注重艺术虚构的传统戏曲，凸显的是戏剧观念指导下的电影特征。任景丰首次拍摄影片时，就独具慧眼地选择了历史悠久、特色鲜明、群众基础深厚的京剧并启用名角，这不仅顺应了电影的商业属性，更体现出他对中国戏剧的浓厚兴趣。《定军山》热播以后，任景丰受到极大

图6–1 1946年谭鑫培之孙谭富英先生所提供的《定军山》原版剧照

鼓舞，继续拍摄了谭鑫培主演的《长坂坡》和其他一些京剧名角主演的《青青山》《收关胜》《艳阳楼》《金钱豹》等京剧片段。这些稚嫩的影片使中国观众第一次以电影的形式欣赏了中国戏曲名角的演出，因此，当人们从电影屏幕上而非戏曲舞台上看到他们仰慕的京剧大师的精湛表演时，感到格外新鲜、过瘾和满足！

在《定军山》等戏曲电影的影响和推动下，20 世纪 20 年代，其他电影艺术家也相继拍摄戏曲影片。京剧大师梅兰芳就曾与商务印书馆活动影戏部和民新公司先后合作拍摄了一批戏曲艺术影片，如取材于汤显祖《牡丹亭》的昆曲《春香闹学》和京剧《天女散花》等，都是深受观众喜爱的经典剧目。正如托洛普采夫所言，这些戏曲电影几乎无一例外地都来自中国传统戏曲或中国古典文学。中国戏剧以及文学是中国早期电影的宝贵资源，从创作人员到创作题材，中国电影都离不开戏剧与文学的支持。电影在初期形成和发展的过程中，许多从事电影工作的人都是从戏剧和文学领域转行而来，尤其是在辛亥革命以后，文明戏很快走向衰落时，更有大批新剧家和演职员转向影戏创作。另外，还有大批的戏曲、小说、文明戏被相继改编成电影。随着长故事片电影的拍摄，中国早期电影的关注焦点逐渐从改编戏曲转向改编具有话剧性质的文明戏。幻仙公司 1916 年拍摄的电影《黑籍冤魂》、明星公司在 1924 年拍摄的《玉梨魂》等都是从名噪一时的小说先改编成文明戏而后又改编为影戏的，而《玉梨魂》就是当时正走红的鸳鸯蝴蝶派作家徐枕亚的畅销书。利用鸳派文学引人入胜的故事情节和人物塑造的素材，结合文明戏的艺术经验及叙事手法和已经凝聚起的人气，最终用充满梦幻又逼真的电影载体拍摄时尚的影戏，成为当时中国电影制作的常见做法。可以说，戏剧以及文学协助中国电影的羽翼日趋丰满。这种文化传统似乎至今仍在延续。

由于中国电影工作者和电影观众长期接受的是以戏剧和文学为代表的叙事艺术教育，他们在头脑中渐渐积累了一种根深蒂固的戏剧观念，而正是这种戏剧观念又直接导致了视电影为戏剧或文学的电影观念。中国戏剧的艺术摇篮不仅培育了诸如郑正秋、费穆、郑君里、水华、谢晋、赵丹、石挥等优秀的戏剧电影大师和电影表演艺术家，而且在潜移默化中培育了亿万熟识戏剧电影模式的中国电影观众，使他们形成了一种习惯于从戏剧角度、沿用戏剧的概念来谈论电影的电影戏剧观念。在这种戏剧观念支配下的中国电影，注重戏剧化情景的营造、故事情节的统一完整和曲折离奇，以及以戏曲舞台假设的生活场景戏剧化地表现生活……而对于电影画面造型、镜头语言、时空运动和写实特性等电影本体的追求却始终难以给予足够的重视，致使这些本应在中国电影中处于主导地位的电影元素和电影艺术个性几乎被完全掩盖……

“影戏”这一称谓虽在20世纪30年代就基本画上了句号，但渗透着戏剧意识的电影戏剧观念却绵延统治了中国影坛长达八十年。我们甚至可以说，中国电影百年的发展历程，也是充分体现中国戏剧观念怎样异常顽固并异常深刻地制约和影响中国电影发展的历史。新时期伊始，已接触西方先进电影理论的中国电影精英试图彻底扭转戏剧观念对中国电影的影响，提出要“丢掉戏剧拐杖”“电影与戏剧离婚”“电影语言的现代化”。中国电影人的电影本体意识迅速觉醒，第五代导演终于拍摄出强调视觉造型语言和电影叙事的《一个和八个》《黄土地》《盗马贼》《猎场札撒》等影片，引起国内外影坛的变化。只是由于当时对电影戏剧观念的全盘否定似乎有些矫枉过正，一些中国编导对来自戏剧和文学艺术的修养越来越忽视和轻视，而一味注重玩弄电影技巧，从而造成一些电影编导日渐缺乏用电影讲好故事的起码才能。

这种状况一直持续到20世纪80年代后期，中国电影人在经历了深刻反思之后才开始了创作转型，诞生了如《秋菊打官司》和《霸王别姬》等既强调电影造型语言又蕴含着戏剧与文学色彩的中国电影。百年中国电影的发展历史启迪我们，中国电影与中国戏剧、文学的不解之缘将持续下去。

另外一个值得注意的现象是以豫剧为例，即使在豫剧处于低谷时刻，它和电视的有效结合也在一定程度上助推了豫剧的发展。豫剧是中国最大的地方剧种，位居全国各地方戏曲之首。根据2006年的国家文化部门统计数据，国有专业豫剧团体数量为163个，是全国拥有专业戏曲团体和从业人员数量最多的剧种，为中国戏曲三鼎甲之榜眼。豫剧旧称“河南梆子”“河南高调”，由于早期演员用本嗓演唱，起腔与收腔时用假声翻高尾音带“讴”，又曾被称为“河南讴”。它以河南方言为基础，具有浓厚的河南地方特色。豫剧的唱腔好听、好学、好唱，剧情通俗易懂，整体亦俗亦雅，曾在香港演出，当地媒体将其与国剧京剧相比，并评价："京剧是城市小姐，豫剧是农村姑娘"，非常形象贴切。也正因此豫剧受到普遍欢迎。不仅在河南省，豫剧在全国甚至海外也有一定的知名度。

豫剧最早泛指河南各剧种。豫剧起源于明朝中后期，是在河南盛行的时尚小令（民歌、小调）的基础上，吸收北曲弦索、秦腔、蒲州梆子等演唱艺术后发展而成的。随着研究的深入以及大量资料的证实，特别是在编修《中国戏曲志·河南卷》的过程中，各方面的专家进行了广泛调查和论证，得出豫剧最早的诞生地是在古都开封和周边的杞县、通许、尉氏等地。宋代志书《东京梦华录》明确记载，北宋东京（开封）当时有桑家瓦子、北瓦、次里瓦等，勾栏瓦舍遍布全城，一个勾栏棚可容纳数千观众。当时在开封已经上演了大型杂剧《目连救母》。据 20 世纪的一些老艺人回忆，他们在 1912 年前后学艺时，曾听师父说起河南的"内十处"祥符（今开封）、杞县、陈留（新中国成立前为县治，今属开封祥符区）、尉氏、中牟、通许、仪封、兰封（今并入兰考）、封丘、阳武（今并入原阳）和"外八处"淮阳、西华、商水、项城、沈丘、太康、扶沟、鹿邑。据艺人相传，河南梆子最早的传授者为蒋门、徐门两家，蒋门在开封南面的朱仙镇，徐门在开封东面的清河集，都曾开办科班。而开封的老三班，即义成班、公议班和公兴班，传说都历经明、清两代。义成班，据 1916 年 2 月 15 日《河声日报》记载："省内义成班，原为开封县署民壮总役于建清所组建，历年以来一般梨园子弟在各处演唱，颇享盛名。"义成班于 1926 年在开封相国寺的火神庙内建立了永安舞台。舞台的组织管理分为前台、后台。前台主要负责管理剧院内的各种杂务，如售票、接待观众、供应茶水；后台主要负责演出方面的事务，如确定演出剧目、分配角色以及衣箱、道具等方面的工作。天兴班原是封丘办的科班，历史悠久，不少豫剧名演员都出自该班，清末民初曾不断到开封演出。知名演员有李剑云（小名壮丑，工旦）、阎彩云（工旦，1982 年去世），其他主要演员有时登科、张治林、聂二妮、孔宪玉、李玉仙、张廷华、李法魁等。

辛亥革命后，河南梆子更多地进入城市演出，开封较有名的茶社，如致祥茶社、普庆茶社、澄怀茶社、庆茶社、东火神庙茶社和同乐茶社等，均争相邀聘河南梆子班社如义成班、天兴班、公议班、公兴班参加演出。豫剧进入茶社演唱之后，与早已进入茶社的二黄（京剧）形成了相互竞争的局面，因豫剧强大的艺术魅力，京剧败下阵来，退出茶社，1916 年 12 月 29 日出版的《嵩岳日报》报道："汴省簧戏屡演屡辍，惟梆戏颇持久。"除了省城开封，郑州、洛阳、信阳、商丘等地也先后出现演出河南梆子的茶社和戏园，受到当地民众的热烈欢迎，叫好之声不断。20 世纪 20 年代末至 30 年代初，开封相国寺先后建立了永安、同乐、永乐和国民四个戏院，各地豫剧演员荟萃开封，广受欢迎。1927 年，冯玉祥主政河南期间，由河南省教育厅在开封成立河南游艺训练班，审编剧目，对数百名演员进行"高台教化""服务社会"的教育，被名家誉为"河南梆剧改革的第一声"。1928 年，省教育厅成立了戏曲审查会，颁布了各种《章程》。以樊粹庭、王镇南、邹少和、蒋文质、张介陶等为代表的一批知识分子的介入，使河南梆子舞台焕然一新。1935 年，河南省教育厅推广部主任樊粹庭在开封组建豫声戏剧学社，对戏剧的科白、词句、腔调、做工、化装、行头进行全面改革，对豫剧的发展产生了深远的影响。这次戏剧改革因行政力量的介入，形成了一定的声势：融入时代思想，提升了剧目、唱词的文学品位，发挥了唱念做舞的综合优势；改革旧曲，融合唱调，创立了新腔新韵。樊粹庭还将同乐戏院改为豫声剧院，邀请陈素真、赵义庭等人组成了强大的演出阵容在豫声剧院售票演出，改编后的豫剧颇受欢迎，1935 年 5 月 4 日出版的《河南民报》报道："每晚座无隙地。"1936 年，常香玉随周海水的豫西调戏班到开封演出，一举成名。在梆子泰斗王镇南的帮助和指导下，常香玉于 1937 年成立中州戏曲研究社，致力于豫剧改革，编演新戏。当时常香玉与永安舞台的马双枝、豫声剧院的陈素真，三足鼎立，各展风采。1937 年抗日战争爆发后，樊粹庭将原豫声剧院的部分人员组织起来成立狮吼剧团，宣传抗日、募捐演出，支援抗日战争，被称为热心救国之模范。1938 年，开封沦陷，国民党军队炸开黄河花园口大堤，黄河泛滥，民众流离失所，不少豫剧团体迁至西安，如樊粹庭领导的狮吼剧团、常香玉的香玉剧社、崔兰田的兰光剧社以及孙老七创办的河南灾童戏剧学社等，西安成为豫剧演出的重要阵地。还有一些演员进入安徽界首演出，如毛兰花、马金凤、阎立品等。在抗战中，各流派的演员为了谋生而到处流动，他们打破门户之见，相互搭班演出，使豫剧各流派有了更多的交流。

中华人民共和国成立后，职业豫剧表演团体在大陆相继成立，新编曲目、剧目大量出现。国家摄制了大量的舞台艺术纪录电影片、电视片，保存记录了许多艺术家和剧团的表演艺术。1956年3月，河南豫剧院成立；5月16日，以继承和发扬中华民族戏曲艺术的优秀传统，有系统、有计划地培养戏曲艺术的新生力量为己任，以豫剧专业为主的河南省戏曲学校（今中原文化艺术学院）正式成立；9月8日，河南省文化局提出在全省挖掘整理传统剧目，并决定在年底召开河南省首届戏曲观摩演出大会。在12月举行的观摩大会上，共有23个剧种参加演出，豫剧剧目几乎占演出剧目的一半。20世纪50年代中期，全国许多省、自治区、直辖市普遍建立豫剧职业演出团体，使豫剧成为中国境内流布较广的戏曲剧种之一。1980年举行的“豫剧流派汇报演出”，形成了各大豫剧流派，出现了不少描写现实生活的现代戏和新编历史剧。这次会演有着重大意义，从艺术和影响力上确立了常、陈、崔、马、阎五大旦角流派。此后，出现了很多新编的优秀剧目，在全国各地以及港澳台，甚至海外演出，都获得了巨大的成功，加上之前创作的一些优秀剧目，豫剧的百花苑可谓是群芳熠熠，群星璀璨，如《朝阳沟》《李双双》《倒霉大叔的婚事》《清风亭》《秦雪梅》《大祭桩》《三哭殿》《穆桂英挂帅》《胭脂》《小二黑结婚》《铡美案》《三上轿》《唐知县审诰命》等几十年连演不衰，还有《村官李天成》《程婴救孤》《我爱我爹》《大爱无言》《谢延信》《农民工》《常香玉》《花木兰》《连枝桃》《香魂女》《泪洒相思地》《桃花庵》《五女拜寿》《母女怨》等百余种新编豫剧广受欢迎，多次出现爆满的喜人局面，在全国戏剧会演中豫剧剧目更是数十次获奖。豫剧的传统剧目有1000多个，其中很大一部分取材于历史小说和演义。现实主义题材的豫剧也是千姿百态，各呈异彩。

就是这样一门优秀的传统艺术，在经济迅速增长、意识形态飞速变化的今天却处于一种十分艰难的生存境地。据彭奇志在《中国戏剧现状概观》中分析：中国戏曲有一个庞大而复杂的剧种系统，有300多个剧种，由产生于不同时代、分布于不同地域的大、小剧种构成。全国各省市、地区分布的品种、数量差异也很大，最多的山西省就有50多个剧种，其中小剧种就有40多个。按产生时间来分，诞生的前后差异可以有几百年，较早的可追溯到千年以前，如泉州梨园戏就诞生于宋元时期，产生时间较晚的是在近代或当代，如越剧、沪剧，最年轻的大概是黑龙江省的龙江剧，诞生于1959年。按影响程度来分，大致可以分为全国性剧种、地域性大剧种、地方性小剧种、民间小戏。跨多个省市，地区较广的、具有一定的全国影响的剧种有西北的秦腔，北方的评剧、豫剧，安徽的黄梅戏，苏浙沪地区的越剧，四川的川剧，两广的粤剧等，基本在省市范围内的有广东汉剧、广东潮剧、广西壮剧、江西赣剧、湖南湘剧、山西晋剧、广西桂剧、云南滇剧、江苏淮剧、福建闽剧、山东吕剧、内蒙古蒙古剧、湖北楚剧，流行在范围更小的一些城市的如宁波的甬剧、金华的婺剧、绍兴的绍剧、无锡的锡剧、上海的沪剧、泉州的高甲戏与梨园戏、扬州的扬剧，还有一些更受地域限制的地方小戏，如河北梆子、采茶戏、花鼓戏、彩调、常德丝弦戏、拉场戏、花灯戏、歌仔戏等。因此，对这样庞大而复杂的戏曲体系，用同一种判断、评价或批评标准来衡量其剧目创作的数量、质量，是极不科学的，因为各自的起点、发展程度及其所影响、覆盖的范围等都不具备可比性。但是，正是由于缺乏对院团的分类指导，导致所有院团向大而全的国有院团发展，剧目创作都向精品优秀、大型剧目靠齐，全国戏曲一盘棋地向“精英文化”靠拢，这带来了很多发展中的问题。主要问题是：在市场经济条件下，不管是政府的剧团还是完全民营的剧团更多地要面向市场，在市场中求得生存和发展。但是各个豫剧团在资金方面遇到的问题比较大，严重制约了其进一步发展，直接造成豫剧在市场经济中生存困难。戏曲的良性发展最终要通过人才去实现，人是其中的主体。但近年来戏曲市场的不景气和演员的收入有限，导致一些相关人才流失，再者，河南豫剧人才的后续培养工作也相对比较滞后，导致戏曲演员和相关方面人才严重匮乏，青黄不接；剧团在创新方面也力不从心。

在政府的大力支持下，出台了多项扶持政策，剧团走多种联合路线，多策并举，企望振兴。最值得一提的要数河南省电视台《梨园春》栏目的推出（图6–2），之后其他省份也相继跟学开设了相同性质的戏剧选拔节目。《梨园春》于1994年创办，正值全省的豫剧发展事业低潮期，大家都忙于改革开放和经济增长，关注戏曲的人越来越少。而《梨园春》的强势出现改变了这样的状况，多少有些力挽狂澜的意

图 6-2 《梨园春》剧照

味。特别是在 1999 年全面改版后，以特色的戏迷擂台赛引起了全社会的轰动，收视率最高达 35.7%，极大地繁荣了豫剧市场。它提供了一个平民舞台，并以丰厚的奖品吸引社会大众的参与。《梨园春》成立期间收到数百万封观众来信，报名参加擂台赛的有五万余人，其中不乏民间高手，豫剧界一下子变得热闹起来。随后又推出少儿擂台赛，更是聚集了一大批有才华有天赋的少年。如此，相当数量的有着戏曲天赋的人通过《梨园春》进入了豫剧行业，不管今后他们是否从事这一行业，他们都可能成为豫剧的储备力量，有他们的存在，豫剧即使衰败了，也有着复兴的巨大潜力。近几年，《梨园春》通过与各省卫视合办戏曲晚会，将豫剧再次强势地推向全国各省，更通过《梨园飞歌》大型戏曲交响音乐会在澳大利亚悉尼歌剧院的成功举办，将豫剧首次推向海外。它的出现，是现代电视媒体与传统艺术的完美合作，对河南的豫剧事业的发展起到了巨大的推动作用，对全国戏曲事业的发展所发挥的作用同样不容小觑。

20世纪80年代末90年代初市场经济初步发展的社会重大转型时期，戏剧艺术失去了一次与时代同步前行的机遇，已是十分令人痛心的事情。进入21世纪，经济持续发展，国民实力不断增强，社会文化、世情民意、审美价值取向面临着又一次从量变到质变的重大转变。在这种社会文化背景下，面对以信息为纽带的瞬息万变的世界，以富有韵律的规范的古典语言、地方声腔为演唱、念白基础，以相对固定、缓慢的程式作为表演方式的地方戏曲，陷入了与时代“快速”“变化”趋势完全背离的境地，开始迎接最为本质的内容和形式的挑战。一位著名戏曲演员在校园开唱的第一句即遭到大学生观众的“笑场”，这并不是什么稀罕事，而是家常便饭。当代戏曲陷入“领导看来一片繁荣，观众从不买票看戏，业内人士自娱自乐”的畸形发展态势，普遍被认为突破无望、维持艰难。不只是豫剧，全国其他地方的剧种同样面临困境。新华社记者王瑾、张周来2001年11月在新华网发表文章《尴尬的艺术——中国戏剧现状反思》指出：“中国是戏剧大国，戏曲是中国特有的戏剧形式。中国戏曲自元杂剧发展到今天，为我们留下了丰厚的遗产。一些有很高艺术水准和研究价值的剧种成为研究中华文明的‘活化石’。然而，这些年来由于戏曲的乏人问津，不少地方剧种濒临失传甚至已经消失，文明遭遇了尴尬。针对这种现状，文化部提出了对有代表性的地方剧种实行保护、继承、革新、发展的方针，在政策上、财力上予以支持。一些剧种被救活了，但是大部分地方剧种仍因剧目陈旧、依赖性强而举步维艰。”即使是已经申报成为全国非物质文化遗产的某些地方戏剧，虽然获得了部分资金支持，但仍是杯水车薪。以河南非物质文化遗产——通许锣戏为例。锣戏创始于1300多年前的唐太宗时期，那时的锣戏是皇帝和文武百官为了娱乐而模仿天宫的仙乐编出来的宫廷戏，因此，锣戏也叫“乐戏”。据史料记载，在康熙、雍正、乾隆年间，因锣戏的唱腔原始、粗犷，登不上大雅之堂，多次遭到统治者的禁演。而当时，锣戏非常受广大群众的喜爱，从黄河西岸到淮河流域，到处都有锣戏的足迹。清代的一些有关史料，多是介绍演唱、禁唱锣戏的情况。民间艺人讲，“一罗（锣）、二黄（簧）、三弦、四柳、五越、六梆”，这一罗是锣戏；二黄声腔的起源比京剧、豫剧都要早。古时，民间的一些敬神、还愿、庙会等都要唱锣戏。日寇入侵通许县以前，通许县邸阁镇三月三庙会，年年都有锣戏演出。锣戏是一种以曲牌为主体的剧种，有72调门，其中“要孩儿”是核心调门，其他许多调门都是由“要孩儿”变化而成的。锣戏的伴奏乐器以唢呐为主，其他有笙、笛、尖子号、海螺（号角）；打击乐器有大锣、大镲、大铙、大鼓（俗称“四大扇”）。在表现武将大官出场、升帐、战争等较大的场面时，大小铜器同时使用，再加上数支尖子号、海螺一起吹奏，金鼓齐鸣，气氛庄严，声势浩大。锣戏的剧目多为历史故事戏、帝王将相戏，俗称“袍带戏”。新中国成立初期，通许县有西朱庄锣戏团和赫庄锣戏团。据通许县赫庄锣戏老艺人讲，他们的锣戏祖师“三伏”（艺名。清朝人，锣戏旦角演员，真实姓名、籍贯等已失传）会唱500多出锣戏。随着老艺人的去世，许多锣戏也已失传。截至2000年，赫庄锣戏团还能唱30余出锣戏：《狸子精下凡》《西游记》《齐天大圣》等。卷戏常与锣戏一起演出，赫庄锣戏团目前能演唱的卷戏剧目有30余出：《花打朝》《七奶奶》《包文正》《打面缸》等。1953年，赫庄村各家各户捐粮食，重建锣戏团，演员有30多人。农闲时演戏。赫庄锣戏团最兴盛的时期是1956—1958年，演员达60余人，在通许县周边农村演出，一天三台戏，十天不重样，观众有一二万人。但发展现状令人担忧，锣戏赖以生存的社会基础发生了变化，面临失传的危险。

在全国各地，由于风俗迥异、方言有别，相继产生了适宜本地区生存的戏剧剧种，并和本地区的文化生态达成了一致性而并存，它们都在某个时段出现了繁荣的景象，但随着时间的推移、形势的变化、时代的需要，或者濒临失传，或者日渐式微，或者后继乏人。仅举几例：

商洛花鼓是商洛戏剧中最具代表性的戏曲剧种。在市场经济和转企改制的背景下，演出市场遭遇冷落，加之地方剧团硬件设施和条件简陋，演员结构欠合理及后备梯队缺乏等因素，使得戏剧发展受阻，面临生存危机。

汉剧是一个有着近400年悠久历史的古老剧种，曾对全国范围内的各“皮黄”剧种［如湖南湘剧、广东粤剧、广西桂剧、云南滇剧、四川川剧（胡琴戏）等］在声腔、板式、剧目、行当、表演等诸多方面，产生过广泛的影响。尤其是对京剧的形成，汉剧（汉调）更是做出了巨大的贡献。除湖北外，外省冠以“汉剧”的还有

“广东汉剧”“湖南常德汉剧”“陕西安康汉剧”“福建龙岩汉剧”等，这些都是戏曲学术界公认之历史贡献。经过“文革”的“洗劫”和近年来的多次“文艺体制改革”，湖北各地县汉剧团已被“一刀切”得干干净净。倒是南剧与山二黄剧团还存在，作为省会城市的大武汉，现仅存“一个半汉剧院团”。“一个”是以陈伯华艺术大师为院长的武汉汉剧院，“半个”即由楚剧、黄梅戏、汉剧三个剧种合并而成的湖北省地方戏艺术剧院（汉剧团）。汉剧在职的从业人员约为200人。汉剧的演出仅限于每周末演日场（以照顾老年观众看戏），但汉剧走到今天，呈衰落态势，岌岌可危。

黄梅戏，旧称黄梅调或采茶戏，是中国的五大剧种之一。黄梅戏已有两百多年的历史，发源于湖北、安徽、江西三省交界处的农村，与鄂东和赣东北的采茶戏同出一源，其最初形式是湖北黄梅一带的采茶歌。清道光前后，产生和流传于皖、鄂、赣三省间的黄梅采茶调、江西调、桐城调、凤阳歌，受戏曲青阳腔、徽调的影响，与莲湘、高跷、旱船等民间艺术相结合，逐渐形成了一些小戏。经过一段时间的发展，又在吸收“罗汉桩”、青阳腔、徽调的演出内容和表演形式的基础上，产生了故事完整的本戏。在从小戏过渡到本戏的过程中，曾出现一种被老艺人称为“串戏”的表演形式。所谓“串戏”是指那些各自独立而又彼此关联的一组小戏。这些小戏有的以事“串”，有的则以人“串”。“串戏”的情节比小戏丰富，出场的人物也突破了小丑、小旦、小生的三小范围。其中一些年龄大的剧中人物需要用正旦、老生、老丑来扮演，这就为本戏的产生创造了条件。这也是今日黄梅戏的前身。黄梅戏在剧目方面，比较有影响力的有《女驸马》《荞麦记》《告粮官》《天仙配》等。安徽省安庆市与湖北省黄梅县的黄梅戏被共同列入我国第一批国家级非物质文化遗产。黄梅戏是全国五大剧种之一。作为安徽省代表性文化品牌，安徽省委、省政府早就提出了“打好徽字牌、唱响黄梅戏、建设文化强省”的文化发展战略。然而近年来，即使是黄梅戏之乡也难见“人人争看《天仙配》，街头巷尾说黄梅”的现象。安庆市场上专业剧团卖票演出很少。文化生活的多元化使人们对精神文化生活的选择也多样化，但在黄梅戏之乡，部分人看不到或不愿看新编黄梅戏的现象值得人们深思。黄梅戏之乡面临的现实是：导演、舞美等人才严重缺乏，基本上靠高薪聘请外省专家。自家剧团的演员中，本来就少的男演员大多只愿演小生，不愿演小丑等角；人员相对过剩的女演员却争相演花旦，不屑演老旦等角。出现上述问题的原因，主要是一些演员存在急功近利的思想。打击乐演职员的缺乏正好验证了市场经济条件下，付出的劳动与经济和社会地位不能成正比的现实。

绍兴平湖调，史称“越都南词”，是明清时期江南说唱艺术在绍兴的传承，也是绍兴地方曲艺中艺术价值最高的一种，在江南说唱艺术史上有着重要的地位。它将“开篇”改名为“节诗”，以绍兴地方“官语”为主要语言进行说唱，唱腔独特，词曲深奥，演唱风格典雅，音乐风格具有独特的地域性。平湖调在长期的流变过程中，吸收了调腔、乱弹及其他民间艺术的成分，经过平湖调艺人的不断加工、提高，成为古朴典雅的珍贵乐种。但如今的平湖调正淡出大众视野，成为真正的“稀有”品种。

古老传统的戏剧艺术面临新形势，苦苦找不到新途径，如何创造出新的戏剧生态，应该是一个严峻的课题。有人撰文《振兴秦腔：挑战和机遇》提出问题以及解决的办法：“秦腔的振兴发展，离不开内容、形式的创新和与现代科技的结合。戏剧市场不景气，观众群体衰减尤其是不能引起青少年兴趣，固然有现代新型文化和传媒方式的强力挑战，但从戏剧本身来看，亦有其深刻原因。一是戏剧传统内容多，现代内容少，演来演去总是老本子，听来听去总是老唱段，与社会现实脱节；二是程式老套，节奏缓慢，与现代人群尤其是青少年的观赏要求脱节；三是表现方式单调固化，与现代科技进步能够提供的新的表现手段脱节。”他认为，“无论从当前各类文艺形式激烈竞争的情势看，还是从群众多样化、多味性的文化需求看，都要求戏剧大力创新，多编演能揭示当前社会矛盾、反映现实生活、引起社会共鸣、打动观众心灵的新戏新作。这是戏剧在激烈的市场竞争中生存发展、振兴繁荣的首要课题，舍此不能谈振兴，不能谈繁荣。应该多方努力，培养、鼓励、引导编剧人才，创造宽松适宜的创作环境，多出新品新作。尤其应鼓励有造诣的作家、文人创作、改编戏剧，形成有一定规模的编剧创作队伍，持续不断地提供有质量、有水平、有持久影响力的精品力作。这是振兴秦腔的基础功、根本功，必须下功夫练好”。作者从秦腔的历史渊源和现状出发，提出了其观点，对其他剧种振兴亦有启发。

年画

相传中国之年画始于唐代，沿至宋代才普遍流行，但仍以张贴门神为多，故年画可以包括门神在内。明初年间，日本人曾在甘肃发现两种宋朝的年画：一幅是班姬、赵飞燕、王昭君、绿珠的四美图，都作高客长袖的宫装；另一幅是灶王爷和关圣帝君。两幅画上都盖有“平阳姬家雕郎”的店铺字样，足见在宋时人物年画已具规模。由于朱元璋提倡过新年要贴春联，这样发展下来，年画也特别发达。

说到春联，不能不提到一个人，他就是孟昶。传说孟昶是春联的发明者。古代岁时，挂桃符求辟邪。据南朝的《荆楚岁时记》记载，每逢岁时，人们便挂桃符来驱鬼辟邪、迎喜接福。这是对联的萌芽。后来，桃符上出现神像，五代时，桃符上的神像不见了，取而代之的是联语。这件事情在《宋史·蜀世家》、清代梁章钜的《楹联丛话》等多有记载，《茅亭客话》说得更清楚：蜀后主孟昶曾命手下一位叫辛寅逊的学士写了一副“新年纳余庆，嘉节号长春”的对子，是我国最早的对联。公元 965 年，宋军破后蜀，蜀主孟昶等人沿江东下，五月抵汴梁（今开封），在宋宫宣德殿向宋太祖递降书，被封为秦国公。抵汴七日，暴卒，时年四十七岁。孟昶因写出了“新年纳余庆，嘉节号长春”的春联，被称为中国春联的始祖。死后葬于开封市祥符区大孟昶村，古时此地属于通许县，乃通许县八景之一——“蜀主荒坟”。

明、清修撰的《通许县志》地图上均标有“孟昶”和“孟昶岗”的字样。据明朝《通许县志》载：“成化元年（1465 年）冬不雪，至春不雨，饥，群盗聚发古冢殆遍。县城西北三十里孟昶村一古冢被盗，得石碣，题曰：‘蜀主孟昶之墓。’”又据浙江天一阁藏《通许县志》记载：“孟昶墓。治西北三十里。按宋太祖命于右掖门南临汴水，治第宏壮，以待昶。乾德三年正月昶至，封秦国公而卒，追封楚王。此墓去汴不远。成化初盗发其冢，坚不得入。居民封其发处，得一石方尺余，题曰：蜀主孟昶之墓。字皆剥蚀，仅能缘名以求其文耳。”1998 年 6 月，通许县文化局的陈大维和凤凰琴二位同志，以及后来的文化学者李俊功和李文忠骑车前往调查，在大孟昶村见到一座大土岗，岗上有小学一所，岗后有民居。此岗为兴国寺旧址。在一村民家中，他们发现了一块古碑，为咸丰七年所刻，题曰：重修兴国寺碑。碑文能识别大半，其余漫漶。碑文摘录如下："……近枕京畿，北眺梁园，有赵宋时蜀降主孟昶之墓在此……昶之既没，立兴国寺以镇之……"立碑人为："知县新郑李玉相、鄢陵生员侯玉璋，住持僧真□，徒如□，□□……"又查清乾隆三十二年的《通许县志》记载："兴国寺，宋建，孟昶墓西，祀昶，明永乐间僧福祥重修。"

春联和年画是春节期间张贴的两种庆祝形式，春联表义，年画表象，两种艺术完美结合，相辅相成，互为映衬。至今仍有保存的年画为明万历年间最流行的彩色套印的木刻福禄寿三星图、天官赐福图等，刻工颇精致，迄今仍为民间所师法。还有实用的历画，如春牛、灶马、芒神等；更有历史故事题材的"孟母教子""岳飞枪挑小梁王""牛郎织女""白蛇传"等。至于《三国演义》《水浒传》等古典文学名著，也被用作年画的题材。及至明末崇祯年间，尤以天津杨柳青的年画驰名，图画内容也愈见丰富。清代人才辈出，年画的题材更加广泛，除人物、花卉、山水等艺术作品外，还有"老鼠嫁女""王婆骂鸡"等讽喻画，以及用歇后语构成的连环图画，极富幽默感。印制方面亦多种多样，有木版、石印、胶版、国画、水彩、图案、单线平涂、炭彩、仿古、创作，甚至有翻印西洋画的作品，例如姑苏年画中之"西洋之剧场"。

中国年画有显著的中国元素，是中国画的一种。大都用于新年时张贴，装饰环境，含有祝福新年吉祥喜庆之意，故名。传统民间年画多用木版水印制作。主要产地有天津杨柳青、苏州桃花坞、开封朱仙镇和山东潍坊等，上海有"月份牌"年画，其他还有四川、福建、山西、河北以至浙江等地。旧年画因画幅大小和加工复杂程度有不同称谓，整张大的叫"宫尖"，一纸三开的叫"三才"。加工多而细致的叫"画宫尖""画三才"。颜色上用金粉描画的叫"金宫尖""金三才"。六月以前的产品叫"青版"，七八月以后的产品叫"秋版"。各地对年画的称谓南辕北辙，北京称"画片""卫画"，苏州称"画张"，浙江称"花纸"，福建称"神符"，四川称"斗方”，河南称“门对儿”“门神”“门画”，不一而足。今天，各地对年画逐渐约定俗成地简称为“年画”。年画是中华民族祈福迎新的一种民间工艺品，是一种承载着人民大众对未来美好憧憬的民间艺术表现形式。历史上，民间对年画有着多种称呼：宋朝叫“纸画”，明朝叫“画贴”，清朝叫“画片”，直到清朝道光年间，文人李光庭在文章中写道：“扫舍之后，便贴年画，稚子之戏耳。”年画由此定名。年画画面线条单纯、色彩鲜明、气氛热烈愉快，如春牛图、岁朝图、嘉穗图、戏婴图、合家欢、看花灯、胖娃娃等，并有以神仙、历史故事、戏剧人物作题材的，颇多作为门画张贴之用，夹杂着“神祇护宅”的观念，如“神荼郁垒”“天官”“秦琼敬德”等，体裁（或形式）有门画（独幅和对开）四屏条和横竖的单开独幅等。宋代已有关于年画的记载，目前见到的最早的一幅木版年画是南宋刻印的《隋朝窈窕呈倾国之芳容》。

清代中期，尤见盛行。新中国成立后，年画在传统的基础上推陈出新，丰富多彩，为人民群众所喜爱。年画艺术是中国民间艺术的先河，同时也是中国社会的历史、生活、信仰和风俗的反映。每逢新年，人们都会买两张年画贴在大门上，爱喜庆点的更是由大门到厅房，贴满了各种花花绿绿、象征吉祥富贵的年画。新春之所以充满欢乐热闹的气氛，年画在这里面起着一定的作用。大抵比较富贵的人家，总喜欢在厅房悬挂老寿星、紫微星、福、禄、寿等。至于梅兰竹菊等花鸟图，自然亦在受欢迎之列。年画的题材包罗万象，总计画样有两千多种，堪称一部民间生活百科全书。花鸟虫鱼、瑞兽祥禽、生产劳作、节令时俗、故事传说、戏曲人物等皆可入画，门神、吉庆、戏剧、风情、符像、杂画构成了六大种类。制作中心分布于苏州桃花坞、天津杨柳青、山东潍县、山西临汾、河南开封、河北武强、福建漳州、四川绵竹等地，成为全国重要的年画产地。其中，又以苏州桃花坞、天津杨柳青、山东潍县、四川绵竹的年画影响最大，它们是中国民间年画的四大中心。

苏州桃花坞年画

江苏苏州桃花坞一带流行的民间木版画，图文并茂，具有连环画故事的风格。受西方绘画，特别是西方铜版画的影响，与其他地方的年画不同，它长于表现繁复的建筑、人物、山水等景物，对西方铜版画中的透视原理、明暗造型等技法都予以吸收，并与传统的技法有机地融为一体。桃花坞木刻年画起源于明朝，盛行于清朝雍正、乾隆年间，具有400多年的历史。桃花坞年画源于宋代的雕版印刷工艺，由绣像图演变而来，到明代发展成为民间艺术流派，形成了独特的风格。随后其远渡重洋流传到日本、英国和西德，特别是对日本的“浮世绘”有极大的影响，被海外媒体誉为“东方古艺之花”。门画、中堂和屏条是桃花坞木刻年画的几种主要形式。年画内容包括神话、戏文、吉祥喜庆、民间故事、风俗世事等类型。主要表现吉祥喜庆、民俗生活、戏文故事、花鸟蔬果和驱鬼辟邪等民间传统审美内容。桃花坞木版年画的画、刻、印分为三大谱系，在长期的创作、生产实践中，身怀绝技的老艺人各自摸索出了独特的经验，形成了一整套特殊的工艺制作程序。其题材有武松打虎、白蛇传、西厢记、三美图、百子图、姑苏万年桥、苏州阊门图、花卉图、耕织图、大庆丰收年、拜月图、戏雪图、寿字图等。桃花坞木刻年画的产生和发展经历了由盛而衰的过程，清代乾隆、嘉庆时期的年画，画面远近分明，层次清晰、丰富，生动细致地描绘了“乾嘉盛世”的城市风情世相。鸦片战争后，随着帝国主义的政治、经济、文化侵略的加剧，桃花坞木刻年画逐渐衰落，销售对象转向广大农村。这一时期的作品，在保持木版套印特色的同时，以实用为主，印刷材料从简，成本低，价格便宜，利于普及，从而形成构图丰满、色彩鲜艳、印刷粗犷、装饰性强的艺术风格。从传世的文物来看，木刻书籍和木版画差不多是同时产生的。起初，木版画主要用作书籍的插图，即绣像画。木版画单独印行成为年画，大约是到宋代才出现的。苏州年画在明末已有完整的独特风格，当时被称为“姑苏版”年画。最早的年画传说是唐伯虎作的《风流绝畅图》。雍正、乾隆年间，苏州年画质量、销量空前提高，当时有五十多家年画铺，分设在阊门外山塘街一带，也有部分设在桃花坞报恩寺一带，年产百万张以上，少时也有十几万张，行销江、浙、鲁等地，并远达南洋一带。于是苏州桃花坞年画的名声传遍大江南北，与天津“杨柳青”年画并称为“南桃北杨”。

当时苏州年画铺的名称，现在还有留存，前期有张星聚、张文聚、魏鸿泰、吕云林、陆福顺、墨香斋、春源、季祥吉等；后期有王荣兴、陈同盛、吴锦增、吴太元、鸿云阁等。画师在画面上署名的，前期有桃坞主人、桃溪主人、墨浪子、归来轩主人、宝绘轩主人、墨林居士、杏涛子等；后期有嵩山道人、吴友如、周梦蕉、金蟾香、符良心等。作为一门工艺，桃花坞木版年画的制作过程历来是有明确分工的，画稿—刻板—印刷一条龙。如今，掌握这门技艺的总共不到十人。2001 年，桃花坞木版年画作为苏州工艺美院的一个常设专业，有了固定的教学基地。2006 年 5 月 20 日，苏州桃花坞年画经国务院批准列入第一批国家级非物质文化遗产名录（图 6–3）。

图 6–3　苏州桃花坞年画

天津杨柳青年画

杨柳青镇位于天津西部，距市中心大约15千米，地处南北大运河与大清河的交汇处，在北宋时期被称作古柳口。传说，金兵灭辽进入中原后，当时京城开封的画师、艺匠因战乱北迁，在迁徙中有许多人流落到天津的杨柳青，开始了最初的年画创作。杨柳青年画鼎盛时期除了镇上的上百家画庄，还有杨柳青镇周边的36个村3000多户家庭从事年画创作，销往黑龙江、新疆和内蒙古等地区，年画销量每年达300多万幅。天津杨柳青雕版年画历史悠久，远近驰名。民国以后，由于印刷技术的发展，杨柳青年画逐渐为石印及胶印年画所取代。天津鼓楼北毓顺成“芳记”就是一家专印石印年画的印刷作坊，由于成本低，物美价廉，机制年画在华北地区销路较好。机制年画的形式有“小方子”（32开或4开）、“贡尖”（对开）、“挑山芯子”（竖半开）、四扇屏、八扇屏等。年画题材多样，如娃娃画、戏曲画、吉祥画、应节画、应景画、风景画、风俗画、动物画以及有故事情节的连环画等。

中国人讲究人丁兴旺，又白又胖的娃娃受到人们的喜爱。早年间，天后宫就有不孕妇女拴娃娃的习俗，而娃娃画也受到人们的欢迎。娃娃画的题材广泛，有《天仙送子》《莲笙贵子》《榴开百子》《吉庆有余》《攀桂乘龙》《竹报平安》《翘盼福音》《蟾宫折桂》等。画的主角都是梳髻的古代娃娃，有的穿短衣短裤，有的系一兜肚，十分天真烂漫。如《水果丰收》受新年画题材影响，画着现实生活中的三个胖娃娃，两个盖着被子，一个穿着短裤，围在水果旁。这些水果有葡萄、石榴和桃。这幅画虽名《水果丰收》，却蕴含着传统吉祥画的寓意，三六九是中国古代的极数，而葡萄、石榴、桃、佛手又象征着多子、多福、多寿，表达了人们对美好生活的期盼。画面上集文学之精华，借常物之祥意，倾吐衷情。即使是晚清时期盛行的《红楼梦》插图，年画作者也都是选取吉祥欢庆的场景进行创作。杨柳青年画寄托着人们的希望和向往，给人以欢乐和享受。

进入20世纪后，随着新的印刷技术从海外传入，石印年画因其低廉的价格、精美的画面和方便快捷的生产流程而广受青睐。传统木版年画也由此日趋衰落。《近代以来天津城市化进程实录》一书中援引1956年12月5日的档案记载：“刻年画版的现在只有王文华一人，已六十多岁，目前靠刻图章维持生活，每月仅能收入二十多元。”冯骥才先生亲述了杨柳青年画的兴衰：“1966年前后是一个断档，一直到20世纪80年代中期后，人们的生活发生了一个巨变，审美观、生活重心以及与之相关的各种民俗事项都发生了很多变化，年画急剧走向衰落。虽然现在农村过年还有贴年画的，但城市里，已经基本没有贴年画这种习俗了。这也就是整个天津年画的历史，也是整个中国年画的历史，因为天津年画的历史和中国年画的历史是相吻合的。”

山东潍县年画

山东潍县年画的主要产地在寒亭区杨家埠，其规模生产初成于明，鼎盛于清，民国时萧条，新中国成立后迎来新生。杨家埠年画的制作工艺用艺人的话总结是：朽稿画样，雕刻木版，手工印刷，烘货点胭。朽稿画样，就是画稿的创作。艺人作画，用柳枝木炭条、香灰，名为“朽笔”，作画名为“朽稿”，朽稿完成后再作正稿，名为“画样”，作为以后雕版和印刷的蓝本。同时描出一个线稿，翻贴于梨木板上供雕刻，名为“底样”。雕刻木版，雕版用梨木，分别雕线版与色版（艺人称“台子版”），雕刀有立刀（或称“提刀”）、裁刀、挖刀、剔刀、扑钻种种。手工印刷，印刷的工具与设施有印画案子、把子（棕制圆形刷子）、趟子（棕制平板擦）、纸拈子（调色用）、色盘、色盆、砂锅、裁刀、晾画架等，颜料主要用黑、红、绿、黄、紫数种；印刷的环节则有调色、夹纸、对版和处理跑色、花白、沾版等过程。烘货点胭，指年画印完后，再经手工描绘，润色，以求悦目。事先将印完的画绷贴在挣子上，名为“上挣子”或“上墙”。描绘头脸，俗称“上头子”，分为烘脸、打相子、粉脸、描眉开眼、圈脸和染头发画胡子六道工序。画衣脸与背景，又有勾道子、涂颜色、咸菜磕花、勾线提线几道工序。最后，从挣子上取下画，叫作“下墙”。用大刀砍齐四边，叫作“窜刀”，上天地杆张挂。杨家埠年画多数为农闲副业生产，销售单位是画店，管理组织有画行，此外还有分设在外地的画庄。杨家埠历史上有名的画店有“公茂店”“北公泰”“北公义”“西恒足画店”“东大顺”“和兴德”“万顺”“永和”“太和”“同顺堂”诸家。兴盛时，“画店百家，年画千种”。一个永盛画店，作坊连成一片，至今仍有“永盛胡同”的旧名称。

画店的房屋建筑有利于年画的生产与销售。现在保留下来的明代建筑杨大增故居，画店临街，大门两旁是“望屋”，用以张贴年画样张，方便画商、画贩选样订货。走进大门，正房是作坊，下面印画，上面架吊铺，兼作画商的旅舍。作坊南面才是全家人的住宅。清光绪年间，秋冬两季，各路画商云集。西杨家埠大街两旁，各画店装饰一新，张挂画样，画店门外，彩灯高悬，一到晚上，灯火辉煌，通宵达旦，画商小贩在灯下选画订货，往来客商年有 5000 人。从前杨家埠村还有唱卖年画的习俗，俗称“扛板子”，每拿一张画就唱一段。如果只唱一条，便叫“扛条子”。在本村自己的画店“望屋”里，冬季画商来到，他们就唱：“一进门来苏东坡，坐下韩信问萧何。不是本号不赊账，如今要账太啰唆。赊账如同三结义，要账如同请诸葛。”画商进门放下钱，他们就唱《赵八缸》：“山东有个倪戈庄，出了个财主赵八缸，家中存银八缸整，八宝学生下了乡，走遍天下访财主，没有强其八客商……”为了方便卖画人在集市、街巷中唱卖，许多画的上首刻了唱卖的唱词，如《四路进财》画上刻着：“四路来进财，骡马驮元宝，轿车随后来。财主大庭坐，客户上月台。买去这张画，一定发大财。”

四川绵竹年画

绵竹年画（图 6–4）以产于竹纸之乡的四川省绵竹市而得名，流行于中国西南部。由于多以木版印出轮廓而后填色，绵竹年画构图讲求对称、完整、饱满，主次分明，多样统一；色彩上采用对比手法，设色单纯、艳丽，强烈明快，构成红火、热烈的艺术效果；线条讲求洗练、流畅，刚柔结合，疏密有致，具有强烈的节奏感；而夸张、变形、象征、寓意式的造型，更具诙谐活泼的效果。绵竹年画起源于北宋，兴于明代，盛于清代，中华人民共和国建立后注入了新内容及现代人的审美趣味。清乾隆、嘉庆年间，四川城乡各地普遍兴建会馆时，多聘请绵竹画师和塑匠雕塑神像，彩绘梁壁，使年画师们的艺术在实践中得以发展；绵竹造纸业不断发展和革新，试验成功“粉笺纸”；年画作坊管理完善，分工细致，专人专事，精益求精，不论刻版、敷彩都达到较高水平，并出现有特色的流派和个人风格；外省和本地画商亦起到了媒介的作用。绵竹全县有大小年画作坊 300 多家，年画专业人员达

1000余人，年产年画1200多万份，《绵竹县志》载：“商贩远自陕甘滇黔，裹银来市易画，仲冬则接踵城南，购运者遍于王道百五十里。”产品除运销两湖、陕、甘、青及四川各地外，还远销印度、日本、越南、缅甸等国家和我国港澳地区。民国时期因农村经济破产和军阀混战，民不聊生，极大地影响了民众对年画的购买力，再加上绵竹县豪霸横行，土匪啸聚，大小纸厂被洗劫或烧毁，年画作坊纷纷倒闭，昔年誉满中外的绵竹年画已是“丹青零落不成妍”的衰败景象。

图6-4 绵竹年画《迎春图》局部

绵竹年画由于新中国的成立又获得了新生，并从被视为不登大雅之堂的俗物到进入人民艺术之宫。经政府抢救扶持的绵竹年画又添“新章”。绵竹年画内容广泛，有辟邪迎祥、风俗习惯、生活生产、戏曲故事、历史人物、神话传说、讽刺幽默、花鸟虫鱼等；形式丰富多彩，有门画、斗方、横推、中堂、条屏、单条、木版拓片等，随着时代的发展又增添了册页、扇面、贺年卡、挂历、台历、手卷、广告年画等新形式。门神是绵竹传统年画的主要品种。汶川大地震前后，绵竹年画呈现出两种截然不同的状态。地震前，这门民间艺术面临着无人传承的尴尬境地；灾后重建不仅奇迹般地为年画带来了新生，还成为当地旅游的一大亮点。2010年7月，对口援建重灾区四川绵竹市孝德镇的苏州市与当地政府共同投资3800万元，兴建一个集年画制作、展示、旅游、交易于一体的年画产业基地——“绵竹年画村”。建设项目包括年画村入口及广场、年画路景观改造、水乡长廊、民房改造、年画展示馆、综合接待楼、年画广场及年画湖和民间年画坊（传习所）八大标志性建筑（环境）项目。如今，一个充满诗情画意、具有浓郁川西韵味的年画村已经展现在世人面前，并将带动2000余人加入年画产业，成为新农村建设的一个新亮点。

朱仙镇木版年画

年画是一张张中国古老的文化遗产名片，单举朱仙镇年画，就有着丰富的文化遗产价值：开封朱仙镇木版年画始于唐，兴于宋，盛于明清，被誉为“中国木版年画的鼻祖”。早于天津杨柳青、苏州桃花坞、山西平阳、河北武强、山东杨家埠等地年画600年，并对它们产生过重大影响。1127年“靖康之变”后，河南大批优秀年画艺人、能工巧匠和木版年画创作、刻版、印制技艺流入天津、苏州、河北、山东等地，使大都市开封的节庆民俗、中原文化在华夏大地广为传播，并极大地促进了这些年画产地的形成。开封年画有着众多使之生生不息的“家庭成员”，这些“家庭成员”除了著名的朱仙镇木版年画，尚有周口、商丘、洛阳、灵宝、卢氏、新乡、汝南等地的木版年画。它们在向周边地区传播的过程中，广泛吸收受众的习俗，及时将群众时尚的风俗纳入年画题材、形式、风格的演变，终使开封年画在一定时期以内，一直保持着市场广阔、受众面广、影响力大、生命力旺盛的优势。无论是明清之际的年画复兴，还是民国至今的传承和创新，开封年画与全国其他产地的年画相比，始终独占鳌头，独树一帜。

朱仙镇木版年画（图6–5）作为非物质文化遗产的一部分，对社会生活有着极为重要的影响，其价值体现在艺术、经济、现代传承等诸多方面。从历史传承的角度来看，朱仙镇木版年画积淀着深厚的文化底蕴与历史内涵；从社会的当代价值来看，朱仙镇木版年画具有历史性与民族性，有利于唤醒人们的民族自尊心与民族自信心，增加民族认同感，增进民族凝聚力。首先，其色彩搭配与基础材料的选择。朱仙镇木版年画将自然之物作为基本材料，充分发挥材料的优势，实现物尽其用。例如，朱仙镇木版年画在梨木木板上完成雕刻，色彩原料全部为手工磨制而成，包括矿物与中草药等多种植物，因而颜色纯净、鲜艳、明快，且长时间不会褪色。在颜色的选用上，朱仙镇木版年画以黄色与紫色为主色进行搭配，这不仅能够增加颜色的鲜艳对比度，具有过年时喜庆、喧闹的氛围，还能够使其具有厚重感。其次，

图 6–5　朱仙镇木版年画——月光菩萨

对社会现实与理想的表达。朱仙镇木版年画将社会人文景观予以展现，既能实现理想的生活化，也能实现生活的理想化。人们将自己对理想的追求、对新的一年的愿望等都赋予年画当中，这显示出人们积极向上、努力拼搏的精神与特征。祈福是古代的民俗之一，朱仙镇木版年画中充分体现了祈福纳祥、吉祥如意的民俗特色。最后，对宗教信仰的表现。朱仙镇木版年画对宗教信仰的表达主要体现在其题材与造型的选择上。朱仙镇木版年画常常将神话故事作为题材，其中佛祖、门神、将军、神鸡等都是常见的造型。神话故事作为宗教的萌芽，对人们的信仰有着重要的影响。而朱仙镇木版年画就是以神话故事作为选材，因此朱仙镇木版年画从某个方面来说表达了一种宗教的信仰（图 6–6）。

图 6–6　朱仙镇木版年画诞生地——朱仙镇

年画在历史中所起的重要作用，远远大过长不盈尺的一方画片本身，它是时代意义的彰显，是人民追求精神生活的体现，是文学艺术以此种形式呈现的一角峥嵘。虽然年画在历史上曾经繁荣了几百年，影响了一代代中国人，也教化了一代代中国人，但随着现代化脚步的迈进，这个家家离不开、记忆里难以抹去的美好画面——原版的精美年画也面临着十分危急的境地。年画的实用价值悄然淡化，被大量印刷品替代。新快报记者胡珊霞于2016年9月撰写的《正在消失的传统文化——木版年画》，提出了对年画即将消失的担忧：旧时中国人过年，多在门口贴上木版年画，以图吉利。中国四大木版年画之一的佛山木版年画，兴起于明代永乐年间，至今有600多年的历史，在明末清初盛极一时，成为珠三角地区家家户户过年必备之物，影响远及东南亚、日本、欧美及世界各国华人聚居地，最高年产量达到800万套，店铺作坊多达200多家，从业者数千人，可谓“家家点染，户户丹青”。改革开放之后，佛山木版年画基本绝迹，仅剩冯氏世家一家。与天津杨柳青、苏州桃花坞和山东杨家埠并称为中国四大木版年画之一的佛山木版年画，有着近700年历史，曾经远销海内外，而今却濒临失传。

它的转型尚在探索，即从实用逐渐走向收藏。年画不仅是一种文化艺术载体，更是一个时代的美好回忆。近年来，在国内外收藏市场上，年画一直是备受藏家喜爱的宠儿，尤其是随着每年春节的到来，年画正逐渐成为藏界津津乐道的话题。现代中国最早注意收藏木版年画的是鲁迅先生。鲁迅所藏的开封年画，现藏于鲁迅纪念馆中，经中国年画收藏研究专家考证，这些年画都是孤品。也是在同时代，上海的王尚义先生收藏了许多老年画。1949年，王尚义移居香港地区，1964年侨居美国。他去世后，家人将其所藏200余幅老年画精品转让给英国伦敦中国版画基金会。在当代，老年画收藏最多的是中国艺术研究院研究员王树村。王树村从20世纪40年代开始收藏主要年画产地的年画，现有藏品近一万件，他对年画的收藏在世界堪称第一人。现代年画收藏家们从题材选择、产地选择和数量稀少、艺术含量较高等三个方面入手进行收藏，如《老鼠嫁女图》《寿星图》等民国初期的老木版年画，一张价格就在2000元以上，明代年画《寿星图》在拍卖会上以7万元成交，清初年画《三星图》拍出12万元的天价。国内现代著名书画家的作品制作的年画，均价值不菲。“文革”时期，年画市场出现了一大批工农兵宣传画，其时代特征极其鲜明，单张价格均在500元以上，很多样板戏年画都有很好的市场价值。充分开发年画的利用价值，相信还会有更多的办法和途径，为年画找到“龙腾”的突破口。

俄国社会学家阿列克谢耶夫在1907年5月到杨柳青进行实地考察，在他撰写的《1907年中国纪行》中，对年画雅俗共赏的特点有过细致入微的描写。他这样写道：“民间艺术发展到其最高形态便同高雅艺术发生联系。高雅艺术的实用形态（比方瓷器）就是普通百姓创造的。民间艺术的低级形态经常可以达到完善的地步，年画就是一个例证。年画的形态、清晰明快的画面、三千年传统的延续、绚丽的色彩及其奇妙的构思让我惊讶不已。不了解中国文化的人绝对不可能理解画面的内容。事实上，中国年画将一个多姿多彩、活生生的中国展示在世人面前，把中国精神文化、历史、文学、传说所孕育出来的一切精华用大众都能理解的形态表现出来，丰富了人民的生活，将其平日清苦寒微的日子同几千年的生活联系在一起。”年画之所以能在历史上存在并发挥生活和精神的实际支撑作用，定然有着日益至臻的艺术魅力吸引着广大的群众，要让这些宝贵的文化遗产重新焕发其无穷的文化光芒，将其转化为散发着现代气息且被新时代接受的新的艺术形式，需要更多继承者“师古而不泥古”，创新思维，突破旧框框的束缚，在此基础上制造出更多的“衍生”文化产品。

篆章

单单一枚印章，便包含着精深的文化史，一则是出产印章石的文化内涵，二则是印章镌刻的文化内涵，这两方面都会形成一个固定的文化群体，带动一方经济的发展和书法中印章艺术的进步。在首都北京西郊的香山，当地利用一条沟专门为古今名印开辟了“中华精印谷”，沟谷之内，树立了许多碑牌，上面刻着不同的介绍文字，按照自前秦到清朝的历史顺序，简明扼要地把我国印章发展、演变的历史，一一作了较为清楚的解读。这条精印谷在全国可能是首家，它将旅游与文化巧妙结合，吸引了广大游客前往参观，让游客在游玩中学习了有关书法篆刻的知识。在它的入口处，有两通石碑，分别是“静印谷志”和“中国印章文化简述”。静印谷志曰：古人有云“方寸之间，万古风飕飕”，“方寸”指的就是中国的印章。中华精印谷，正是以中国印章文化为主要内容，将千余枚历代名印放大后雕刻于山谷的天然岩石之上，与自然山谷形成了一个带有浓郁中国文化色彩的石刻景区。精印谷中的印章，最早可追溯到中国考古学上发现的殷商三印，而后按其年代自上而下逐一展开。自先秦至清代分为八大印区，其中既有早期以实用为主的印模、官玺，亦有历史名人的私印名章，更汇聚了百余位历代著名书画家、篆刻家的金石作品，让来到这里的每一位游客于数百步之间，尽览中华历代篆刻中的精粹之作，感受博大精深的中国金石文化。

“中国印章文化简述”的内容是：

印章又名印，古称玺，因其一直沿用中国书法中的篆书为主要文字，故被称作篆刻艺术。又因其多以石材为料，讲求刀法，亦称金石艺术。关于印章的起源，《春秋远计枢》中有云：“黄帝时，黄龙负图，中有玺者，文曰‘天玉符玺’。”从考古发现来看，殷商时期就已存在印章。战国时期的封泥、印陶、印模等都是印章的早期形式。至此，在用途上，押盖文书之封泥、官印、民用之合同印、姓名印广泛使用，印章已确立了其在社会生活中不可或缺的地位。印章的用材，最初以铜、金等金属材料为主，亦有少量的犀牛骨、象牙、玉印和石印。元代的王冕发现了质地松软的花乳石，为篆刻艺术的发展开辟了广阔天地，这一发现使得文人自篆自刻形成风气。由于宋元文人文化的渗透，篆刻开始逐渐显现出它的艺术属性，至元代出现了印学专著，明代始有专以制印的篆刻家，亦出现了众多流派。印章和诗书画并称为中国文人的四宝，至近现代篆刻艺术更为普及，包括韩国日本都有沿袭，因其在书画创作、鉴赏、收藏等领域的广泛使用，使得篆刻这门古老的艺术仍保持着旺盛的生命力。

篆刻的“篆”字，古时写作“瑑”，从玉字旁。凡是在玉石上雕琢凹凸的花纹，都叫作“瑑”。后来竹帛成为通行的书写用具，于是篆字的形符，也由“玉”改为“竹”。其实在古代凡属于雕玉、刻石、镂竹、铭铜的范围，都可称为“篆刻”，印章的刻制只是其中的一小部分而已。秦始皇时，将全国书体作综合整理，书分八体，印面上的文字叫“摹印篆”；王莽定六书时，称为“缪篆”，从此便明定篆书为印章印文的使用字体。唐宋之际，由于文人墨客的喜好，虽然改变了印章的体制，但仍以篆书作印，直到明清两代，印人辈出，篆刻便成为以篆书为基础，利用雕刻方法，在印面中表现疏密、离合的艺术形态，也由广义的雕镂铭刻，转为狭义的治印之学。而此治印之学也有人直接称为“刻印”“铁笔”“铁书”“刻图章”等。篆刻，自起源至今的2000多年的漫长历史中，历经了十余个朝代。在这个长期的发展过程中，篆刻艺术出现了两个高度发展的历史阶段。一个是战国、秦汉、魏晋六朝时期，这一时期的篆刻用料主要为玉石、金、牙、角等，被称为“古代篆刻艺术时期”；明清以来，篆刻迎来了它的第二个发展高峰期，它的篆刻艺术特点主要是流派纷呈。自可以用来篆刻的冻石被发现后，石材被广泛应用。篆刻艺术是书法、章法、刀法三者完美的结合，一方印中，既有豪壮飘逸的书法笔意，又有优美悦目的绘画构图，更兼得刀法生动的雕刻神韵，可称得上“方寸之间，气象万千”。

随着篆刻艺术的繁荣，出现了和篆刻紧密相关的行业，生产篆刻用的刻刀、红色印泥、印床、印刷、印规、宣纸、印筋、砂纸、镜子等，也同样带动了印石产业的发展。我国出产的印石主要有以下几种。青田石：产于浙江青田。最名贵的是“封门青”冻石，一般印石以青田石最易受刀。寿山石：产于福建寿山。最名贵的是“田黄”，价同黄金，呈黄色半透明。昌化石：产于浙江昌化。最名贵的是“鸡血石”。因石质红斑鲜艳如鸡血而得名。但一般昌化石常含有铁质的砂钉，易伤刀刃。巴林石：产于内蒙古自治区赤峰市巴林右旗。巴林福黄石质地透明而柔和，坚而不脆，色泽纯黄无瑕，集细、洁、润、腻、温、凝六大要素于一身，金石界素有“一寸福黄三寸金”之说；巴林石中鸡血石，有“草原瑰宝”之美誉，该石温润脆爽，软硬适中，宜于镌刻，是石中妙品，令人在玩赏之余，不禁产生丰富的遐想，感叹大自然造物的神奇。有人称巴林极品石是集“寿山田黄”之尊，融“昌化鸡血石”之艳，蕴“青田封门青”之雅的印坛奇葩，其评价正为巴林石之写照。巴林石石质细腻，温润柔和，软硬适中。此外，还有辽宁、甘肃、新疆、四川、贵州、山东、湖南、湖北、云南、广东和台湾等地都生产印石，如浙江宁波的大松石、山东掖县一带的菜石、磨刀石（又称羊肝石）等。如浙江省天台宝华石拥有“一石三千”之誉，即色彩千彩百幻、图案千姿百态、纹理千变万化，具有色、相、质三美。其主要分布在天台县三合镇宝华山，共有上百个品种，种类可分为“田坑、水坑、山坑”，尤以“赤城霞”最为珍贵，主要用于观赏和印石篆刻等。著名篆刻家夏宇称天台宝华石刻印手感好，具有青田之脆爽，又不失寿山之细腻。中国美院教授、西泠印社执行社长、中国印学博物馆馆长刘江曾为天台宝华石题写“印石之祖”。据历史记载，晚唐文学家、二度为相的宰相李德裕因台州刺史赠送了色彩斑斓、细腻冠华的宝华石，写有“闻君采奇石，剪断赤城霞。潭上倒虹影，波中摇日华”等诗句盛赞天台宝华石。

寿山石是在2.3亿—7000万年前的火山大爆发中，地底岩浆喷涌渗入山体岩缝，经长期演化而成，因其主要产于福建省福州市寿山乡而得名。寿山石的发现和开采始于南朝，经过1500多年的采掘，已涌现近200个品种，其中，较稀有的田黄石和芙蓉石享有“石帝”“石后”之誉。近年来，寿山石还被证实含有多种对人体有益的微量元素，具有保健作用，是世间罕见的珍贵石种。寿山石印章把传统文化中的书法、绘画、雕刻融为一体，在一方小小的印石上体现了中华文化的斑斓色彩。寿山石印章是篆刻与寿山石相结合的艺术，兴起于明清时期。起初为实用品，后来逐渐转变为供人观赏收藏之用的艺术品。被后人称为“篆刻之祖”的明代篆刻家文彭精于复古的篆刻手法，刀法光洁秀润。随后，邓石如的治印风格锋劲挺健，姿态妖媚，刀法和笔法融为一体，自成一格。赵之谦以当时出土的秦汉泉洗铭文入印，别开生面，风靡一时，融石鼓、秦玺、汉印，以及诗、书、画为一体，其作品质朴灵动，气势磅礴。清朝历代皇帝对寿山石章也很是喜爱，印纽大师杨玉璇和周尚均甚至被召入宫内，专职镂雕寿山石的印纽，可见寿山石章在当时受到的重视，从而确立了寿山石章不平凡的地位，并推动了寿山石章雕刻艺术的发展。清代民间也同样盛行寿山石章之风，著名篆刻家赵之琛、吴让之、徐三庚、赵之谦、钱松、吴昌硕、王福庵等都有刻制寿山石章，这些作品至今流散在民间或收藏于博物馆内。他们的艺术影响了福州寿山石的雕刻，使福州寿山石篆刻艺术日趋成熟，工艺精湛，备受海内外藏家欢迎。经过历史长河的洗练，寿山石无论是印章、制纽、薄意还是雕刻，都已炉火纯青，具有十分珍贵的实用价值、观赏价值和收藏价值。

寿山石制作印章的背后更是风起云涌。印章是进入阶级社会以后的产物，是为满足政治、经济、军事等方面的广泛需求而登上历史舞台的，因其时代的不同，而呈现出不同的思想内涵和艺术风格。据沙孟海先生所著的《中国印学史》介绍："社会经济发展到春秋时代，铁工具已经开始使用，农业生产力的逐步提高，促进了手工业与商业在列国间的广泛发展，作为保证货物安全转徙或存放的信用凭证的印章，必然已经通行。春秋中期季武子用玺书的故事，便是一个很好的例证。今天遗存的大量古玺，其中可能有一部分是春秋时代的，不过我们目前还无法加以鉴别罢了。进入战国时代，中国的社会性质起了根本性的变化，随着生产发展的需要，印章更被大量使用，并且达到了全面发展的程度。"印章具有阶级性，秦朝皇帝所用的印章称"玺"，以玉制作；臣民使用的印章称"印"，用金、银、铜等制作。汉朝时期，还专门创造了一种用于印章的文字：缪篆。汉代官印分为文官印和武官印两种，文官使用铸印，武官使用凿印（凿印是将预先制作好的印坯由印工用刀直接凿刻而成，为武官急赴前方战场佩戴所用），也称急就章。宋元明清时期，大批文人制印，使方寸天地中呈现出气象万千的新面貌，他们以印材为载体，输入对人生的感悟、志向，增加了印章内容的文化含量；石材的利用提升了石质印材的经济价值和收藏价值，同时提高了印章的审美价值。1913 年在杭州西湖小孤山成立了"西泠印社"，而 1999 年 9 月，中国历史上第一座印学博物馆在西泠印社旁边落成，为印学文化的全面发展奠定了基础，由此更可引申到古文字学、古文献、金石学、碑帖学等领域。从此，"印章"一词已不能涵盖其全新内容，而自印学理论家吾丘衍提倡的以汉印为正宗的审美观在元代文人、士大夫中被普遍地接受，便可称为"篆刻"艺术。篆刻艺术源于中国，后来流传至世界各地，它以一种中国独有的语言方式，向世界讲述着文明古国的历史和文化。

印章的出现和变化在不同的历史时期展现出了不同的风貌和作用，特别是石材的大规模开采，为篆刻艺术的进步带来了根本性的转变，涌现了一批又一批专事篆刻艺术的艺术家，促进了物质文明和精神文明的跨越式发展，其功效和力量不可忽略。这也催生了印石产业并使之发展成为印石产地的经济支柱，带动了当地经济、文化和社会的繁荣。譬如，有着 6000 年石雕历史的青田，石文化产业已成为该县的主打产业之一。截至 2013 年，青田县拥有石雕生产经营单位 750 多家，其中石雕企业 150 多家，亿元以上企业两家，遍布全国的专业商铺 300 多家，专业石雕创作人才 4000 多人，从业人员达 3.5 万余人，石雕产业年产值 16 亿元。然而，石资源是有限的，经过长期特别是近几十年以来的过度开发，青田石已经出现了枯竭的迹象。

必须客观地分析其负面影响。多年来，由于多地玉石艺术品价格持续上涨，资源生态破坏十分严重。以“乾隆三链章”而声名大振的寿山石是自 20 世纪末期以来价格涨势最猛的玉石品种之一,一块玉石摆件动辄价值上千万元，如果石材优质且篆刻者是名家，一方印章售价几十万元亦属正常，这直接催动了人们对寿山石的疯狂追求。在市场价格的诱惑下，寿山石产地面临严重的资源浪费和生态破坏现象。比如，浙江杭州的昌化盛产鸡血石，作为世界上仅有的两个主产地之一，浙江昌化自 20 世纪 80 年代起便被“石商”“石农”进行地毯式的掠夺性开发。上百条沟壑纵横交错，地面上隆起了数十个因堆放石块和泥土而形成的山坡，远远地看去，仿佛一张巨大的蜘蛛网。1991—1994 年，每天上矿山的人数最多时达 3000 余人，挖掘了大小矿洞近百个。玉山村是离昌化矿区最近的村子，这里有 70% 以上的村民从事着与石头相关的工作。

与篆章相关的还有砚台、毛笔、镇尺、宣纸等的制作。以砚台的材质等观之，在全国形成了几个名砚生产地，如洮河石、端石、歙石、易水石、玉黛石、紫翠石、澄泥石、红丝石、砣矶石、菊花石、玉砚、玉杂石砚、瓦砚、漆沙砚、铁砚、瓷砚等共几十种。以端砚为例，端砚之所以名贵，除石质特别幼嫩、纯净、细腻、滋润、坚实、严密，制成的端砚具有呵气可研墨、发墨不损毫、冬天不结冰的特色外，还与其开采、制作的艰辛有关。一方端砚的问世，要经过探测、开凿、运输、选料、整璞、设计、雕刻、打磨、洗涤、配装等十几道艰辛而精细的工序。采砚石无法使用机械化操作，只能以手工为主。加上历代制砚艺人的精雕细琢，使其造型多姿多彩，由初唐的实用型逐渐提高到明清时期的实用与观赏相结合的高度，步入了民族工艺美术的行列，现已成为中国工艺美术百花园中的一朵奇葩，闻名遐迩。然而，制作端砚的石材已经甚为稀缺，面临着过度开采之困境。据肇庆市 2006 年的一份报告称：近二十年开采出来的砚石数量已是端砚 1300 多年来开采总量的数倍。虽然禁令已发，但盗采者依旧明目张胆，他们的开采方式已经从传统的手凿采石发展到爆破采石。巨大的爆炸力致使坑洞内大量的名贵砚石被震裂，严重影响了砚石质量。肇庆市，这座拥有“中国砚都”美誉的城市，其砚石资源正遭受着无证开采的疯狂破坏。

综上所述，各种艺术形式都有其自身规律，遵循艺术规律，坚持创新才是让艺术之树常青的正确法宝。习近平总书记在中国文联第十次全国代表大会、中国作协第九次全国代表大会开幕式上谆谆告诫广大文艺工作者：“希望大家勇于创新创造，用精湛的艺术推动文化创新发展。”“创新是文艺的生命。”古人对此多有精辟论述：“文章本心术，万古无辙迹。”“文辞气力，通变则久。”“文章须自出机杼，成一家风骨。”只有创新，文学艺术之树才能常青，才会有真正的生命力。从中国的文学发展历程来看，从《诗经》、《楚辞》、汉赋、唐诗、宋词、元曲、明清小说到现当代文学艺术的演进，鲜明地昭显着创新对文学艺术发展的驱动力。文学艺术就是在不断创新中发展，变得多姿多彩、绚丽斑斓。创造力是人类的一种重要本质特征。创新必须继承优秀传统，体现历史的积淀。正如习近平总书记所说：“中华文化延续着我们国家和民族的精神血脉，既需要薪火相传、代代守护，也需要与时俱进、推陈出新。”创新必须坚持正确方向，必须遵守人类社会发展规律，遵守人类思想意识演进规律，遵守艺术审美规律。画家徐悲鸿曾说：“道在日新，艺亦须日新，新者生机也，不新则死。”“创新贵在独辟蹊径、不拘一格。”创新不是原有创作方法的简单拼合，也不是“一味标新立异、追求怪诞”，那样的所谓“创新”只会走向弯路、歧路。只要与时俱进、勤黾邈思、自强不息、扎根本源、以人为本、坚持不懈地进行创新，困境就会破解，困难就会克服，艺术之树必将春华秋实。

百花齐放的艺术和娱乐生态

黑格尔认为艺术的发展是从低级向高级的精神战胜物质的过程，他将其分为三个阶段：①象征型艺术，用动物和自然物象征神圣的东西，这时的理念表现得比较模糊，艺术的表现形式压倒精神内容。②古典型艺术，用人的身体之感性形式表现理念，理念在其中得到明确的表现，艺术的精神内容与表现形式相互统一，希腊雕塑是最典型的例子，其特点在于理念的人性化和清晰化，从而在艺术上创造出一种和悦静穆的静态美，内容明确，形式稳定，技巧完善。③浪漫型艺术，通过精神工具表现形式，所以黑格尔也将浪漫型艺术称为心灵和内心生活的艺术。

艺术对社会的作用并不仅仅是娱乐消遣，教化才是艺术最为根本的作用所在。艺术的发展顺应时代，成为必然趋势。小说家唐浩明在《张之洞》第五章《清查库款》的第七节中，以“秋夜，女琴师的乐理启发了三晋执政者”为标题，借小说中人物佩玉之口道：“……钱财权势，尽管可以使人风光体面，但它不能给人真正的快乐，真正的快乐永远只存于人的灵府中。灵府安宁，人才舒坦，而使灵府得以安宁的最好的东西，便是音乐。音乐使人泯去机心，化除争斗，不机不诈，不争不斗，灵府便平静如镜，人就无忧无虑，快快乐乐。所以古人曰：‘乐者，德之华也。’讲的便是这个道理。”接着，小说中的人物张之洞进一步阐述：“自古以来音乐在教化中便有很重要的位置。孔子教学生六艺，其一便为乐，所以洙泗河畔，才有弦歌不绝……”其他艺术，皆同理。1949 年之后，特别是改革开放至今的 40 年，中国艺术得到全面发展，种类齐全，百花齐放，一片繁荣景象，形成了和谐、进步、团结、开拓的喜人局面，在相对稳定的艺术生态建设中，它们的变化和变革其实也意味着寻求新时代的平衡支撑点。

农民画

从民权画虎村（图 6–7）的兴起可以看出，在这个时代，农民握锄把磨出茧子的手变成了调脂弄粉的手，这是时代的造就，也是新时期的需要。河南省民权县北关镇王公庄村是豫东平原上闻名遐迩的画虎村，全村 1000 多人中，有 400 多人从事以画虎为主的绘画产业，年绘画作品 2 万余幅。他们的作品不仅行销国内书画市场，还远销美国、日本、韩国、新加坡等国家。上至七八十岁的老人，下至在校学生，几乎人人都能拿起笔来作画；在 20 多个绘画专业户中，还有不少夫妻、父子、姐妹一起作画，甚至是三世同堂作画的情况。他们多以工笔画虎为主，兼画其他动物、花鸟、山水等。较早从事绘画的村民王培双、肖彦卿、王建民、王培振四人的画虎技艺精湛，风格成熟，被尊为“四大虎王”。在他们周围，还活跃着“四小虎王”和被称为“小虎队”的一批青少年画虎群体。他们在村中开设了绘画工作室和培训班。近年来，他们拓宽画路，广招学员，带动了周边县、乡数千农民从事农民画创作或销售，仅北关镇就达 1500 多人，山东、安徽、广西、陕西、吉林、黑龙江等地也有不少书画爱好者慕名前来拜师学艺。村里已经有几十人先后加入了省级美术家协会，专业化队伍日益壮大。画虎已经成为村里致富的途径。为什么会出现这样的现象？

图 6–7　民权画虎村农民在创作

王公庄村是黄河故道上的一个普通村庄，改革开放初期，这一带的年画多半是手工绘制的松鹤、鲤鱼、财神、灶神等。当地群众中有不少人擅长民间绘画，但这些画只在逢年过节时拿到集市上换些零花钱。村民选择以绘画为业始于 1985 年。当时，在外地一家美术公司打工的村民王培双经人介绍，拿了自己画的几幅工笔花鸟画到开封的画廊探路，由于开封的书画氛围十分浓厚，很快就卖出去了。掘得“第一桶金”的王培双意识到绘画也能赚钱，便潜心学画，回村后开始独立作画、卖画。不久，高中毕业在外学习工艺品制作的村民肖彦卿，以及村里喜爱年画、工艺画的王建民、王培振，也相继开始了一边学画、作画，一边四处卖画的营生。起初，这些农民画师背着自己画的动物、花鸟、山水画，到开封、郑州、西安等城市兜售，一张画虽然只能卖几十元，但他们并不气馁。后来，他们发现工笔虎等软毛动物画深受人们喜爱，不仅市场销路好，而且能卖好价钱，于是纷纷转向以画虎为主，一些村民也跟着学起了画虎。农民画师们通过临摹名作、自学取法和拜师学艺，经过几年的努力和探索，提高了绘画技艺，打开了市场销路，村里的绘画队伍也逐渐“滚雪球”般地发展壮大，形成了以“四大虎王”“四小虎王”为骨干的绘画群体。他们创作的“民权虎”风格独特，知名度不断提高，逐渐在绘画市场上走俏。王公庄村农民画作小到三尺“虎头”，大到几十米的“百虎图”长卷，品类繁多。仅“百字系列”长卷就有 20 多种，如百鹰图、百鱼图、百马图、百禽图、百僧图等，价格由过去每幅卖几十元到现在每幅几百元、几千元甚至上万元，产品供不应求。王建辉、赵庆业为喜迎 2008 北京奥运会，还耗时一年精心绘制了长 400 米、画有 2008 只虎的瑞虎图，以表达农民朋友对 2008 年北京奥运会的期待和祝福，获得了好评。王公庄村从中原大地上一个名不见经传的小乡村，一跃成为闻名全国的文化产业示范基地，成为民权县乃至商丘市开拓文化市场、发展文化产业的一个缩影。王公庄画虎村的崛起，是文化与市场共同“催生”的产物。

探秘“中国画虎第一村”的发展之路，能给人们留下许多发展文化产业的思索。首先，转变发展观念。“文不经商，仕不理财”是中国人根深蒂固的传统观念。为破除当地农民画家小富即安、小富即满的小农意识，开阔其视野，市领导带领一些农民画家到有“中国油画第一村”之称的深圳大芬村学习，寻找规模化发展的成功经验。2005 年 9 月，商丘市把王公庄绘画村定为“文化产业发展示范基地”，著名作家二月河，华南师大美术学院教授、院长罗境泉等十几名学者画家先后来到王公庄村指点迷津。这些举措极大地解放了村民的思想，激发了他们将绘画产业做大做强的信心。王公庄绘画村的发展清楚地表明，人们文化观念的转变是文化产业得以起步发展的首要因素。其次，坚持市场导向。王公庄绘画村已经接受了市场的严峻考验，初步形成了一定的规模，在国内外有了一定的知名度，建立了自己的产销模式，其市场前景十分广阔。通览王公庄绘画村发展轨迹，可以看出该村之所以能形成具有较强吸引力和凝聚力的市场环境，是文化与经济“联姻”、以市场“催生”的结果，是顺应市场经济发展规律的体现。正是市场经济规律的成功运作，才充分地发挥了文化的生产力和竞争力。最后，发挥政府作用至关重要。王公庄绘画村的形成和发展，是一个从自发到自律再到自觉的过程，政府的高度重视和适时介入是这一过程中的关键因素。通过改造与规划周边环境、服务与扶持产业发展、推介和宣传王公庄绘画村品牌，政府在充分遵从市场经济规律和文化发展规律的前提下，有效地实践了“政府搭台，企业唱戏”的市场发展原则。在政府与市场的关系处理上，王公庄绘画村的经验告诉我们，文化产业的发展离不开政府，政府扮演了保护、服务和引导的角色。对于一个地区而言，无论是发展何种产业，因地制宜地找准特色都是非常重要的，文化产业更是如此。突出文化产业的特色就是打造一张“精神名片”，它所带来的无形效益是不可估量的。王公庄绘画村的发展带来的“双赢”就很好地说明了这一点。

大芬村位于广东省深圳市龙岗区布吉街道，是一个普通的客家人聚居村落，最初的村民据说只有约 200 人。1989 年，一位香港画商黄江来到这里，带来了十几位画工，租用了一间民房，开始了国内少有的油画加工、收购、出口的产业，同时招募学生帮助完成与外商签订的订单。出乎意料的是，这个举措最终成就了“中国油画第一村”的称号。大芬油画村占地 4 平方公里，村内画廊有 600 多家，画家、画师 1 万多人，形成了油画生产、收购和集中外销的一体化体系，标志着“大芬油画村”的初步形成。随着越来越多的画师或画家纷纷在大芬村安营扎寨，大芬油画村的规模逐年扩大，以至大芬村的油画远销海外各地。在刚开始的时候，大芬村的每个画商或者画廊周围都聚集了一批专门为其提供作品的画师或者画工，有些画工只是美术系的学生，甚至完全没有美术基础的工人，在一些画家的带领下，从临摹名家的油画开始，绘制一些廉价的油画，慢慢走上了专业化的生产之路。大芬村的画廊最初以复制市场上最流行的名画为主，后来很多画师开始在此创作，原创作品逐渐增多。据统计，大芬村每年生产和销售的油画高达 100 多万张，年出口创汇 3000 多万元，被国内外的艺术同行誉为“中国油画第一村”。2004 年 11 月，大芬油画村被文化部授予“文化产业示范单位”的称号。从 2004 年到 2008 年，大芬村迎来了自己的黄金时期。大芬油画工的油画作品远销欧美、中东、东南亚、澳大利亚、非洲等几十个国家和地区。据媒体报道，2006—2008 年，大芬村的年出口额达到了 12 亿元。2008 年，美国次贷危机爆发，随后席卷了整个欧美市场，依靠出口的大芬村遭遇了困难。但随着中国政府提出了“四万亿经济刺激计划”，很多画商开始把目光投向国内市场。由于国内酒店业和房地产业的发展，国内油画订单也随之增多，大芬村的油画生意仍然火爆，这冲淡了画工们对国外订单减少的忧虑。当时，大芬村的油画 80% 销往国内东部及东南部地区，20% 外销至欧美国家。为了减少中间差价，很多画商直接来到大芬村街边的墙面看画拿货。从 2008 年到 2014 年，大芬油画村的年营业额持续较快增长，从 2008 年的 1.8 亿元、2010 年的 10 亿元、2011 年的 39 亿元，增长到 2014 年的 42 亿元。但好景不长，2015 年后，大芬油画村年营业额增长速度开始放缓，2015 年产值为 42.9 亿元。画工们的订单减少，一方面是由于国内经济增长放缓，另一方面是因为民众的艺术素质不够，部分人在选择家装时更倾向于选择价格低廉的印刷画而非几千元的油画。大芬油画村的产值增速放缓还与异地油画行业的竞争，以及电商平台的冲击有很大关系。在国内，和大芬模式类似的还有北京宋庄、莆田仙游、厦门海沧以及浙江义乌等地。这些地方的油画产业虽然不及大芬有名气、有规模，但是价格相对便宜，产量更大。2007 年，福建莆田和厦门乌石浦的油画产业销售额一度超过大芬村。互联网购物的普及，则冲击着大芬以及国内其他油画产业基地的实体店。在淘宝上，除了深圳、浙江金华等地的网店比较多，还有长沙、广州等地的网店，极大地突破了地域限制。大芬村的每个油画从业者都感受到了油画产业面临的危机，“转型升级”成为政府和民间探讨大芬油画村未来发展时一个绕不开的话题，不少人认为大芬应该从低端行画向高端原创转型。从大芬的产生和发展来看，这是一个自发形成的文化空间，产业升级需要遵循其自发生成的文化空间的发展规律。大芬的品牌标识并非高端原创，行画领域亦未得到充分的发展和培育，此时转型难度会很大。事实上，大芬村的行画生态系统正在逐步遭到破坏，铺租、房租以及人工成本的上涨加剧了这种破坏的程度。如今，大芬村的店铺和墙面画廊在转让过程中，除了不断上涨的房租，往往还需要支付一笔转让费，一个店铺的转让费动辄超过 10 万元，地理位置好的可能需要几十万元，这些成本最终体现在油画的价格上。大芬村从低端行画向高端原创转型，还面临引进原创油画人才的挑战。大芬村画行画出身的画工由于缺乏专业训练，转向原创作品的难度不小，他们的作品也很难得到业界的认可。走专业化艺术道路能壮大产业规模，这是行业的基本规律，已经达成了共识。类似走农民画创作之路的何止以上两个例子，下面来看看它们都有怎样的处境。

农民画在民间绘画的基础上，集各画种技法如水粉、木刻、水彩等于一体，不断丰富和完善。农民们凭着对生活的热爱，勾画出一幅幅造型别致、色彩斑斓、手法质朴、情趣盎然的图画。这些图画的内容广泛，丰收、节日、礼仪、婚嫁、农耕、种植、家居、采摘、养畜、歌舞、待客、村景、习俗等均可入画。现代农民则在纸面上绘制乡土气息浓厚的绘画作品。20 世纪 80 年代，国家文化部授予一些地区“中国现代民间绘画之乡”称号，全国共 50 个。自 20 世纪 50 年代以来，逐渐形成了南京六合、安徽萧县、江西永丰、延安安塞、江苏邳县（邳州）、上海金山、陕西户县、陕西宜君、嘉兴秀洲、贵州大方、凯里铜鼓、石家庄辛集、贵州水城、洛阳平乐、吉林桦甸等地的农民画之乡，并在 1988 年被文化部正式命名为“中国现代民间绘画画乡”以及“中国民间文化艺术之乡”。全国各地的农村、牧区、渔岛、社区的数十个农民画画乡，以自己的方式记录着广大群众对时代的感受。

贵州的大方、水城、麻江、剑河、黄平等 5 个农民画之乡，逐渐形成了自己的品牌并开拓了一片新天地。例如，龙里县巴江乡平坡苗族村的农民画是基于剪纸、刺绣、民间印染等民间工艺的有机延伸，画作构图质朴、色彩绚丽。村中的“画家”年龄跨度大，有 80 多岁的老人，也有十多岁的孩子，每年创作农民画约 2000 幅，多次在全国和省级展览中获奖。这支创作队伍的 240 多位成员均为女性，她们常常聚在一起作画，自发成立了贵州省首家村级农民画协会。麻江县下司镇铜鼓村的苗族妇女大多都会蜡染、刺绣、编织、剪纸等民间艺术，该村的绘画群体已逾 100 人。惠水县雅水镇有数千人能在各种布料上作画，有 30 多人能在纸上作画。70 岁高龄仍坚持作画的布依族农民画家罗九一，绘画生涯长达数十年。贵阳市乌当区渡寨村的布依族农民绘制的簸箕画独树一帜，民间传说、神话故事、风土人情、生活场景等都可在簸箕上尽情展现，构图自由奔放，想象大胆丰富，逐渐形成了自己独特的艺术风格，全村 82 户近 300 人，大多都会簸箕画。

水城县箐乡猴儿关的 100 多户人家中有 50 多人会画农民画。水城农民画有着悠久的历史，在清乾隆年间就有记载。它根植于生活在这片土地上各民族的刺绣、蜡染、雕刻、剪纸等民间艺术的土壤中，与这些民间艺术一脉相传。“喜欢哪样画哪样，咋个好看咋个画！”这是水城农民画不拘一格的最显著特征。“你可以把月亮画成一个长长的弯钩，把太阳画得扁扁的。”水城县第一代农民画家杨江说。正是因为画家们有这样大胆的想法，体现他们民族民风、生产生活的农民画，才有了自由、夸张、古朴、浑厚、泼辣等艺术风格。1987 年，贵州省组织全省百余幅农民画到北京民族文化宫展出，水城县的作品占了 30 多幅；展出后，被中国民间美术博物馆收藏的 20 多幅画中，水城县的作品占了 17 幅。从此，水城农民画一举成名。1988 年，文化部将水城县命名为“中国现代民间绘画之乡”。然而，从 1993 年开始，由于多种原因，水城农民画基本停滞，甚至没有作品参加展览。在沉寂十多年后，2004 年，因为县里的重视，农民画再焕生机，引起关注，有两位作者还被授予“全国优秀民族民间绘画大师 ”“全国优秀农民画家”的称号。2008 年，文化部根据水城农民画的成就，再次命名水城县为“中国民间文化艺术之乡”。在猴儿关的农民创作群体中，以女性居多。这些苗族妇女常年坚持白天劳动、晚上作画，农忙劳动、农闲作画。她们画的画有三种渠道的收入，一是有人闻讯到家里来买画，二是政府相关部门将其收购作为礼品赠送客人，三是参加各种比赛以被人收藏来获取资金。水城农民画在国内仍然享有很高的知名度，但不可否认的是，作为地地道道的农民作者们，对于如何把作品变为商品，靠画来致富，仍然感到迷惑。而这一点，也是整个水城农民画在发展中遭遇的困局。对此，他们的解决办法是政府重视和支持，成立集团性质的专营农民画的实业公司，对外整体宣传、联络，再者将农民画当作文化商品，在所有的旅游景区设立专卖店，以此吸引海内外游客，逐渐打开了市场。

在偏僻的贵州凯里，有一个名为铜鼓的山村，与绘画紧密地联系在一起。铜鼓村，苗语称“哩哥”（DCTBGHOB），是当地苗族“哩家”和“哥家”两大族的合称，原属麻江县下司镇，现归属凯里市下司镇，距凯里市城区 15 千米，距下司镇 5 千米，有 600 多户、2000 多人口，是一个看似较为普通的苗家山寨。可是在这看似平凡的村寨里，却有着非同寻常的民间瑰宝——蜚声海内外的现代民间绘画艺术，是中国闻名的“现代民间绘画之乡”。

铜鼓村民间绘画始于 20 世纪 70 年代。当时铜鼓村有一个叫赵元桥的青年农民，自幼喜爱绘画，干完农活回家就画画，因为没有老师指导，就自己瞎画。一次偶然机会遇上绘画艺术家戴聚一，并把作品拿给戴老师看，戴老师看了以后，根据他的实际情况，给其指出努力方向——向民间绘画发展。得到戴老师的热情指导、鼓励和肯定后，赵元桥绘画的热情倍增，创作也日趋成熟，1980 年被邀请到北京参加民族文化艺术展，由此成名。20 世纪 80 年代，旅游业开始兴起，来到铜鼓村的游人购买了赵元桥的不少作品，在当地引起了轰动。村民们看到画能卖钱，还能出名，于是也纷纷学起了画画，就这样铜鼓村掀起了“农民画”热，要求学习绘画的人越来越多。戴聚一老师看到这种现象，顺势在铜鼓村开办了首届“农民画培训班”。经过认真筛选，铜鼓村涌现出了 30 多位民间绘画骨干。骨干队伍成员心灵手巧，擅挑花、刺绣、绘画，将传统民间绘画艺术与现代绘画技巧相结合，创作出一幅幅夸张得体、粗犷奔放、纯朴自然、具有鲜明的民族特色和浓郁乡土气息的绘画作品。当时有 1000 多件作品参加国内外各处画展，并在日本、法国、叙利亚、中国香港、中国台湾等国家和地区展出。参展作品屡获殊荣，其中获国际奖作品 8 件，国家奖 26 件，省级奖 80 多件，40 多件作品由国家博物馆收藏。有十多个国家的外宾选购，100 多件作品在国内外报刊发表，具有一定程度的国际影响力。部分作者先后到日本、北京等进行现场作画，被外宾和专家们称为“天才的画家”“了不起的民族艺术大师”，赞其作品是“民间奇花”，发出“铜鼓农民画神极了”的赞叹。1992 年，铜鼓村被文化部命名为“中国现代民间绘画画乡”。三十多个春夏秋冬，铜鼓农民画充分顺应时代的发展，以其鲜明突出的艺术特色、大胆独特的艺术构图、粗犷豪放的地域风格、时尚别致的创作手法，闯出了一条“以民族传统、民俗风情为养分，以现代生活为源泉”的创作之路，逐渐挤进了中国和世界艺术之林。铜鼓村注重铜鼓农民画的可持续发展，从娃娃抓起，从小学抓起，定期开设铜鼓农民画培训班，培养出一批批优秀的绘画继承人，使铜鼓农民画代代相传，文化长存。并且，铜鼓农民画长期入住国家 3A 级旅游景区凯里经济开发区苗妹非遗博物馆展厅，游客在欣赏的同时也可以购买，画作每年的销售量成倍增长，前景可观。

哈密地区的维吾尔族文化教育事业比较发达，向来是人文荟萃之地，这里的农民热爱绘画，擅长剪纸艺术，独具哈密特色。自 20 世纪 80 年代中期，哈密地区文化处美术工作人员与市县文化主管部门紧密配合，积极组织，有计划地分别在回城、花园、陶家宫、五堡以及伊吾县的下马崖等乡举办了农民绘画和剪纸学习班，先后共有 200 多名维吾尔族农民参加了学习，有力地促进了哈密维吾尔族农民绘画和剪纸艺术的发展，创作了各种题材的美术作品 700 余幅，曾先后参加了县、市、地区、自治区以及全国的农民画展。1987 年，在北京中国美术馆举办的“新疆维吾尔族现代民间绘画展览”中，回城乡三位农民的绘画作品被中国民间美术博物馆收藏。1988 年 3 月 16 日，哈密市回城乡被文化部命名为“中国现代民间绘画乡”，并有数幅作品分别获得自治区和中央的奖励。在 1988 年的“全国农民书画大赛”中，阿加尔汗·赛买提的《春播》和琴达西汗的《梦》，分别获得“全国农民书画大奖赛”一、二等奖，早然姆的《上路》和阿布都赛买提的《赶巴扎》荣获三等奖。同年有 7 幅作品被编入《中国现代民间绘画选萃》的画册中。1990 年 8 月，文化部、吉林省文化厅、吉林省群艺馆举办全国现代民间绘画作品邀请展，哈密市回城乡的五幅作品应邀参加展览，《穆斯林的葬礼》获三等奖，《斗鸡》《瓜乡风情》《绣花帽》《艾里甫与赛乃姆》等 4 幅作品荣获入选奖。1985—1990 年，哈密市回城乡有30多幅农民画在全国和自治区获奖。哈密维吾尔族的民间剪纸工艺，自1987年以来，先后在地区举办了多次展览，后来有20余幅剪纸作品被中国民俗学会、中国民间剪纸联谊会等单位送往北京美术馆参加全国首届民间剪纸展览。哈密维吾尔族农民画和剪纸作品的内容，主要反映农业、林业、畜牧业、建筑业和各种手工业以及民俗、民风、日常生活，同时也有意境淡雅、古色古香的山水风景、人物花鸟等。哈密维吾尔族农民的绘画和剪纸，源于农村生活，反映农民情趣，不但具有鲜明、淳朴、浪漫、活泼等特点，而且具有写实性强，乡土气息和生活气息十分浓厚的特点，民族风格独特，民族特色鲜明。受其影响，自2011年阿瓦提县提出“文化立县”战略以来，刀郎农民画作为一项重要的惠民工程，每年不间断地对农民进行画画的培训，每个月给画师550元的生活补助，农民画的创作队伍不断壮大。为推动新疆农民画的发展，自治区在察布查尔锡伯自治县、哈密市、库车县、温宿县、阿瓦提县、莎车县、麦盖提县等群众基础好的县市建立了7个农民画基地。新疆丰富的人文地理、民俗风情等资源，为农民画的发展提供了丰富的创作素材。改革开放之后的新疆有了新变化，尤其是中央新疆工作座谈会以来的跨越式发展，为农民画师们提供了许多创作灵感，创作热情非常高涨。

美术是技术含量十分丰富的艺术品种之一，在农民中间得到跨越式发展，而且形成了显效的文化产业，在大江南北出现了画风各异的农民画创作基地。评论家左汉中、李小山在撰文《中国农民画论》中，对农民画的现状特点作了深入的分析：中国农民画的风格形成与各画乡所处的地域风情有着密切的关系，各地的地貌、气候、民俗、风情的差异直接影响到各画乡农民画题材、内容、风格，在中国农民画的总体风貌中展现出五彩纷呈的个体特色。归纳起来有以下几个有代表性的地域风情。黄土风情：安塞、洛川、宜君、户县（陕西省西安市鄠邑区）画乡，地处中华民族文化摇篮的黄河流域、陕西黄土高原的北部与中部，这里有仰韶、龙山文化和商周文化遗址，古老传统文化和民俗得以较多保存。民间艺术如剪纸、刺绣、石雕、炕围画以及秧歌、社火等对农民画创作产生重要影响，尤其是安塞、洛川画乡的农民画高手大都为剪纸技艺高超的大嫂、大娘，民间美术的深厚底蕴使得这些画乡的作品纯朴、古拙、粗犷、热烈。水乡风情：以金山、松江、嘉兴、慈溪、奉化、秀洲等画乡为代表，这些画乡大都处于物产富庶、风光秀丽的江南鱼米之乡，古老的吴越文化与水乡独具韵致的民间美术交相辉映。质朴的蓝印花布，典雅的灶壁画，黑白相间的农舍以及年节时的风筝、皮影、花灯、泥塑玩具等，给农民作者自幼以耳濡目染之熏陶。他们从民间艺术宝库中汲取精华，以水乡生活为主要题材，创作了一批有较高艺术品位的作品，其中尤以金山画乡首屈一指。东北风情：包括辽宁新民、阜新、彰武，沈阳苏家屯、岫岩，本溪桓仁以及吉林市、吉林东丰等画乡。东北的黑土地、冰天雪地和大秧歌孕育出东北农民豪爽耿直的秉性。这里还有丰富多彩的满族民间艺术，如满族剪纸、刺绣和皮影戏等，为农民画创作提供了充足的养料。满族婚礼、关东大过年、大车店和“雪打灯”等，是东北各画乡最常见的题材。东北画乡的作品如关东人性格一般粗犷、质朴。海洋风情：以舟山的嵊泗、普陀、岱山、定海为代表，还有辽宁的东港、大连金州和福建的龙海、晋江等画乡。渔民画家的画笔总是离不开表现大海和与海有关的事物。舟山画乡（又以嵊泗最为突出）的作品显得奇幻、神秘莫测，色彩深沉艳丽，造型夸张而有力，抽象近于怪诞，从中似乎可以看到对民间艺术传统的直接继承，有的甚至表现出浓烈的现代气息和异国情调。辽宁和福建的沿海画乡作品受民间传统的影响，前者表现出热烈和浪漫，后者表现出古朴和典雅。大丝路风情：包括青海东部的湟中画乡和新疆麦盖提、哈密画乡。这些画乡地处“丝绸之路”的主要地段，是中国、印度、希腊等影响深远的文化体系的汇合点，形成了这一区域独特的文化。湟中画乡的农民画吸收了藏传佛教壁画、唐卡、酥油花、刺绣、剪纸以及皮影等艺术养分，形成了自己独特的装饰风格。新疆画乡的作品反映了以维吾尔族为主的民族风情，表现出西域的风土人情、民族宗教活动和人民对美好幸福生活的憧憬，其风格抒情、洒脱、自然。西南风情：包括云南的路南、瑞丽，贵州的水城、大方、黄平、剑河、毕节，四川的綦江和湖南的麻阳等画乡。这些画乡都处于我国西南部民族地区，这里的民族民间美术千姿百态，如岩画、铜鼓、刺绣挑花、织锦蜡染、雕塑彩绘、面具吞口、甲马皮影等，加上各民族的民俗风情、节庆礼仪、宗教祭祀等，为各民族民间画家的创作提供了宝贵的借鉴资源，由此形成了这一地区农民画构思奇特、造型质朴、色调浓郁、追求原始艺术的力与美的总体风格。

中国地大物博，民族众多，文化资源丰厚，自然风貌各异，还有许许多多的画乡作品都反映出本地区、本民族五彩缤纷的民情风俗，与以上各大群体画乡一道形成了中国农民画遍布全国的宏大格局。

不仅农民画得到大力推广，其他艺术种类如杂技、魔术、舞蹈等同样风催花开绽奇葩，雨润禾壮结硕果。

杂技

中国的杂技艺术历史悠久，源远流长，是中华民族珍贵的优秀文化遗产。杂技在汉代称为“百戏”，隋唐时则称为“散乐”，唐宋以后，为了区别于其他歌舞、杂剧，才称为杂技。到了宋代，杂技艺术已有40多个节目，那时，有人能表演挑一担水在绳索上行走的绝技。可见当时的杂技艺术水平之高。中国的杂技之乡有山东聊城，江苏盐城，河南周口、濮阳，湖北天门，安徽广德，天津武清，河北沧州吴桥、肃宁与廊坊霸州，河南开封等。

但是，就历史悠久、群众基础雄厚和在海内外的影响而言，最著名的要数沧州吴桥了。据沧州《吴桥县志》记载，在沧州吴桥，每逢佳节“掌灯三日，放烟火，演杂技，士女喧阗，官不禁夜 ”。河北省吴桥县一向有“杂技之乡”的称誉。当地人们把杂技叫作“耍玩意儿”，民间流传有“上至九十九，下至才会走；吴桥耍玩意儿，人人有一手”的说法。可见，杂技在吴桥县是十分广泛和普及的。吴桥的杂技艺术有很久远的历史，1958年，在沧州吴桥县小马厂村出土的古墓壁画上，描绘了倒立、肚顶、转碟、马术等杂技表演形象，这些壁画可追溯至约1500年前的南北朝东魏时期。元朝建立后，首都由河南开封迁至北京，河北沧州吴桥杂技开始繁荣起来，影响越来越大，延续至今，已成为国内外公认的著名“杂技之乡”。在吴桥县境内，无论是村庄农舍，还是田间地头，或是街头院落，到处可以看到演练杂技的动人场面。劳动工具或生活用具，都可以当作演练杂技的道具。有些杂技世家，从一两岁起就训练小孩子的杂技功底。全县有几十个专业的或业余的杂技团，演员1000多人。平时有一两手杂技本领的人不计其数。

多年来，这个驰名中外的杂技马戏之乡，培养出了一大批技艺精湛的专业演员。北京、沈阳、天津、哈尔滨、重庆、昆明、太原、广州、西安、武汉等全国50多个杂技马戏艺术团体中，有许多演员来自吴桥。其中，有不少人现已成为在国内外享有盛名的杂技表演艺术家。如中国杂技协会副主席、被誉为“杂技艺术之花”的武汉杂技团团长夏菊花，她的家乡就是吴桥；中国人民解放军沈阳军区杂技团的王喜福，他主演的“空中吊子”“晃板”“椅子顶”等节目，得到国内外观众的好评，并录制成影片播放；著名杂技表演艺术家边云明，1956年随中国杂技艺术团到印度、印度尼西亚、缅甸访问演出时，他主演的“蹦床飞人”“杠杆定车”等，为祖国赢得了荣誉。1981年，河北省杂技团到墨西哥等4国演出，主要演员大多数来自吴桥。他们的精彩表演受到国外朋友的赞扬。和吴桥毗连的天津、唐山、聊城等地，都可以称为杂技之区。聊城杂技的历史，可以追溯到三国时期的曹植。这位建安才子善于“跳丸击剑”，并酷爱“斗鸡”“跑马”。从那时起，聊城的杂技传统便一直延续下来。新中国成立后，以聊城艺人为主建立的杂技团就有贵州杂技团、云南杂技团、山西长治杂技团、山东杂技团和德州地区杂技团等。

中国杂技艺术的发祥地，也是世界杂技的摇篮。吴桥杂技以其悠久的历史和“惊、险、奇、绝”的艺术魅力入选国家首批非物质文化遗产代表作名录。杂技这一植根于民间，用肢体语言传递力量与美的古老艺术，历经几千年历史风雨的打磨和洗礼，历久弥新，积淀了极为丰厚的杂技文化和催人奋进的杂技精神。

吴桥杂技（图6–8～图6–9）有着广泛的群众基础，“上至九十九，下至才会走；吴桥耍玩意儿，人人有一手”。全县473个行政村，几乎村村都有杂技艺人，其中110个村50户以上有杂技艺人。仅艺人较集中的范屯村的400多户人家，就有50多人在外地杂技团担任领导、教练和骨干演员，有20多人在国外从事杂技专业。全县每个乡镇都有杂技团（班），全县40人以上的民间杂技团有76家，县杂技团1家；民间杂技学校42所，县杂技学校1所；杂技民俗旅游村6个，4A级景区——县杂技大世界1处；道具、服装加工厂十余家，直接从业人员1万余人。中国武术器械中的刀、枪、棍、棒等，都被吴桥杂技艺人用来作为道具，创造出具有特色的杂技节目。在吴桥，不少人可以潇洒地骑着独轮车走街串巷，而在饭店里骑着单车

图 6–8　中国杂技之乡——吴桥

图 6–9　吴桥杂技表演

送菜已屡见不鲜，连小学生在放学回家的路上，也不忘打几个空翻，练一练倒立行走的基本功夫。即使是日常用品，如两只饭碗、三颗红豆或三朵花蕾，甚至三个汽水瓶盖也能变成精彩的杂技表演，如《三仙归洞》。在吴桥，杂技是平常百姓家中不可或缺的娱乐形式。

中国杂技素有“南北二故里”之说，“北故里”指的是河北吴桥，“南故里”即濮阳东北庄。据史料记载，东北庄始成于唐末宋初，因地处“桑间濮上”之东北方向而得名。东北庄的杂技源远流长。早在元末明初，东北庄就有很多人“干杂技”。清朝中期，东北庄杂技进入全盛时期。清朝乾隆年间，东北庄就有杂技班13个，其中最著名的是刘家班。清朝末期，该村从事杂技的艺人占全村总人数的80%，当时最著名的是乔家班。光绪年间，著名的杂技艺人乔志清曾率领一个50人的大团代表清政府常年出国演出，曾先后到过日本、印度、朝鲜、尼泊尔、菲律宾等20多个国家。世界各地都有乔家班的足迹，高超的艺术受到国内外赞赏。当年，慈禧太后看后赞不绝口，亲授乔家班万寿龙灯两盏、御瓷两件，以彰其技之优。民国年间，乔家班已驰誉大江南北、名享长城内外。1949年中华人民共和国成立后，东北庄人的杂技热情更高、技艺更精湛了。该村杂技艺人分赴全国各地，成为各省、市的正规杂技团体的骨干力量，很多人都成了负责人。例如，乔家班成为濮阳的两个杂技团，李家班改编后成为安阳地区杂技团。四川杂技团的原班人马是东北庄乔贵林所带领的乔家班。四川省万县杂技团的刘芳、武汉杂技团的刘华芳、新乡杂技团的刘进才、西藏杂技团的乔三磨、重庆杂技团的刘夫录、山西杂技团的乔常顺、甘肃杂技团的刘会、河北杂技团的刘春山等，都是东北庄人。另外，该村还培养了很多著名的国家级杂技演员。例如，广州军区杂技团的刘相宝、李铁牛，沈阳军区杂技团的刘社香，郑州杂技团的刘兰香，刘乡杂技团的刘运祥、乔麦元，重庆杂技团的刘景美，等等，常在国内外带班授徒或巡回演出。据统计，东北庄籍的演员，近十年中捧回国家级、世界级的各种杂技奖杯（牌）达37个。东北庄人精湛的杂技艺术，引起了有关部门的热切关注。1969年，新华社记者王伟进村采访，先后在《人民日报》《河南日报》上发表了题为《中国杂技之乡——东北庄》的新闻报道。1981年3月，中央电视台摄制组又在该村进行了实况录像，并在黄金时间进行了报道。之后，中央各大媒体甚至外国媒体曾多次到东北庄采访。奥地利国家电视台为寻找中原杂技的发祥地，曾两次造访东北庄，高度评价了东北庄杂技艺术的丰富内涵，制成《东北庄杂技专辑》带回本国播出，引起了轰动。2000年9月29日，新西兰阿西博顿市市长麦瑞·安德森到东北庄参观并留言："你们表演的节目很精彩，深深感到东北庄杂技艺术的无穷魅力，真是太棒了！非常希望东北庄杂技到新西兰去演出。"该村外出巡回演出的有 11 个班子 400 多人。为弘扬传统文化，在各级政府的支持下，该村投资 60 多万元办起了一所正规的杂技学校。从外地返乡的 29 名国家级退休杂技骨干，余热生辉，传艺授徒，使东北庄成为为祖国培育杂技人才的摇篮。

杂技艺术源于中原，在传播到全国各地之后，便大放光彩。如县级的射阳杂技团一年先后有 80 多人次分赴韩国、新加坡、泰国、日本、马来西亚、俄罗斯、美国等国家和地区演出。2012 年 1 月，受国家文化部委派赴荷兰、马耳他等国家进行欢乐春节文化交流活动。2016 年随江苏省政府、省文化厅赴西班牙、葡萄牙、古巴、苏里南等国家访问演出，受到热烈欢迎。还有建湖县"十八团"杂技、浠水县杂技团、博白杂技团等，在英国、南非、爱尔兰等国家的三个月里表演了 126 场杂技节目，几乎场场爆满。三峡杂技艺术团本着"立足三峡、超越突破、寓美于乐"的艺术发展目标，节目编排兼收并蓄，博采众长，力求技艺并重，综艺结合，仅应邀到美国的一次演出，270 天，演出 275 场，观众达 12 万人（次），依靠自身优势闯出了一条文化产业发展的新路。从 2009 年开始，内蒙古杂技团的一个"五人踢碗小分队"便不断地在加拿大太阳剧团演出，内蒙古杂技之所以能走向世界，与该团打造的"蒙派杂技"理念不可分。宁夏银川杂技团在中国传统杂技艺术风格中融入回族特色，如回族服饰、回族音乐等，增加了吸引力。多年来，杂技团除保留《飞叉》《空中飞人》《抖空竹》等传统节目外，还新创了《芭蕾顶技》《四人高车踢碗》等符合国内外杂技艺术新潮流的节目，在美国、日本、新加坡、俄罗斯、泰国等近百个国家演出，大受欢迎。同为杂技之乡的周口和开封，都让杂技之花开遍本土，又不断走出国门，长年在国外演出，受到广泛欢迎。开封市杂技团除了在国内赢得演出市场，还多次受到委派到塞舌尔、马拉维、津巴布韦、突尼斯、加拿大、美国、斐济、汤加、新西兰、巴西、巴拿马、智利等100多个国家和地区交流演出。

看到杂技这门艺术遍地开花，着实令人喜悦，但是目前的实际情况和面临的问题也是不可忽视的——后继无人，没有新鲜血液注入。自20世纪80年代以来，全国各个杂技团成立了自己的杂技学校和学员队伍，自行招生和培养人才。然而，在市场经济的影响下，面临的最大问题是学员学成之后待遇太低，难以留住人才。如今很多家庭都是独生子女，生活条件优越，学练杂技是十分吃苦的事情，父母都不舍得送孩子来学杂技。作为中国传统文化遗产的一部分，杂技像其他的非物质文化遗产一样，在市场经济的宏大浪潮中，越来越显得格格不入。随着练习杂技的年轻人越来越少，现代游乐设施对传统表演的冲击越来越大，杂技的未来在哪里？这个问题需要整个行业进行思考。

生态民俗建设

从生态民俗看中华美德

匾额文化体现的传统美德

匾额，又称扁额、扁牍、牌额，简称扁、匾或额，是一种古老的传统民俗文化。作为一种特殊的历史印记和记录社会兴衰的一种标示艺术，匾额凝聚着中华民族传统艺术和文化思想之精华，彰显着中华传统美德的价值观念。它们通常以大字题写于宫室、殿堂、亭榭、书斋、商铺等的门额上。在历史长河中，匾额以其多变的式样、高超的书法艺术，与雄伟壮观的建筑相互辉映，成为建筑中不可分割的部分。同时，匾额作为一种生活技艺习俗，也形成了一定的惯制和表现形式，在中国大地广为流传，成为一种帝王将相与黎民百姓共享、汉族与其他民族共有、大陆与台湾地区共存的极富特色的习俗。匾额习俗源远流长，其历史可追溯至秦汉，发展至明清广为应用，在古代就有以“匾”识别万物，以“匾”区分尊卑贵贱，以

“匾”褒扬良善的习俗。可以说，匾额是一个家族的门脸，彰显着家庭的门第层次、道德修养。历史上曾出现“无处不匾”“无门不匾”的盛况，匾额被称为“古建筑的灵魂”，几乎称得上“凡有井水饮处，皆能见匾额”。有人认为，横着的叫匾，竖着的叫额。但从《说文解字》中对“匾”“额”两字的解释来看，匾额即悬挂于门屏上作装饰之用，反映建筑物名称和性质，表达人们义理、情感之类的文学艺术形式。其形式可分为横匾和竖匾，材质可分为木质、石质与金属。匾身一般含有题词匾文和款识，款识中包括题匾者、受匾者、立匾者及立匾时间，有时还有身处高位的题匾者的印章。从内容到款式，从材质到风格，都达到了与建筑完美融合。

匾额一般挂在门上方、屋檐下。当建筑四面都有门时，四面都可以挂匾，但正面的门上必须有匾。匾额的制作形制纷繁，包括雕刻、堆灰、泥金、榜书等，色彩丰富，装饰灵活，且能如实表现题匾者的书法功力，因而匾额多立于建筑物之上以起到画龙点睛的作用。匾额在两千多年的应用发展中，基本形成了两大体系。①官方匾额：它的出现是出于治理国家的需要，在很长的一段时间里，只有官方在门首或其他地方题写匾额，它是一种官方的行政行为。从整个古代匾额史来看，官方匾额一直占据主导地位，大量遗存的宫殿、城池、关隘、河桥、街道、里坊、牌楼、牌坊以至石刻均为官方所为，形成了一个庞大体系。②民间匾额：民间匾额出现于晚唐，正史没有相关记载。众多的唐人笔记杂记只是偶然一见，十分罕有。直到百姓临街可以破墙开门之时，民间匾额才多了起来。在宋人各类笔记之中，有关民间题挂匾额的记载很多。民间匾额是相对于官方匾额而言。只要不是帝王之家，各种题置颁赐的匾额及朝廷各部院、各级衙门署事关政务的匾额，皆属于民间匾额。不论官职地位，哪怕是刘墉为纪晓岚题匾，因其事不关政务，属私人题赠，也仍是民间匾额。匾额悬于宅门，端庄恢宏；挂于厅堂，蓬荜生辉；置于名胜古迹，活色生香。虽只言片语，少许着墨，望之却巍然大观，感悟其中真意，不禁让人肃然起敬。

古代匾额分类多样，除分为两大体系外，因其镶嵌和悬挂的位置不同，又分为户外门首匾额和室内厅堂匾额，其作用也不尽相同；按其内容主要分为建筑园林匾、表彰歌颂匾、店家老字号匾三类；按其用途可细分为商号、郡堂、亭台楼阁宅第、书斋、旌表和应酬等。以长方形多见，尺寸以门面大小而定。匾额悬挂于门头，往往寄托着一个家族或者一个家庭的道德信仰、家训家规和社会准则，承载着家族的荣耀和历史，记录着家族的希望和祈盼，隐含着中华传统中的文化思想、治家治国等美德。例如古代的商号。商号，即商家的金字招牌，借助文学作品、成语典故、神话传说、宗教经典，结合行业特点，以揭示产品、服务特质，表达商家诚信无欺、忠厚仁爱的宗旨，期盼生意兴隆、财源茂盛的愿望，以及对顾客的良好祝福。如中华老字号“同仁堂”“全聚德”“六必居”“泰和楼”“老凤祥”“美味斋”“稻香村”“荣宝斋”“一得阁”“冠生园”等。一块好的商业匾额，承载着深厚的传统文化、高尚的商业道德和独特的企业文化，是扩大商家影响力的有效形式。如乔家大院有“仁周义溥”“彤云绕”“慎俭德”“书田立世”“百年树人”“为善最乐”“静观轩”“学吃亏”等众多的匾额和对联，从不同方面表达了主人的理想愿望、处世态度等思想，蕴含着中华文化的智慧和文明，散发着晋商精神的光芒，使其宏伟的建筑锦上添花，并赋予了其更深的中华文化的道德内涵。河南省巩义市康百万庄园著名的“留余”匾额，造型独特，形似一面展开的上凹下凸型旗帜。上凹意为：上留余于天，对得起朝廷；下凸意为：下留余于地，对得起百姓与子孙。匾额正文为：“留有余，不尽之巧以还造化；留有余，不尽之禄以还朝廷；留有余，不尽之财以还百姓；留有余，不尽之福以还子孙。”这是康百万家族第十五代庄园主康坦园用于训示家中子弟的家训匾，至今已有 100 多年的历史，匾中内容涉及政治关系、社会关系、内部关系与自然关系、社会责任等各个方面，“留余”思想要求不可穷尽一切利益归己所有，要实现一定程度的利益均衡，保持人与社会、自然关系的和谐，相伴相生，正常谋利，谋正当利，适可而止。这一家训不仅教育了康氏后人，对于参观者也是一种心灵的指引。唯有秉持这种包容心、忍让心和感恩心，才能可持续发展，才能造福后人。

在社会竞争激烈而残酷的今天，“留余”显得尤为可贵。故宫中的匾额有很多，而且有着极为深厚的哲学思想和传统文化观念，如太和殿上的“建极绥猷”匾，典出《尚书·周书·洪范》中的“皇建其有极”以及《尚书·商书·汤诰》中的“惟皇上帝，降衷于下民。若有恒性，克绥厥猷惟后”。极，指屋脊栋梁，建极，就是要建立中正的治国方略；绥为顺应之意，猷，为道，代表法则。所谓的“建极绥猷”是指天子肩负着上对皇天、下对庶民的双重神圣使命，既须承天而建立法则，又要抚民而顺应大道，即上体天道，下顺民意，用中正的法则治理国家。中和殿悬挂的匾额为四个大字——“允执厥中”，乃乾隆帝的御笔。允为诚信，执为遵守，厥指其，中为中正。“允执”就是平心静气、静观执守，不离自性。允执厥中即指言行不偏不倚，符合中正之道。典出《尚书·大禹谟》：“人心惟危，道心惟微，惟精惟一，允执厥中。”是舜帝告诫禹的话，意为人心易变难安，道心幽微难明，只有一心一意，诚恳地秉执其中正之道，才能治理好国家。上至国家，下至百姓，一块小小的匾额寄托了多么深厚的文化思想和传统美德！故，北京市社科院研究员沈望舒在接受《光明日报》记者采访时谈到小小匾额为什么如此重要时总结：“一是历史上，题匾挂匾曾有广泛深厚的社会基础，民国文献中尚留城乡‘无处不匾、无室不匾’的描述。匾额分布范围并非限于国内，在海外，也可以说只要有华人的地方就有匾额。而且匾文几乎都引经据典，字字珠玑，以其特有的魅力彰显中国思想、华夏风采。二是优秀匾额的文字多凝聚了中华人文的要义，承载着传统文化中仁义礼智信等优秀道德，与中华文明的神、魂、道血肉相融，持久地散发出核心价值观中筋骨与温度的正能量。三是优秀的匾额往往还具有很高的艺术价值，无论是点睛之语还是书法艺术，都令人叹服。四是匾额文化担负着民间旌表的特殊使命。从汉代起到民国初年，匾额长期针对百姓，专司精神嘉勉职责。文献中还能看到匾文表彰扶危济困、乐善好施、急公好义方面突出者，有些镶于牌坊屹立于通衢达数百年之久，成为一方百姓引以为荣之物事。”历史上曾出现“无处不匾”“无门不匾”的盛况。匾额被称为“古建筑的灵魂”，是中华民族特有的文化遗产，也是中华优秀传统文化的重要载体。它集文学、书法、雕刻、装饰艺术于一体，广泛应用于社会生活的各个层面，具有强烈的艺术感染力和较高的学术价值。但是，随着社会变迁，匾额逐渐淡出日常生活，日益被国人遗忘。所以，一些文化学者呼吁，将这种传统文化予以发扬，透过匾额内涵的启示，修身、养性、自省、致德，守护文化遗产，传承古老文明（图 7-1 ~ 图 7-2）。

图 7-1　乔家大院的匾额

图 7-2　沁水县郭壁村的匾额

建筑所体现的中华美德

建筑自古以来就与人类生活息息相关，密不可分。它的形成和发展与其说是受政治和经济的影响，不如说是文化思想的具体体现。有什么样的建筑思想支配，就会有与之相应的建筑风格，建筑内部蕴含着历史、文化，通过外观传达了中华美德的精神。虽说建筑、绘画、雕刻被评为三大空间艺术，但建筑不仅仅局限于人的视觉。建筑是从功能出发，满足不同民族、国家、文化、阶层、地域和宗教的基本实用需求的同时产生的一种艺术。这是一种四维的，甚至是五维的艺术。中国古代园林和帝王宫殿无疑是空间和流动的艺术。人们常说："建筑，是石头营造的史书""建筑，是凝固的音乐""建筑，无疑是一门高贵的科学，并不是所有人都宜于从事的""建筑，是一种文化"，对建筑的美学予以高度评价。

中国传统建筑文化历史悠久，历来为世界之瑰宝。皇家宫殿气势恢宏，亭台桥塔精彩纷呈，水乡古镇风格各异，徽派民居（图 7–3）与北京四合院富含地域和民族风采，情、趣、神，轻、秀、雅，体现了中国传统文化精神的空间想象力，独特的斗拱结构、形式多变的弧面屋顶、美观坚固的琉璃瓦、色彩丰富的彩画以及形态生动的雕塑，更是我国人民智慧和艺术的象征。中国建筑，具有悠久的历史传统和光辉的成就。从陕西半坡遗址发掘的方形或圆形浅穴式房屋发展到现在，已有六七千年的历史。修建在崇山峻岭之上、蜿蜒万里的长城，是人类建筑史上的奇迹；五台山南禅寺大殿俊美秀丽，平实质朴，是唯一保存下来的唐武宗灭佛之前所建的佛殿，不但是我国现存最早的木构大殿，也是亚洲最古老的木结构建筑。在有"中国古建筑博物馆"美誉的正定，隋、唐、五代、宋、金、元、明、清、民国等各个历史时期的文物、建筑遗存都能找到实物例证，故其有"九朝不断代"之誉：唐代唯一的钟楼在开元寺内；国内最早的五代时期的大成殿在县文庙内；隆兴寺则是一座享誉中外的宋代建筑群，其中天王殿、摩尼殿、转轮藏阁、慈氏阁这四座宋代殿阁，结构上各具风格，在我国建筑史上占有极其重要的地位；临济寺澄灵塔是金代遗存；广惠寺华塔是宋、金遗存；文庙戟门是元代建筑；崇因寺藏经楼、梁氏宗祠则是明代建筑的代表；正定雄浑壮观的古城墙也建于明代；蕉林书屋是清代著

图 7–3 徽派建筑

名收藏家梁清标居住、藏书及文人雅士会聚之所；北洋国务总理王士珍旧居、马家大院则属于民国时期的建筑，是我国北方典型的四合院式民居。现存的高达 67.1 米的山西应县佛宫寺木塔，是世界现存最高的木结构建筑；北京明、清两代的故宫，则是世界上现存规模最大、建筑精美、保存完整的大规模建筑群；福建省永定县的高北土楼群、洪坑土楼群、初溪土楼群和衍香楼、振福楼，南靖县的田螺坑土楼群、河坑土楼群、和贵楼和怀远楼，华安县的大地土楼群等组成的“福建土楼”，被评为世界文化遗产；始建于隋文帝时期的天津蓟县独乐寺是我国木建筑中的佼佼者。

作为中国传统家族精神和文化纽带，祠堂建筑一直有着强大的吸附力和号召力。祠堂，又称宗庙、祖祠、祖厝，习惯上称宗祠。它是供设祖先神主牌位、举行祭祖活动的场所，也是从事家族宣传、执行族规家法、议事宴饮的地方。宗祠是汉民族供奉祖先的祭祀场所，是宗族的象征。祠堂本身就是家族变迁史的集中地，也是一个地域的民俗博物馆，是家族的精神家园。通过祠堂的建筑，可以了解其风格、文化起源、社会历史作用，探究族谱、族规、族训的文化渊源，瞻仰先祖的开拓创业精神与历代贤达明智的进取意识等，从而了解家族传承、变迁的缘由，掌握家族、民族历史，进一步掌握民族文化、民族风情。同时影响、教育族人，特别是年轻人要承前启后，与时俱进，勇于开拓，不断进取，为家族、为社会、为国家多做贡献，使家族、社会、国家更加兴旺昌盛。宗祠体现了宗法制家国一体的特征，是凝聚民族团结奋进力量的场所，它往往是城乡中规模最宏伟、装饰最华丽的建筑群体，不但巍峨壮观，而且融入了汉族传统文化的精华，与古塔、古桥、古庙宇相映，成为地方上一大独特的人文景观，是地方经济发展水平和汉族民俗文化的重要代表（图 7–4）。

图 7–4　宗祠

1961 年，始建于 6 世纪末的世界名建筑之一赵州桥被国务院公布为第一批全国重点文物保护单位。这是世界上现存跨度最大、年代最久、保存最完整的巨大石拱桥，在建桥史上有着极其重要的地位，对世界桥梁建设有着深远的影响。特别是其首开“敞肩拱”的先河，被广泛借鉴和应用。唐朝开元年间中书令张嘉贞作《石桥铭序》，其中有这样的描述：“赵郡洨河石桥，隋匠李春之迹也。制造奇特，人不知其所以为。试观乎用石之妙，楞平砧斫，方版促郁，缄穹隆崇，豁然无楹……又详乎叉插骈坒，磨砻致密……腰铁栓蹙。两涯嵌四穴，盖以杀怒水之荡突……”传说天上的神有一百单八将、七十二地煞、三十六天罡、二十八星宿、九曜星君、六丁六甲。这些神话传说对赵州桥的建造构想起到了一定的启发作用，奠定了创造设计的思想基础。我们的先人，聪明的匠师，就是在这一基础上，大胆设想，巧妙构思，充分利用前人的经验和神话传说，把它们融入桥的构造。一是它把我国古代科学的天干地支作为桥的总体造型结构来设计，即太极分二仪，二仪分四象，四象分八卦——桥身为太极，两端为二仪，四个小拱为四象。二是它把传说中的众天神与桥的构件相结合，使科学的经验与神话传说融为一体，创造出了一个神话形象的赵州桥。如，二十八道拱圈为二十八星宿，每道拱圈的七十二块拱石为七十二地煞，它们在桥下承托桥底。九根铁梁为九曜星宿，六块勾石为六丁六甲，它们保护桥身。一百零八块仰天石为一百单八将，镇守桥两边。三十六根栏杆为三十六天罡，把守桥面。各天神构件在太极、二仪、四象、八卦结构的布局内，分兵把守，紧密协作，各尽其力。这一巧妙的设计，结合神话传说，以虚带实，虚实结合，使这一神话在桥的设计构造中发挥着潜移默化的作用。这是我国匠师的一大发明。这一巧妙的结合，使神的形象渗透到桥的结构之中，又使桥的结构以神的形象来体现，桥成了众天神的化身——神化的赵州桥。1991 年，美国土木工程师学会的教授前来考察，为之折服，亲自送来世界上迄今为止已建立的第十二块纪念碑，上面写着“国际土木工程历史古迹——赵州桥”。赵州桥的建成在中国桥梁史上具有重要影响，它的大跨度、圆弧拱、敞肩形式为以后的桥梁建设开创了新的天地。隋代以后，出现了许多与赵州桥类似的大型拱桥，已经发现的就有十几座，如山西崞县的普济桥，晋城的景德桥，河北赵县的永通桥、济美桥等。赵州桥成为中国桥梁建设的典范，其建设贯穿了中华民族严谨、认真、求实、创新的美德，体现了中国古代劳动人民在桥梁建造方面的丰富经验和高度智慧。

一个城市的建筑往往承载着它的历史。潮州民居是中国建筑史上的一朵奇葩，民间有“京华帝王府，潮州百姓家”之说，是因为古代潮汕普通百姓的民居都是仿照宫廷宅院而建，可媲美京城皇宫王府。潮汕古老民居中，有一种叫“塗库”的奇特建筑，“塗”字在潮语中指土地的“土”，因“土”字在潮汕语言中常变音为“塗”，而这一建筑物主要由三合土夯筑而成，所以就把这一奇特的建筑称为“塗库”。

潮汕农村多聚族而居，塗库便是潮汕地区以姓氏宗祠为中心的围寨格局建筑的一种形式。在潮南地区，有两座保存至今的“塗库”，第一座是位于潮南溪尾周村的溪尾周大塗库，是最古老的塗库，城堡内共有 99 间房及两口水井。其创建于明朝，民间传说是“虱母仙”何野云设计的杰作。大塗库围墙高 6.2 米，墙厚 0.4~0.7 米，围墙四面共长 360 米，是一座集民居、防盗、储物于一体的城堡式古民间建筑物。城堡由十座“下山虎”和八座厝包合成。围墙的东北角、西北角、西南角各建有连接库内的城堡式炮楼，民间称为“三脚蟾蜍”。第二座是位于潮南峡山桃溪村的保存完好的图溪（现称“桃溪”）寨老塗库，是最大的塗库。桃溪寨老塗库是周氏图溪第十五代祖周凤泉于清康熙十年（1671 年）开始创建，经后人一代代完善补充，历经多年完成，采用宫殿式建筑模式，结构为大阳埕、中大门、北龙门等，共有房间 120 间。塗库是一个宗族的人住在里面，里面又按辈分分成若干大家庭和小家庭。客家围屋是独立房间，潮汕的塗库则是门门相通。整个塗库外有沟渠寨、墙围寨，外部封闭，内部开放，形成一个内围府第。塗库的外围被墙体围住，只开一扇门，外面的人要进入塗库都必须经过这个门。

塗库具有传统的潮汕民居建筑独特风格，又汲取中原文化的精髓，同时创造性地采用具有鲜明地方特色的建筑风格：①在选址方面，潮汕人选址时充分考虑周围地理环境和气候特点，朝向和布局都是有规划的。我们见到的桃溪寨老塗库便朝向峡山风水宝地“塔山”。②在建筑设计上，周氏的大宗祠理所当然地成为塗库的中心，其他各种建筑须按次序环绕大宗祠建，大宗祠左右是小宗祠，然后是火巷和厝包（包屋），以下山虎、四点金的基本格局为主体，合并扩充为厅厅相向的大型复合式建筑。③古时候因地处僻远，塗库都具有防御功能，如建有炮楼，塗库内的渠道、用水等也充分考虑防御功能，塗库寨墙墙体都是用筛选过的大粒沙子和贝灰、黄土，再加上红糖、糯米汤混合而成，再用夹板夯土法造成，特别坚实。④在装饰工艺方面，塗库内部的房子采用了潮州特有的金漆木雕、石雕、漆画等传统工艺，使民居建筑显得豪华而不庸俗，淡雅而有韵味。整个桃溪寨老塗库，依宗族观念、风水观念、生产生活、防御功能以及朴素的美学观念来营建，充分体现了潮汕人的智慧。由此推演，综观潮汕民居，确实是中国建筑中融合了南北各地建筑文化精髓的艺术精品，千百年来，它见证着潮汕人对故土的依恋，对建造工艺的执着追求，更传承着潮汕地区的文化基因。历史源远流长，涂库不仅有独特的文化内涵，还有巨大的美学和文化价值。

潮汕建筑历来讲究适应自然环境、讲究养生之学以及人与环境相协调的合理成分。潮州民居的主要特色是将传统的建筑文化与潮州特有的传统工艺美术如金漆木雕、工艺石雕、嵌瓷艺术、金属工艺以及书法、绘画艺术等最大限度地整合。潮汕农村多聚族而居，浓厚的氏族观念体现在聚落建筑就是以姓氏宗祠为中心的围寨格局。宗祠是围寨中心，其他各种建筑按次序环绕宗祠而建，整个村寨依其宗族观念、生产生活、防御功能以及朴素的美学观念来营建，形成潮汕村寨的大格局，更成为独特的风水人居理想环境。在潮汕民居建筑中，前厅是一家之门户，是给人第一印象的地方；中厅是交友会客、宴请亲朋和举行习俗仪式之处；后厅是敬长拜祖，表达孝心之地。潮汕民居追求自然与和谐。大户人家的庐室中多设有花园，种上芳草嘉木，营造叠石理水，普通家庭的庭院中和屋前屋后常常种有各种花草树木，使民居处在一个幽美的近乎自然的环境之中，以获得宁静和谐的生活氛围。潮汕建筑反映了博采众长的开放品格。潮汕建筑装饰既反映出人们的经济实力，又形象地表现了潮汕人经世致用的商业意识和对闽南文化、海洋文化博采众长的开放融通品格。

中国古建筑是在中国自然环境和文化形态中自然成长并逐渐发展起来的，其核心思想就是“天人合一”的建筑思想，即建立自然与人的和谐关系。《庄子·齐物论》云：“天地与我并生，万物与我唯一。”即庄子“天人合一”的基本思想。《乐记》提出：“乐者，天地之和也；礼者，天地之序也。”即认为整个宇宙天地处于“流而不息，合同而化”的状态之中。《周易·文言传》有云：“夫大人者，与天地合其德，与日月合其明，与四时合其序，与鬼神合其吉凶，故曰：先天而天弗违，后天而奉天时。”这种承天命、顺天意的心理为统治者所用，作为统治人民的合法基础。《周易》中又有“仰则观象于天，俯则观法于地”的原则。这些思想一直影响着中国建筑的发展。中国古代建筑的审美价值与政治伦理价值高度统一；植根于深厚的传统文化，表现出鲜明的人文主义精神；“它们像一部部石刻的史书，让我们重温着祖国的历史文化，激发起我们的爱国热情和民族自信心，同时它也是一种可供人观赏的艺术，给人以美的享受”。它给我们以审美享受，为研究历史和科学提供实证，为新建筑设计和新艺术创作提供借鉴。它不仅是中华民族文明发展的历史见证，而且是一部极有价值的爱国主义教科书。

对联里的传统美德

春联，起源于桃符。挂桃符是中国民间的一种风俗。民间传说桃木有驱鬼辟邪的作用。《礼记·檀弓下》记载：“君临臣丧，以巫祝桃茢执戈，恶之也。”《庄子》也有记载：“插桃枝于户，连灰其下。童子入而不畏，而鬼畏之。”因此，古人对桃木有特殊的信仰情结。将桃木雕刻成人形也是古人采取的一种辟邪手段。“桃符”，周代悬挂在大门两旁的长方形桃木板。据《后汉书·礼仪志》记载，桃符长六寸，宽三寸，桃木板上书“神荼”“郁垒”二神。“正月一日，造桃符著户，名仙木，百鬼所畏。”因此，清代《燕京岁时记》上说：“春联者，即桃符也。”

五代时，后蜀的宫廷里，有人在桃符上题写联语。据《宋史·蜀世家》记载：后蜀主孟昶令学士辛寅逊题写桃木板，“以其非工，自命笔题云：‘新年纳余庆，嘉节号长春’”，这便是我国的第一副春联。直到宋代，春联仍称为“桃符”。王安石的诗中就有“千门万户曈曈日，总把新桃换旧符”之句。宋代，桃符由桃木板改为纸张，称为“春贴纸”。明代，桃符才改称为“春联”。明代陈云瞻《簪云楼杂话》记载：“春联之设，自明太祖始。帝都金陵，除夕前忽传旨：公卿士庶家门口须加春联一副，帝微行出观。”朱元璋不仅亲自微服出城，观赏春联，他还亲自题写春联。他经过一户人家，见门上不曾贴春联，便去询问，得知这是一户阉猪的人家，尚未请人代写。于是朱元璋就特地为他写了“双手劈开生死路，一刀割断是非根”的春联。联意贴切、幽默。经明太祖这一提倡，此后春联便沿袭成为习俗，流传至今。过年贴对联除了是我国的传统习俗，还表达了人们的迎福纳祥、辟邪除灾、寄情托怀的美好愿望。常见的春联有“太平真富贵，春色大文章”“春来也，心花怒放；岁增矣，事关耕读”“梅花开五福，竹叶报三多”“富贵三春景，平安两字金”“五云迎晓日，万福集新春”“平安即是福，和乐便为春”“太平天下福，仁让里中春”“文成蕉叶书犹绿，吟到梅花字亦香”“星云照耀辉天禄，山海崇深荟地灵”“旭日融和开柳眼，春风摇曳送莺喉”“燕翻玉剪穿红雨，莺掷金梭破绿烟”“瑞雪兆丰年千家乐，春风织胜景万象新”“爆竹一两声人间改岁，梅花四五点天下皆春”“以慧眼看人无物不照，拿良心做事随处皆春”。

对联习俗在华人及至全球使用汉语的地区以及与汉语有文化渊源的民族中传承、流播，对于弘扬中华民族文化和传统美德有着重大历史意义。

春联之外，随着楹联的广泛应用，逐渐时兴了婚联、寿联、挽联、贺联、书房联、行业联、舞台联、古迹联、庙宇联、园林联等，丰富多彩，传播途径非常广泛。因为对联的字数少、张贴地点显著，所以它的教育意义和文学意义就很强烈。自古迄今，文人和对联需求者十分重视对联的选择和利用，其蕴含的思想内容，已经深入人心，如今，发扬光大之，必然对于社会主义核心价值观的宣传起到重要的助推作用。了解古人对于对联的普及，也许具有更多的启发。

古往今来，很多乡村办结婚喜事就有贴对联挂红披的风俗，其历史源远流长。如给送彩礼的箩篮贴上“福如东海，寿比南山；苏才郭福，姬子彭年；百年好合，五世其昌”等四字鲜红对联，大门贴上“喜有亲朋满堂座，愧无美酒宴嘉宾”的对联，洞房门贴上“一朝喜结千年侣，百岁不移半寸心”的对联，无数美好的祝福和祝愿，通过小小的对联上的文字洋溢而出。传统婚联内容多取于诗词、典故、格言、俗语，有些还用动物、植物等词连缀成联，这些婚联具有艳丽的文采，恰当成趣的比喻，不仅雅俗共赏，而且蕴含着深厚的传统文化内涵，让人颇获教益。如“诗歌杜甫其三句，乐奏周南第一章”。“杜甫其三句”是指杜甫《四喜》诗之第三句“洞房花烛夜”。据说《四喜》诗为杜甫所作，即“久旱逢甘雨，他乡遇故知。洞房花烛夜，金榜题名时”。“杜甫其三句”就是指“洞房花烛夜”一句，此人生四喜之一也。“周南第一章”是指《诗经·周南》中的第一首诗《关雎》，其诗原文为：“关关雎鸠，在河之洲。窈窕淑女，君子好逑。参差荇菜，左右流之。窈窕淑女，寤寐求之。求之不得，寤寐思服。悠哉悠哉，辗转反侧。参差荇菜，左右采之。窈窕淑女，琴瑟友之。参差荇菜，左右芼之。窈窕淑女，钟鼓乐之。”这首诗写男恋女之情，大意是河边有一个采荇菜的姑娘引起一个男子的倾心思慕。那“左右采之”的窈窕形象使他寤寐不忘，而“琴瑟友之”“钟鼓乐之”便成为他寤寐求其实现的愿望。传统婚联在描写男婚女嫁时常用乾坤、琴瑟、龙凤、鸳鸯、凤凰、鸾凤、并蒂花、连理枝、同心结、比翼鸟、双飞燕、青梅竹马等作巧妙比喻，传达幸福、恩爱、和美、吉祥等庆贺之情。如“一阳初动，二姓克谐，庆三多，具四美，五世其昌征凤卜；六礼既成，七贤毕集，奏八音，歌九如，十全无缺羡鸾和”“喜鹊喜期报喜讯，新燕新春闹新房”。女方则写嫁女婚联，如“宝马迎来云外客，香车迈出月中仙”“此去有家，公婆同样知冷热；思乡应记，父母永远不炎凉”“春暖花朝彩鸾对箅，风和月丽红杏添妆”“绣阁女红止今日，厨司妇道始明朝”“名流喜得名门婿，才女欣逢才子家”“惟有薄奁遗爱女，愧无美酒待高朋”等。

寿联，表达了对老人的良好祝愿，对老人内心的安慰，彰显孝老敬老之美德。字里行间，这种美德得以扩而大之，对于净化社会风气，起到了十分微妙的作用。敬献寿联时，要根据对象确立不同的主旨，选用恰当的词句，力求儒雅斯文，并且多用成语、典故、专名。特别是古人撰写此类联语时，十分注意区分男女对家以及是否为双寿联，不同对象就会有不同的表达方式。如六十岁男寿联：“福如东海长流水，寿比南山不老松”“颂献南山甲再周，乡闾杖处尽称觞”；六十岁女寿联：“桃热正逢花甲茂，兰开几阅福寿添”；七十岁男寿联：“七十载厚德昭日月福寿源远，古稀年佳境耀乾坤子孙运鸿”；七十岁女寿联：“月满桂花诞七秩，庭留萱草茂千秋”；八十岁男寿联：“安车蒲裹轮也仁者寿；纯嘏笔点额兮德而康”；八十岁女寿联：“逾古稀又十年可喜慈颜久驻，去期颐尚廿载预征后福无疆”；九十岁寿联：“海筹添九十，桃实献三千”；百岁寿联：“觥筹迭进刚添百，凤历欣调谱万年”；双寿联：“乃冰其清，乃玉其洁；如松之寿，如兰之馨”。《楹联丛话》卷之十二刊载了郑板桥的《六十自寿联》：“常如作客，何问康宁，但使囊有余钱，瓮有余酿，釜有余粮，取数叶赏心旧纸，放浪吟哦，兴要阔，皮要顽，五官灵动胜千官，过到六旬犹少；定欲成仙，空生烦恼，只令耳无俗声，眼无俗物，胸无俗事，将几枝随意新花，纵横穿插，睡得迟，起得早，一日清闲似两日，算来百岁已多。”这副对联既是劝善之作，也是醒世之作，全联共104字，是古今寿联中的精品，既道出作者豁达的胸襟，又言明个人的旁博志趣。读来诙谐活泼，情趣盎然，给人启迪。作者开出了一方“养生珍剂”：保持童趣，胸襟旷达，知足常乐，动静结合。

行业联多为奉劝之词，尊道德、守规矩、讲良心，讲究善良、公平、仁义是行业之根本，做人之原则。行业联用于工商类、技艺类的行业，可用作春联，也可用于行业的开业与庆典活动。行业对联仿佛是商家以“内心独白”的形式自我赞许的“商业广告”，以此获得顾客的认可并招徕顾客。“但愿世间人无病；何愁架上药生尘。”这是传统药铺用联，表现的是一片真情，祝愿天下人无灾无病。在江南某药店有一副楹联：“携老，喜箱子背母过连桥；扶幼，白头翁拾子到常山。”此联共嵌入六味中药，其中“喜箱子”“白头翁”“常山”是原名，“贝母”“连翘”“时子”则各著一字谐音。整联潜指医生要有救死扶伤、普济疾苦的高尚道德。“杏林春暖枝枝透出活人心，橘井泉香点点滴开阴骘路。”体现了医务工作者济世救人的高尚医德和对广大世人的仁慈博爱之心，以及期盼世人健康幸福之愿望。延灵堂药铺是扶沟县旧时最大的药材行，常挂的两副对联为“选药均须道地品，好生宜体上天心”“珍藏世上稀奇品，调补人间缺陷天”。暗示药材地道，手段高明。雨伞店对联为“郭圃夜随剪韭客，程门时伴听经人”。这个对联用了两个典故——“剪韭”“听经”。听经的常见故事为程门立雪，听经人名叫杨时。剪韭客则出自杜甫诗《赠卫八处士》：“夜雨剪春韭，新炊间黄粱。”因为古有剪韭待客之道，后人学杜甫也多有“赋得夜雨剪春韭”诗题。两句都扣雨雪，正合雨伞之用。这类对联接近谜联，可以根据内容猜出相关职业、行业、店铺。玉器店对联为“人品如玉品堪经千雕万琢终成大器，入世须慎微方能运筹帷幄诸事如意”。服务业中，饭店对联为“饭热菜香春满座，窗明几净客如云”“色香味形俱佳美肴出自巧手，烧炒炸熘皆妙名师乃有高徒”。酒馆对联为“画栋前临杨柳岸，青帘高挂杏花村”“交不可滥，以免良莠难辨，引以为戒；酒勿过醉，谨防乐极生悲，懊悔莫及”“铁汉三杯软脚，金刚一盏摇头”。茶馆对联为“美不美家乡水，香又香园中茶”“消扰攘烦，七分香茗三分水；享共和福，一度春风两度年”“佳肴无肉亦可，雅淡离我难成”。金融行业对联为“融货币而通百业，造一片生机，好控银根强国势；效丹青以构三春，怀九州画本，宜挥金笔点龙睛”“易存易取，结款流程通畅，尤欣零整皆宜、定活两便；好借好还，融资渠道宽松，最喜家国共富、银企双赢”“秉科技之兴，行必善，建必功，汇通四海；倚国家之重，事于诚，立于信，财聚八方”“出入角分，尤当任怨，勤引小流归大海；收支千万，更要留神，频输活水载新舟”。文句之间，劝善励志，诚恳公平，一片赤诚心，三春温暖话，历历可彰。

印染店对联：“鹅黄鸭绿鸡冠紫，鹭白鸦青鹤顶红。”车马店对联：“迎送远近通达道，进退迟速邀逍遥。”澡堂对联：“汤泉中有浮沉客，水阁旁多徒倚人。”茶馆对联：“德必有邻邀陆羽，园经涉足学卢仝。”理发店对联：“虽然毫末技艺，却是顶上功夫。”钟表店对联：“刻刻催人资警省，声声劝尔惜光阴。”竹器店对联：“虚心成大器，劲节怀奇才。”裁缝铺对联：“舍旧谋新，悉劳意匠；截长补短，颇费功夫。”面馆对联：“抽条皆就绪，努力劝加餐。”水果店对联：“李桃交谊笃，橘柚及时登。”乐器店对联：“流水高山，俟诸知己；金声玉振，集其大成。”碑帖店对联：“残碑留古迹，妙墨焕新华。”女浴室对联：“香生暖豆蔻，水出新芙蓉。”南阳市某帽店对联：“簪缨有耀；独出冠时。”袜店对联：“洛水凌波去，云衢踏月来。”开封宣和画店对联：“珍共图书，争辉东壁；林成翰墨，游筑西园。”鲁山骡马店对联：“须思前车后鉴，切莫南辕北辙。”

戏台对联观众接受者较多。扬州赵园，有一副引人幽思和遐想的戏台联：“坐客为谁？听二分明月箫声，依稀杜牧；主人休问，有一管春风词笔，点缀扬州。”贵州六盘山“江山一览阁”有三副生动有趣的戏台对联。传说，乾隆皇帝曾经到此一游。看戏时，乾隆心血来潮，要群臣为戏台拟联。某大臣才思敏捷，立即献上一联：“听律吕，点破世态炎凉；见衣冠，描尽人间冷暖。”应该说，这副对联生动传神地概括了戏曲的艺术规律，对仗工整，寓意深刻。但乾隆觉得它过于文雅。片刻之后，另一位大臣交出了第二副对联：“似我非我，我看我我也非我；装谁像谁，谁装谁谁就是谁。”这副戏联就像绕口令似的，也不太合律，乾隆嫌它粗浅，要求众臣再想一想。此时，戏台上正好在演《空城计》。诸葛亮端坐城楼抚琴饮酒，司马懿率领大军兵临城下。老臣刘墉见此情景，灵感忽至，撰写了这样一副对联：“三五人可做千军万马，六七步如行四海九州。”乾隆很满意，认为此联平易朴实，雅俗共赏。有些戏联，肯定戏曲的社会功能及认识作用，蕴含着深刻的人生哲理和道德启示（图 7–5）。最常见的如“戏台小天地，天地大戏台”“曲是曲也，曲尽人情，愈曲愈妙；戏其戏乎，戏推物理，越戏越真”“看不清莫嚷，请问前头高见者；站得住便罢，须留余地后人观”“看不见姑且听之，何须四处钻营，极力排开前面者；站得高弗能久也，莫仗一时得意，挺身遮住后来人”。这些都十分切合中国古老的文明与道德，教人以谦虚与谨慎，处处为人着想。又如“戏剧本属虚，虚内寻实，实非为实，虚非为虚，虚虚实实，方寸地生杀予夺，荣辱贵贱，做来千秋事业，莫道当局是假；唱弹原为乐，乐中藏忧，忧民之忧，乐民之乐，乐乐忧忧，顷刻间悲欢离合，喜怒哀惧，现出万代人情，须从戏里传真”“演悲欢离合，当代岂无前代事；观抑扬褒贬，座中常有剧中人”“演古无非是戏，劝君必须认真”，把戏剧教育作用与审美情趣相结合，既概括了中国戏剧的艺术特色，又把中国戏剧的教育意义阐述得十分清楚。挂在戏台上让读书不多的市民看的对联，有不少是俚对，通俗而风趣，看似平平，实则语带讥讽，亦谐亦庄。如“愿听者听，愿看者看，听看自取两便；说好就好，说歹就

图 7–5 开封山陕甘会馆戏楼对联

歹，好歹只演三天”“你看这班人，以假作真，才上台就变脸色；他同那件事，非名即利，未出脚即费心机”“市内客官们，也要关切些艰难时局；眼前尺寸地，不知淘汰了多少英雄”“盛衰何常，吾人于热闹场中看惯了；贤愚同尽，大家从鱼龙队里混过来”“蜉蝣天地，蛮触战争，大作小观小亦大；咫尺江山，须臾富贵，无为有处有还无”“既已上台，不怕大家在旁边看戏；自能了局，何劳诸位替古人担忧”“到什么地方，说什么话；穿何等衣服，像何等人”。

书斋对联的自省自理，往往道出了中国读书人的谦卑、好学、静思、警醒的传统美德。三国时期的诸葛亮在其草庐中题有一对联：“淡泊以明志，宁静而致远。”写出了他的高尚品性，为世人传诵。明清之际的著名思想家王夫之，不仅学识渊博，还风骨颇高，他宁可饥寒交迫，也不与清廷合作。他在晚年于衡州筑的“湘西草堂”书房门前题写对联曰：“六经责我开生面，七尺从天乞活埋。”上联写他意欲冲破孔孟经书的旧传统，以拓展经学研究的新局面；下联表达其在国破家亡之际，愿以身殉国之志。据说王夫之当时不论雨天，还是晴天，出门总是穿木屐，撑雨伞，以示耻见青天、耻踏青土的“乞活埋”之志。明代著名书画家徐文长在其“青藤书屋”中，有楹联一副：“几间东倒西歪屋，一个南腔北调人。”寥寥数语，一个放言高谈、落拓不羁的“狂生”形象，跃然纸上。清初的著名文学家归庄自小有才气，但秉性怪僻，又喜直言，早年曾在自己的书斋中题一对联：“入其室空空如也，问其人嚣嚣然曰。”晚年生活潦倒，与发妻结庐于墟墓之间，仍不改其性，在草堂上赫然写一对联曰：“两口寄安乐之窝，妻太聪明夫太怪；四邻接幽冥之宅，人何寥落鬼何多。”书斋对联中展示作者生活情趣的，当推现代散文家丰子恺。在其居室“缘缘堂”的书房中，挂有弘一法师的一副对联：“真观清净观，广大智慧观；梵音海潮音，胜彼此间音。”把“缘缘堂”写活了。书房中还有他自己的墨迹：“草草杯盘共笑语，昏昏灯火话平生。”这是借用宋代王荆公之妹的诗句。据说丰子恺常邀老友在房内闲谈，清茶之外，佐以小酌，直至上灯方散。清代书法家、篆刻大师邓石如，在其安徽省怀宁县的“铁砚山房”中，撰有一副长联，曰：“沧海日，赤城霞，峨眉雪，巫峡云，洞庭月，彭蠡烟，潇湘雨，武夷峰，庐山瀑布，合宇宙奇观，绘吾斋壁；少陵诗，摩诘画，左传文，马迁史，薛涛笺，右军帖，南华经，相如赋，屈子离骚，收古今绝艺，置我山窗。”听其口气，其“铁砚山房”，不但是“合宇宙奇观”的美术馆，而且是“收古今绝艺”的博物馆。徐霞客自题小香山梅花堂联：“春随香草千年艳，人与梅花一样清。”点出梅花的悠久历史，道出了自己志洁行高的情操和不随俗流的人格，暗喻本家族爱梅风尚代代相传。史可法题书屋联：“斗酒纵观廿四史，炉香静对十三经。”看史要有豪情，斗酒壮胆，纵横于历史长河；读经须练静功，一炷清香，万念俱寂。苏东坡早年书斋中悬一联：“发奋识遍天下字，立志读尽人间书。”梁同书题北京“阅微草堂”：“万卷编成群玉府，一生修到大罗天。”阅微草堂乃清代纪昀书斋。此联明题草堂，实写草堂主人。“群玉府”即帝王藏书之处，“大罗天”乃道家所言最高之天，极言对知识的渴望和对学问的追求。吕留良自题的居室联：“囊无半卷书，惟有虞廷十六字；目空天下士，只让尼山一个人。”他是晚明抗清志士，作此联以明己志。上言“虞廷十六字”，系指《尚书·大禹谟》“人心惟危，道心惟微，惟精惟一，允执厥中”一语；下云“目空天下士”者，乃不耻屈节者所为之谓也。口气虽大，气节却高。张载自励联：“夜眠人静后，早起鸟啼先。”此联勉励自己抓紧时间，刻苦读书。早起晚睡，实不利于身心健康。合理安排时间是现代读书人应当时刻注意的，不可仿古。鲁迅书房对联为：“望崦嵫而勿迫，恐鹈鴂之先鸣。”冰心书斋里悬有一副梁启超的手书联：“世事沧桑心事定；胸中海岳梦中飞。”蒲松龄的立志联：“有志者事竟成，破釜沉舟，百二秦关终属楚；苦心人天不负，卧薪尝胆，三千越甲可吞吴。”历史学家范文澜悬于书室作为座右铭的对联：“板凳要坐十年冷，文章不写一句空。”读万卷书，行万里路的梦想在对联中恣肆汪洋，坐拥书城，饱读古今妙文，足不出户，尽览大好山河，也是中国读书人的山河理想，诗文壮志。其实对联之于文人确有修身的目的，一副集句格言联为“毋意、毋必、毋固、毋我；如切、如磋、如琢、如磨”。上联出自《论语·子罕》，原文为“子绝四——毋意、毋必、毋固、毋我”。意思是，孔子绝没四种毛病——不悬空揣测，不绝对肯定，不拘泥固执，不唯我独尊。下联出自《诗经·卫风·淇奥》：“有匪君子，如切、如磋、如琢、如磨。”比喻君子努力进修。这副对联要求人们加强自身修养。林则徐也有一副修身对联：“海纳百川，有容乃大；壁立千仞，无欲则刚。”这副对联教育人们要成就伟大的事业，应当具有大海一样的胸怀，对人对事要有宽容精神，善于听取各种意见，从善如流；还要像千仞陡峭的石壁，排除一切私心杂念。“扬州八怪”之一的郑板桥写了一副教人不要阿谀奉承，不要自满的对联，曰：“虚心竹有低头叶，傲骨梅无仰面花。”

庙宇、道观、墓园、教堂联更见其多（图 7–6 ~ 图 7–7），应县净土寺：“念念不离心，要念而无念，无念而念，始算得打成一片；佛佛原同道，知佛亦非佛，非

图 7–6　汤阴岳飞庙对联

图 7–7　千佛寺的对联

佛亦佛，即此是坐断十方。”鹤壁静居寺：“一心不生金易化，三心未了水难清。”潮州开元寺观音阁：“大慈大悲，到处寻声救苦；若隐若显，随时念彼消愆。”济南千佛寺：“笑到几时方合口，坐来无日不开怀。”湖北房县凤凰山观音洞：“见见见，非见非见，见非见；闻闻闻，不闻不闻，闻不闻。”河南少林寺面壁洞：“一苇渡江，达源溯六祖；九年面壁，妙理悟三乘。”潼南大佛寺：“碧水绕金身，致秋月扬辉、五龙焕彩、红岩拱翠、白塔飞霞，仙女七弦彻梓镇；黄罗开宝帐，看关刀演武、奎笔修文、救苦右随、观音左站，北禅千佛拜灵台。”“顶上着圆光，洞洞空空，遍照大千世界；胸前垂卍字，形形色色，咸归不二法门。”乐山大佛对联：“大佛雄踞慈眉善目观盛世，乐山依旧风雨一路渐繁荣。”“卧佛半睡为烟水，拈花一笑是乐山。”“看他怒目攒眉，却具一片慈悲，要人醒悟；到此清心涤虑，请将万念消化，与佛皈依。”贵阳城隍庙：“站着！你背地做些什么？好大胆还来瞒我；想下！俺这里轻饶哪个？快回头莫去害人！”台湾彰化修水岩：“修德种因法身圆妙，水清月现玉盖尊严。”宁夏同心清真大寺：“尔来礼拜乎？须摩着心头，干过多少罪行，向此处鞠躬叩首；谁是讲经者？必破出情面，说些警赫话语，好叫人入耳悚神。”通许县岳家湖岳飞庙联：“捍社稷，求福祈安举止俱壮乃志；溉古今，尽忠报国母子同伟其心。”徽州区芝篁村社庙联：“社对马鞍山，庙貌神光四十年一朝焕彩；地处芝篁里，春祈秋报半百户遍地馨香。”孟公庙楹联：“春夏秋冬推首月，侯伯子男拜下风。”邹城孟庙联：“由仁居义，传尧舜禹汤文武周孔之道；知言养气，充恻隐羞恶恭敬是非之心。”“舍伯夷之清、伊尹之任、柳惠之和，愿学孔子；能富贵不淫、贫贱不移、威武不屈，此谓丈夫。”“孔门功冠三千士，周室生当五百年。”通许县曹植陵园联：“七步者，村庄翰藻，漉菽健笔，原凭世说名遐迩；子建也，乐府津源，辞赋颛门，皆化骨气贯古今。”

许多政治人物都有给书房撰联和题赠对联的习惯，如曾国藩、黄兴、谭嗣同、毛泽东、董必武、袁世凯、徐世昌、蒋介石、冯玉祥、张钫、吴佩孚等。黄兴赠女儿黄振华联：“遁世只为避俗，良知要在能行。”赠友人联：“应须江海寄旷快，自有豪俊相攀追。”冯玉祥赠美国友人慕德·陆塞尔联：“人民为主宰，科学是救星。”魏源赠魏步衢联：“读书将以致用，修德在乎能滋。”毛泽东一生所作对联甚多，或临窗伏案时，或日理万机之余，或沉痛悲伤时，或欢心愉悦时，我们从其对联中不仅可以感受到一代伟人指点江山的豪迈气概，更能领略到领袖作为普通人的丰富的情感世界。1914 年，毛泽东在湖南省立第一师范学校求学期间写的自勉的对联："贵有恒，何必三更眠五更起；最无益，只怕一日曝十日寒"，联语对仗工整，寓意深刻，说明了"学贵有恒"的道理。1917 年，毛泽东畅游湘江后，写下一副对联："自信人生二百年，会当水击三千里"，抒发了青年毛泽东乘风破浪、勇往直前的壮志豪情。1973 年 12 月，毛泽东在中央政治局会议上，正式建议邓小平参加中央军委工作，任总参谋长。毛泽东介绍说："我请了一位军师，出任总参谋长。他办事比较果断，也是你们的老上司，他叫邓小平。"并题赠"柔中寓刚，绵里藏针"的联语称赞邓小平，概括了他既坚持原则，又机动灵活的特点。毛泽东晚年时曾书赠叶剑英元帅的对联："诸葛一生唯谨慎，吕端大事不糊涂。"表达了毛泽东对叶帅的信赖与高度评价。蒋介石善作联。1914 年，蒋介石在日本东京听孙中山讲大学之道后的自题联："穷理于事物始生之处，研几于心意初动之时。"大意是在事物始生之际把理弄清楚，在心意初动时把玄机看破，以先见之明而防患未然。蒋介石题湖南芷江抗日胜利受降纪念坊联："克敌受降威加万里，名城揽胜地重千秋。"孙中山撰写了很多对联，他题赠蒋介石联："从容乎疆场之上，沉潜乎仁义之中。"孙中山赠汤增璧之父挽联："敢将古史少文惠，常忆新作非武侯。"刘少奇赠盛多贤联："深山隐高士，盛世期新民。"周恩来赠张蓬仙联："险夷不变应尝胆，道义争担敢息肩。"郭沫若赠马寅初联："枳棘成而刺，担黎食之甘。"赠沈雁冰联："胸藏万汇凭吞吐，笔有千钧任歙张。"陈毅赞刘伯承联："论兵新孙吴，守土古韩范。"陈毅是制联高手，关于对联还有许多有趣而感人的故事。1928 年 12 月，陈毅等领导的红四军，同彭德怀率领的起义部队在新城胜利会师。在喜悦豪迈之余，陈毅为庆祝大会洋洋洒洒地写出一副极富宣传鼓动力的对联："在新城，演新戏，欢迎新同志，迎接新胜利；除旧貌，破旧习，打倒旧军阀，摧毁旧世界。"1950 年，在纪念鲁迅先生逝世 14 周年的茶话会上，陈毅回忆起鲁迅先生用投枪匕首之笔和敌人战斗的情状时，不由得热血沸腾，诗兴大发，便提笔写出一副令人喝彩的精妙挽联："要打叭儿落水狗，临死也不宽恕，懂得进退攻守，岂仅文坛闯将；莫做空头文学家，一生最恨帮闲，敢于嬉笑怒骂，不愧思想权威。”联中“要打叭儿落水狗”和“莫做空头文学家”，都是鲁迅先生的名言，陈毅信手拈来。全联对仗工整，浑然一体，寥寥数语即把鲁迅先生的生平事迹、思想风貌和人格特征以及作者对一代大师的敬佩之情与崇高评价，表达得淋漓尽致、深刻贴切。1959 年 2 月，陈毅来到杜甫草堂，参观结束后，草堂的工作人员请他题字留念。陈毅高兴地答应了，提笔写了一副对联：“新松恨不高千尺，恶竹应须斩万竿。”陈毅借用杜甫的诗句，拿“新松”比作顶天立地的革命者，拿“恶竹”比作国内外的敌人。英雄气概，贯穿一生。

中国对联集思想性、知识性、趣味性、民族性、群众性、实用性、多样性之大成，与其他文学样式相比，其读者面之广、应用性之强，均可称得上首屈一指。因此，巧用对联育人，实乃德育颇具实效的一大妙招。对联所蕴含的道德光辉，字字珠玑；所包容的中华美德，句句体现。

生态民俗学的系统建设

环境问题是摆在人类面前的重要课题，而“生态”成为近年来人们关注的热点之一。故此，生态学便是时代和命运急迫研究和发展的学科。生态学（Ecology），是德国生物学家恩斯特·海克尔于 1866 年定义的一个概念：生态学是研究生物体与其周围环境（包括非生物环境和生物环境）相互关系的科学。目前已经发展为“研究生物与其环境之间的相互关系的科学”。它有自己的研究对象、任务和方法，其研究方法经历了描述—实验—物质定量的过程。系统论、控制论、信息论的概念和方法的引入，促进了生态学理论的发展。随着人类活动范围的扩大与多样化，人类与环境的关系问题越来越突出。因此近代生态学研究的范围已经扩展，除生物个体、种群和生物群落外，还包括人类社会在内的多种类型生态系统的复合系统。人类面临的人口、资源、环境等几大问题都是生态学的研究内容。

生态学按照基本内容和分类方法的不同，形成了不同类型的生态学研究学科。例如，按照研究的生物类别，可以分为人类生态学、动物生态学、植物生态学、微生物生态学等。此外，还可按照生物栖居的环境类别和生物系统的结构层次来区分不同的专业学科。在中国，已有几十所高等院校开设生态学专业，如北京大学、清华大学、复旦大学、中山大学、浙江大学、武汉大学、河南大学、四川大学、西南大学、新疆大学、西藏大学、内蒙古大学、山西大学等。生态学研究正在走向学术化和科学化。为了团结全国广大民俗学工作者，调查、收集、整理、研究我国各民族的民俗文化现象，组织开展学术交流，收集发布学术信息，促进学术发展，1978年夏天，由钟敬文教授起草，联合顾颉刚、白寿彝、容肇祖、杨堃、杨成志、罗致平等人，致函中国社会科学院，随后发表了《建立民俗学及有关研究机构的倡议书》，得到有关领导同志的高度重视和全国广大民俗学工作者的积极响应。1982年6月，中国民俗学会筹备会在京成立，钟敬文教授担任主任委员。1983年5月21日，中国民俗学会成立大会在北京隆重召开，推选周扬为名誉理事长，钟敬文为理事长，刘魁立为秘书长。学会的办公室设在东岳庙内的北京民俗博物馆。2003年10月，创建了“中国民俗学会网”，后更名为“中国民俗学网”，并开设了“民俗学博客”和“民俗学论坛”专栏，进行相关的专题研究，刊发了大量的民俗学研究论文，举办了多次专题研讨会，取得了显著的成果。

对于生态民俗学的研究，已经取得了一批卓有成效的研究成果。

国内对生态民俗学的研究方兴未艾，担任辽宁大学文化传播学院副教授，兼任中国民俗学会副秘书长、常务理事，辽宁省民间文艺家协会副主席的江帆先生编著的《生态民俗学》于2003年由黑龙江人民出版社正式出版发行。该书论述了民俗生成的生态性本原，剖析经济民俗的生态特征，对生态民俗学理论框架进行了全面的梳理和认知，从生态的角度重新审视我们的民族文化习俗。全书共分为十章，内容详尽：绪论、民俗生成的生态性本原、经济民俗的生态特征剖析Ⅰ生产民俗、经济民俗的生态特征剖析Ⅱ生活民俗、社会民俗的生态蕴含阐发、精神民俗的生态内质透视、游艺民俗的生态特色辨析、民俗符号的生态学解读、生态民俗系统的多维审视以及生态文明时代的价值观重构。作者在绪论中提出了生态民俗的初原和建立生态民俗学说的必要，他认为21世纪人类社会将进入一个“后现代”的生态学时代。在这个时代，人类将逐步放弃病态追求物质技术进步的纯实利主义的文明发展目标，转向与大自然和谐相处，实现人与生存环境的协调发展。国际社会对生态问题的关注与反思始于20世纪70年代。“生态学”这一概念最早由德国生物学家恩斯特·海克尔在1866年提出。而生态学呈现出明显的人文转向是在20世纪60年代。美国海洋学家蕾切尔·卡逊的《寂静的春天》是世界上第一部有深远影响的环境科学著作。著名小说家迟子建在其著作《听海的心》中的一篇文章《一个人的身体里埋藏着好几盏灯》中写道：“热爱大自然的人，一定会记得蕾切尔·卡逊的名字。她的不朽之作《寂静的春天》，是这位伟大女性满怀悲悯地敲给这个越来越物质化的世界的晚钟。她是环境保护的先驱者和实践者。她的《惊奇之心》，像一座魔法小屋，吸引你走进，不忍离去。蕾切尔·卡逊曾说，假使她对仙女有影响力，她希望上帝赐给每个孩子以惊奇之心，而且终其一生都无法摧毁，能够永远有效对抗以后岁月中的倦怠和幻灭，摆脱一切虚伪的表象，不至于远离我们内心的源泉。蕾切尔·卡逊离开这个世界整整半个世纪了，但她的作品带来的潮汐，一直回荡在我们耳畔，让我们能够静下心来，看一眼头顶的月亮，让我们能够满怀柔情，把一颗清晨的露珠当花朵来看待。看到她用朴素纯净的文字勾勒的那片缅因州的海，我蓦然想起了在都柏林海湾相遇的那位看海的盲人老妪，这两个不同时空、不同地域的观海者，给我留下了难以磨灭的印象。在我心中，她们同样的清癯、内敛，同样的骄傲和高贵！蕾切尔·卡逊是大自然的修士，把芬芳采集，播撒世人。所以她的音容失明于这个世界了，但她作品的光辉，从未落入黑暗之中。我们在捧读她著作的时候，依然能够感受到，她那颗勃勃跳动的听海的心！”1962年，蕾切尔·卡逊撰写的《寂静的春天》出版，在美国乃至全世界掀起了一场前所未有的大规模辩论，由此，“环境保护”这一概念开始深入人心。蕾切尔·卡逊为人类环境意识的启蒙点燃了一盏明亮的灯。美国前副总统戈尔称赞说：“她的勇气、她的远见卓识，已经远远超过了她要动摇的那些牢固的、获利颇丰的产业的一员。”1992年，美国最权威的书评组织将《寂静的春天》评为近50年来最具影响力的书籍之一，也是影响世界历史进程的十大重要著作之一。

江帆在《生态民俗学》最后一章生态文明时代的价值观重构中提出了“深生态学”和“浅生态学”的问题，指出了浅生态学的不足。“深生态学”是由挪威著名哲学家阿恩·纳斯创立的现代环境伦理学新理论，它是当代西方环境主义思潮中最具革命性和挑战性的生态哲学。深生态学是要突破浅生态学的认识局限，对所面临的环境事务提出深层的问题并寻求深层的答案。按照纳斯的叙述，浅生态学是人类中心主义，只关心人类的利益；深生态学是非人类中心主义和整体主义，关心的是整个自然界的福祉。浅生态学专注于环境退化的症候，如污染、资源耗竭等；深生态学要更进一步地追问环境危机的根源，包括社会的、文化的和人性的。在实践上，浅生态学要求改良现有的价值观念和社会制度；深生态学则主张重建人类文明的秩序，使之成为自然整体中的一个有机部分。最后作者倡导人们热爱自然生态之美，重构正确的生态文明时代价值观。

从民俗学类别划分来看，中外学者都注意到“民俗之根深植于自然的土壤”这一重要的特点。《生态民俗学》作者以新闻报道的沙尘暴等生态问题说明了生态环境恶化已迫使人们改变固有的生活方式和习惯。《生态民俗学》出版之后，在该领域产生了较大的影响，学者刘德龙为之提出了“构建有中国特色的‘生态民俗学’”的观点：从人类社会发展和大自然演进的历史来看，民俗与生态密切相连。一方面，自然环境对于人类民俗文化的生成与演化具有明显的制约与影响作用；另一方面，民俗文化在其生成与演化的进程中，又对自然环境产生了种种能动性的作用与影响，使自然面貌发生了不同程度的改变。所以，从研究民俗与研究生态两门学科来看，也应当是密切联系、相互观照、相互促进的，甚至应当在两门学科交叉、融合的基础上，建立一门新的生态民俗学。学者吉国秀在《地方性知识的当下意义——读江帆的〈生态民俗学〉》中提出：人与自然的关系是一个历久弥新的问题。人们越来越发现，人与自然的关系从来没有像今天这样紧密，也从来没有像今天这样触及人类的切身利益。最近一两年发生的大事件，如印尼海啸、非典型性肺炎、禽流感，加深了人们对于该问题的认识与自觉。面临越来越多的灾难危及人类的生存与维续，人类不得不反思：人类对待自然的态度究竟出了什么问题？许多学科都站在自己的立场和角度上探讨了这一问题，如哲学、人类学等，并据此形成了具有借鉴意义的研究成果。我们所关心的问题是，当许多学科纷纷卷入人与自然关系的讨论时，民俗学应有怎样的回应？民俗学又能做些什么？

乌丙安先生以《论生态民俗链条——中国生态民俗学的构想》为题，从人与自然环境关系及有关生态方面民俗研究成果积累的学科建设的视角出发，提出了中国生态民俗学的构想，并从生态民俗、植物生态民俗、动物生态民俗、自然周期的生态民俗和人类在食物链中居统治地位的生态民俗等五个论题出发，阐述了中国生态民俗研究的重要价值及其现实意义。

在生态民俗学这个大课题之下，很多学者运用生态民俗学的观点，或者在生态民俗学之范畴内，对一系列相关的文化视野下的事物现象展开了深入有效的探索研究。更为可贵的是，以此为基点，辐射至其他相关学科领域，形成了发现型的新认知，扩大了生态民俗学的研究领域，丰富了研究内容。

生态民俗学的研究不仅限于古代人文现象，还包括对当前社会现象的定位和反思。如学者关溪莹和王权合著的《生态民俗学视域下明清广东蚕俗研究》一书，对明清时期广东地区的古蚕书、地方志、文人笔记、竹枝词等文本资料进行梳理，呈现出广东蚕业的信仰习俗、祛祟禳灾与禁忌习俗、阴阳五行观念和蚕俗谚语等民俗。明清广东蚕俗蕴含了大量的桑蚕生产技术，也构筑了蚕农的日常生活世界。这些习俗不仅是岭南地域独特自然环境模塑的产物，也反映了广东蚕农创造性地适应生态环境的结果，对现代社会的生态文明建设具有参考意义。他们认为："蚕业生产技术和蚕俗文化是几千年来我国广大民众在蚕业生产过程中不断积累、总结出来的优秀农业文化遗产。对明清广东蚕业生产技术的总结与传播及蚕业习俗的记载，主要体现在《广东新语》的'八蚕'和广东古蚕书中。广东的古蚕书主要集中在晚清，光绪十二年（1886年）陈启沅撰写的《蚕桑谱》比较详细地记述了当时广东蚕桑生产技术，稍后有东莞石龙普善堂编撰的《蚕桑格式》（1891年）（即《种桑养蚕格式》）和连平广大生辑著的《课蚕要录》（1892年），这两本书后来先后被合辑为《蚕桑会粹》《粤东饲蚕八法》。另外还有卢燮宸的《粤中蚕桑刍言》（1893年）、李应珏《乡董箴言》之《蚕桑说略》（1901年）、姚绍书的《南海县蚕桑调查报告书》（1903年）和赖新依的《岭南蚕桑要则》（1911年）等。除此之外，广东地方志、明清笔记、竹枝词等文本资料也是记录明清广东蚕业生产技术和蚕业习俗的重要资料。相比江浙和四川的蚕业生产技术和蚕俗研究，明清广东的蚕业生产技术研究成果并不多，蚕俗研究成果更少，这与当时广东所处的重要蚕区地位极不相符。我们对上述文本资料进行梳理排查，以期全面而立体地呈现明清广东的蚕俗，结合明清广东的生态环境和历史条件进行考察，借助生态民俗学的相关理论，深入理解明清蚕俗的科学性与实用性，为当代蚕业生产的发展提供借鉴，这也对传统农业文化的传承与保护有着重要的现实意义。”中科院广州地理研究所博士周晴在《岁时习俗的生态民俗学考察——以江南“照田蚕”为中心》中指出，“照田蚕”是太湖流域的典型岁时习俗之一，自南宋以来，在江南地区长期延续，这一习俗是人们对江南水乡地区稻田湿地、苎麻地和芦苇滩地等进行农田管理的一种有效手段，具有独特的生态民俗学含义，并把写作目的定位于“‘照田蚕’可能不仅仅是一项岁时的娱乐活动，乡民在照田蚕时对当地的环境进行了干预，这项习俗因而具有其实际的功能。照田蚕风俗自宋代以来就在以太湖流域为中心的江南流行，并一直盛行于此地，这项习俗与江南地区独特的生态环境之间有很强的联系。生态民俗学提倡运用现代生态学的某些理论与原则对民俗文化进行审视与研究，考察生态环境对人类文化的制约与影响，并努力探索人类与生态环境的双向性关系。本文即试图从生态民俗学的视角，对‘照田蚕’这一习俗在江南地区长期存在及传承的生态背景进行探究，以求教于学界同行”。如学者安月兰撰文《壮族蚂拐节的生态民俗学研究》等。

此外，还有对当下物理环境和文化背景下的诸多社会现象进行定位与反思。学者何季玲撰写的《生态民俗学视野下的花瑶古树崇拜》中提到：花瑶是我国瑶族的一支，主要生活在湘西境内，至今保持着古朴淳厚的民族风尚。花瑶人尤其崇拜古树，民间有很多关于古树的习俗和禁忌，反映了他们独特的历史文化和民俗心理。从生态民俗学视野着眼，花瑶的古树崇拜在当今具有深刻而重要的借鉴意义，反映了人与自然和谐共处的理念，也体现了全人类共同的追求。学者朱志燕撰文《关于生态民俗功利性的思考》，他对广西百色地区永乐乡荔枝园屯进行了为期 20 天的田野调查。在调查中注意到该屯农民的某些行为对当地的自然生态环境起了很好的保护作用。农民们一无很高的文化水平，二不了解何为“生态保护”，他们的行为从目的上来说完全是出于现实经济利益的考虑，但当地人主观上纯理性的经济行为在客观上却对当地的生态保护起到了积极的作用，反之，由纯经济利益出发的行动，却对环境造成了无形与有形的破坏，阐述了生态民俗学的实践意义。上海大学社会学院的许静撰写了《生态民俗学视角下社会变迁中山林管理的延续与重构——山东省上端士村山林管理的田野调查报告》，同样以田野调查资料为基础，依据有限的文献资料，对山东省淄博市上端士村的山林资源管理的历史进行系统梳理，并通过民俗志的形式，具体描述上端士村在社会变迁中山林资源管理的延续和山林资源管理方式重构的基本情况，展现了上端士村村民在保护山林这一共有资源中所发挥的作用，提供了一个生态民俗学中人与自然良性互动的案例，为共有资源有效管理和利用提供了借鉴意义。学者成良平的《生态民俗学视野：泰兴银杏民俗研究》采用了民俗学界方兴未艾的生态民俗学理论。首先，对其进行了一番探讨，将之运用到泰兴银杏民俗的研究中；其次，深入细致地分析了泰兴银杏民俗形成的根本原因；再次，运用生态民俗学的理念分析了泰兴银杏民俗的内涵，主要从三个方面深入探讨：生产习俗、生活习俗和心意民俗；最后，剖析了泰兴银杏民俗的生态精神的文化范式、哲学根源和现实意义。旨在通过对泰兴银杏民俗作全面的分析，在研究当地民众的银杏物质生产和精神生活的基础上，对当地的经济、文化建设提出民俗学方面的宝贵意见。

生态民俗学的研究是一个长期且艰巨的任务，必须密切联系实际，积极推进学术建设和基础设施建设，培养人才队伍并完善科学研究长效机制，把生态民俗学研究深入彻底地进行下去，才能更好地为社会主义服务，为实现中国梦搭建广阔的平台。正如学者王杏玲、熊芳提出的要培养中国式现代生态精神以构建和谐社会："建设一个物质文明、政治文明、精神文明、生态文明'四个文明'相统一的社会主义和谐社会，是当代中国人的重要实践主题。在这'四大文明'中，生态文明起着举足轻重的作用。没有生态文明，就无法给物质文明建设提供一个良好的自然环境和可供利用的自然资源，进而必定会制约其他文明的发展，也就无所谓社会主义和谐社会的建设了。现代生态文明建设需要现代生态精神的支撑和引导。我国当前的生态国情等客观现实，更呼唤着中国式现代生态精神的培养。"

参考文献

姚伟钧．漫话面食［N］．光明日报，2014–11–26（12）．

杨圣敏．黄河文化丛书·服饰卷［M］．呼和浩特：内蒙古人民出版社，2001．

通许县地方史志办公室．通许县志［M］．北京：燕山出版社，2005．

黎虎．略论中国古代饮食文化研究［J］．扬州大学烹饪学报，2008（3）:1–8．

高言弘．中国饮食文化特色［J］．广西文史，2007（1）:53–56．

王焰安．中国饮食民俗特点论［J］．南宁职业技术学院学报，2007（4）：10–13．

凌立，林俊华．康巴研究［M］．北京：光明日报出版社，2017．

方文．话说老钦州（上）［M］．北京：中国文史出版社，2016．

净慧法师．禅宗入门［M］．上海：华东师范大学出版社，2017．

林碧红．客家民俗［M］．广州：华南理工大学出版社，2006．

周简段．老俗事［M］．北京：新星出版社，2008．

司徒尚纪．广东文化地理［M］．广州：广东人民出版社，1993．

彭玮，李文郑．中国对联集成·河南卷［M］．郑州：河南人民出版社，2001．

唐浩明．张之洞［M］．南京：译林出版社，2011．

侯满昌．问俗乡里［M］．北京：现代出版社，2018．

张殿英．杨家埠木版年画［M］．北京：人民美术出版社，1990．

孟建国．振兴秦腔：挑战与机遇［N］．陕西日报，2013–11–05（6）．

吴晓东．废墟的忧伤［M］．北京：北京大学出版社，2013．

李欣．中国古诗中的春节习俗文化研究［J］．郑州轻工业学院学报（社会科学版），2017，18（4）:75–81．

薛梦潇．早期中国的月令与“政治时间”［M］．上海：上海古籍出版社，2018．

冯骥才 . 漩涡里：1990—2013 我的文化遗产保护史［M］. 北京：人民文学出版社，2018.

徐雁 .“耕读传家”：一种经典观念的民间传统［J］. 江海学刊，2003（2）：154–161.

张勃 . 寺庙与北京居民的休闲生活［J］. 北京联合大学学报（人文社会科学版），2018，16（1）：53–63，80.

周晴 . 岁时习俗的生态民俗学考察：以江南“照田蚕”为中心［J］. 民俗研究，2013（2）：79–86.

后 记

暮色中合上最后一页校样时，檐角的铜铃正随风轻响，恍惚间像是听见了田野调查途中那些村落里的风铎声。作为主编，我深知这部《生态民俗》并非简单的知识汇编，而是一场对中华文明生态基因的溯源工程。此刻，谨以笔墨为舟楫，载着编撰过程中的思考与感动，驶向这篇后记的港湾。

本书的起点是对“生态民俗”概念的深耕。在第一章“绪论”中，我们以三节篇幅搭建理论框架：从学科史角度梳理“生态民俗的提出”，在“生态学”跨学科对话中确立方法论坐标，进而通过“范畴”界定厘清研究对象边界。这种理论自觉贯穿全书，如第二章“生态民俗的地理认知”所示——从黄土沟壑间“土地的选择和种植”智慧，到西南山地“森林动物种群”的共生法则，地理认知的本质是人与环境双向塑造的密码本。这种认知投射于物质空间时，第三章“居住与建筑生态”呈现出惊人的多样性：中原四合院的“负阴抱阳”、江南水乡的“临水而居”、民族特色的“干栏竹楼”，不同建筑形态实为生态适应的立体年鉴。

当研究视角转向生活细节，第四章“饮食与服饰生态”展现出文化基因的深层表达。中原的“麦作饮食体系”、江南的“稻鱼共生食谱”、周边民族特色的“山林采集传统”，每道菜肴都是生态系统的地方志；而服饰纹样中的草木虫鱼，更暗含着对自然秩序的视觉叙事。这种生态智慧在第五章“家庭与社交生态”中升华为伦理体系：“婚姻”制度中的物候禁忌、“家族”传承里的生态责任、“邻里”互助隐含的资源共享逻辑等，织就了传统社会维系生态平衡的关系网络。

在对民俗事象的爬梳中，我们尤其关注第六章“艺术与娱乐生态”揭示的文化机理。那些艺术形态不仅是审美创造，更是生态认知的感性显现。

第七章“生态民俗建设”的现实关怀——从民俗传统中提炼的“节约”“知止”“循环”等中华美德，恰是现代生态文明建设亟需的文化资源。

朴素的可持续理念，恰是本书试图打捞的文明记忆。当全球化浪潮冲刷文化多样性，当气候危机迫在眉睫，审视民俗传统中的生态智慧，不仅关乎文化传承，更是为人类寻找共生之道提供东方方案。

这部著作或许只是生态民俗研究的阶段性小结，对生态民俗的定量研究尚显薄弱，数字人文技术的应用有待深化。那些尚未充分展开的议题，诸如城市化进程中的民俗生态转型、跨境民族的生态知识比较等，都将成为我们后续研究的起点。期待更多同仁加入这个充满生机的学术领域，共同守护这份关乎人类永续发展的文化基因。

编者谨识　甲辰年仲夏于汴京

编后记

“中华民俗文化新读丛书”终告厥成，其编纂历程之终结，不仅标志着一段辛勤耕耘的圆满，更激起了我们心中无限的欣慰与深沉的感慨。此书由白庚胜、刘晔原、万建中三位先生鼎力领衔，会聚群英，共襄盛举，历经多轮严谨细致的策划与审稿，每一环节皆浸透着编者的心血与汗水，确保了内容之精深广博、品质之卓越非凡。在此，我们谨向所有为丛书撰写倾注心力、不辞辛劳的同人致以最崇高的敬意与最诚挚的感谢。

编纂工作是一场浩大的文化工程，紧张、高效、有序推进。中国石化出版社有限公司对此项工作尤其重视，出版公司副总经理黄志华亲自挂帅指导并主抓整体工作，资深作家周洪成、分社社长程庆昭一并协调组织丛书的编校工作，陈宇慧、王烝、王潇等多位内外部编辑参与编校，全程推进项目落地。编辑团队对每一份书稿都进行了细致的审阅，从内容的准确性、逻辑的连贯性到语言的规范性，无一不严格把关；从封面设计、版式调整，再到印刷等每一环节，都力求达到至臻之境。

中华民俗文化作为中华文化的重要组成部分，蕴含着丰富的历史信息、民族智慧和艺术价值。通过出版“中华民俗文化新读丛书”，我们希望可以深入挖掘并展现这些文化瑰宝的独特魅力，积极探索民俗文化的现代诠释方式，为中华优秀民俗文化的永续传承与发展添砖加瓦。同时，我们也欣喜地看到，中华民俗文化在时代的洪流中展现出惊人的生命力与适应性。古老的民俗传统在现代社会中焕发新生，以新的形式与意义继续滋养着人们的精神世界，成为凝聚社会共识、传承文化精髓的重要力量。

展望未来，中华民俗文化必将在历史的长河中继续熠熠生辉，成为人类文明宝库中一颗璀璨夺目的明珠。我们将不忘初心、牢记使命，继续为弘扬中华优秀传统文化而努力奋斗，让这份宝贵的文化遗产在新时代的征程中焕发出更加绚丽的光彩。